Betriebswirtschaftliche Anwendungssysteme

Petra Schubert · Axel Winkelmann

Betriebswirtschaftliche Anwendungssysteme

Enterprise Resource Planning

Petra Schubert
Prof. Betriebliche Anwendungssysteme
Universität Koblenz
Koblenz, Deutschland

Axel Winkelmann
Lehrstuhl BWL & Wirtschaftsinformatik
Universität Würzburg
Würzburg, Deutschland

ISBN 978-3-658-40944-9   ISBN 978-3-658-40945-6 (eBook)
https://doi.org/10.1007/978-3-658-40945-6

Die Deutsche Nationalbibliothek verzeichnet diese Publikation in der Deutschen Nationalbibliografie; detaillierte bibliografische Daten sind im Internet über http://dnb.d-nb.de abrufbar.

Springer Gabler
© Der/die Herausgeber bzw. der/die Autor(en), exklusiv lizenziert an Springer Fachmedien Wiesbaden GmbH, ein Teil von Springer Nature 2023, korrigierte Publikation 2024
Das Werk einschließlich aller seiner Teile ist urheberrechtlich geschützt. Jede Verwertung, die nicht ausdrücklich vom Urheberrechtsgesetz zugelassen ist, bedarf der vorherigen Zustimmung des Verlags. Das gilt insbesondere für Vervielfältigungen, Bearbeitungen, Übersetzungen, Mikroverfilmungen und die Einspeicherung und Verarbeitung in elektronischen Systemen.
Die Wiedergabe von allgemein beschreibenden Bezeichnungen, Marken, Unternehmensnamen etc. in diesem Werk bedeutet nicht, dass diese frei durch jedermann benutzt werden dürfen. Die Berechtigung zur Benutzung unterliegt, auch ohne gesonderten Hinweis hierzu, den Regeln des Markenrechts. Die Rechte des jeweiligen Zeicheninhabers sind zu beachten.
Der Verlag, die Autoren und die Herausgeber gehen davon aus, dass die Angaben und Informationen in diesem Werk zum Zeitpunkt der Veröffentlichung vollständig und korrekt sind. Weder der Verlag, noch die Autoren oder die Herausgeber übernehmen, ausdrücklich oder implizit, Gewähr für den Inhalt des Werkes, etwaige Fehler oder Äußerungen. Der Verlag bleibt im Hinblick auf geografische Zuordnungen und Gebietsbezeichnungen in veröffentlichten Karten und Institutionsadressen neutral.

Lektorat/Planung: Prof. Dr. Petra Schubert
Springer Gabler ist ein Imprint der eingetragenen Gesellschaft Springer Fachmedien Wiesbaden GmbH und ist ein Teil von Springer Nature.
Die Anschrift der Gesellschaft ist: Abraham-Lincoln-Str. 46, 65189 Wiesbaden, Germany

Vorwort

Haben Sie sich schon einmal gefragt, welche Informationen mit einem Naturprodukt wie z. B. einem Apfel verknüpft sind? Einige Angaben sind offensichtlich. Form, Gewicht und Farbe fallen einem sofort ein oder auch sein Preis. Beim weiteren Nachdenken vielleicht auch Dinge wie die Sorte oder der Herkunftsort. Für ein Unternehmen, das diese Äpfel einkauft und anschließend verkauft, sind noch andere Dinge von Belang. Dazu gehören beispielsweise der Einkaufspreis, der Verkaufspreis, mögliche Lieferanten, die Lieferzeit und die erwartete Abnahmemenge für diesen Typ Apfel. Mit dem Apfel sind darüber hinaus viele weitere Informationen verknüpft, an die wir, wenn wir ihn kaufen, in der Regel nicht denken wie Zolldeklarationen, Transportwege, Anbaubedingungen, usw. Daten zu Produkten und Dienstleistungen fallen jeden Tag in großer Menge an, und es ist Sinn und Zweck betriebswirtschaftlicher Software, Mitarbeiter bei der täglichen Arbeit mit diesen Informationen entlang der betriebswirtschaftlichen Prozesse zu unterstützen.

◆ ◆ ◆

Es liegt nahe, Daten zu Produkten und Dienstleistungen, die in betriebswirtschaftlichen Softwaresystemen gespeichert sind, nur *einmal* abzuspeichern und dann allen Beteiligten, die darauf Zugriff benötigen, zur Verfügung zu stellen. So wird nicht nur Speicherplatz reduziert, sondern die Daten stehen allen gleichzeitig konsistent zur Verfügung. Diese Art der Datenspeicherung nennt man *integrierte Datenhaltung*. Sie ist ein wesentlicher Aspekt moderner, betriebswirtschaftlicher Anwendungssysteme, weil sie eine redundanzfreie Aufbewahrung von Informationen (Menge, Preise, Produkte usw.) bei gleichzeitigem Echtzeitzugriff auf sich verändernde Dateninhalte erlaubt. Wird beispielsweise in der Filiale ein Apfel verkauft, so reduziert sich die Anzahl in der entsprechenden Bestandstabelle von 100 auf 99 Äpfel. Damit können alle anderen Mitarbeitenden des Unternehmens den veränderten Bestand sehen und können in Echtzeit auf die Veränderung reagieren.

◆ ◆ ◆

Das Buch „Betriebswirtschaftliche Anwendungssysteme" wurde gezielt konzipiert, um Kompetenzen zu moderner Unternehmenssoftware an Studierende zu vermitteln. Die Inhalte basieren auf jahrelangen Beratungs-, Forschungs- und Lehrerfahrungen der Autoren im Bereich betriebswirtschaftlicher Anwendungssysteme und dem gesammelten Wissen von mehr als 150 dokumentierten IT-Projekten von Unternehmen im DACH-Raum. Das

Wissen zu diesen IT-Projekten wurde im Rahmen der *Initiative eXperience* gesammelt und in einer Online-Datenbank (www.experience-cases.de) sowie in elf Fallstudienbüchern dokumentiert. Zudem stehen im Rahmen eines Labors für betriebswirtschaftliche Anwendungssysteme (www.erp-labs.de) zahlreiche Anwendungssysteme für Forschungs- und Lehrzwecke im direkten Zugriff der Autoren. Im ERP-Podcast (www.erp-podcast.de) werden Aspekte rund um ERP und das Unternehmensdatenfundament gesammelt.

Der Fokus des Buchs liegt auf *Enterprise Resource Planning (ERP)* und der informationstechnologischen Unterstützung der damit verbundenen Prozesse in Unternehmen. Die thematisierte Softwareklasse wird in der Praxis als *„ERP-System"* bezeichnet. Bei diesen Systemen handelt es sich meist um sogenannte *Standardsoftware*, die von Softwareentwicklungsfirmen für den Einsatz bei mehreren/vielen Kunden entwickelt wird und (im Rahmen des sogenannten Customizings) von spezialisierten Einführungspartnern auf die Bedürfnisse des Zielunternehmens angepasst wird.

◆ ◆ ◆

Die Begriffe und Konzepte betriebswirtschaftlicher Anwendungssoftware werden in Wissenschaft und Praxis nicht durchgängig einheitlich verwendet und es gibt viele Synonyme. Der deutsche Weltmarktführer für ERP-Software, die Firma SAP, prägt seit mehreren Jahrzehnten die Begriffe in diesem Themengebiet. Durch die weltweite Nutzung von SAP-Software gibt SAP implizit einen Begriffsrahmen für Anwenderunternehmen vor. Diesem Phänomen zollen auch die Autoren dieses Buchs Tribut, indem die entsprechenden Fachbegriffe vorgestellt und erklärt werden. Allerdings werden nicht ausschließlich SAP-Begriffe verwendet. Wo immer bekannt und möglich, wurde die nach Auffassung der Autoren in der Praxis üblichste Form des jeweiligen Begriffs gewählt oder variierende Begriffsverständnisse bei der Verwendung durch unterschiedliche ERP-Anbieter erläutert.

◆ ◆ ◆

Das Buch ist ein Gemeinschaftswerk zweier Autoren an zwei Universitäten in Rheinland-Pfalz und Bayern, die seit Jahren gemeinsame Forschung und Lehre betreiben. Die Koautorenschaft ermöglichte eine kritische Reflexion der Inhalte sowie das Einbringen eines größeren Erfahrungsschatzes. Eine große Aufmerksamkeit kam der gemeinsamen Begriffsbildung und der stringenten Struktur zu, und wir hoffen, das Buch wird Generationen von Studierenden helfen, einen systematischen Einstieg in die zugegebenermaßen komplexe Materie der IT-gestützten Unternehmensprozesse zu finden.

Unser Dank gilt unseren Forschungs- und Geschäftspartnern, Doktoranden und Studierenden, mit deren Hilfe wir die vorgestellten Konzepte entwickeln konnten und die uns als Sounding Board über Jahre begleiteten. Das Projekt „BAS-Buch" ist für uns nie abgeschlossen. Aktuelle Informationen finden Sie stets auf der Website zum Buch (www.bas-buch.de). Bitte informieren Sie uns dort auch über Fehler und Verbesserungsmöglichkeiten. Wir wünschen unseren Lesern viel Erfolg bei ihren aktuellen und künftigen ERP-Projekten.

Koblenz und Würzburg im Januar 2023
Petra Schubert und Axel Winkelmann

Die Originalversion des Buches wurde revidiert. Ein Erratum ist verfügbar unter https://doi.org/10.1007/978-3-658-40945-6_8

Inhaltsverzeichnis

Vorwort V
Abbildungsverzeichnis XI
Tabellenverzeichnis XV

**Teil I: Betriebswirtschaftliche Anwendungssysteme (BAS):
Organisatorische und technische Hintergründe**

1 Betriebswirtschaftliche Anwendungssysteme (BAS) 1
   1.1 Nutzen von BAS 2
   1.2 Begriffssystematik zu BAS 5
   1.3 Typologisierung von BAS 8
   1.4 ERP-Systeme: Begriffe und Historie 11
      1.4.1 Eigenschaften von ERP-Systemen 11
      1.4.2 Formen und Reichweite der Integration von BAS 14
      1.4.3 Geschichtliche Entwicklung 20
   1.5 Individual- versus Standardsoftware 24
   1.6 Customizing und Releasefähigkeit 28
      1.6.1 Customizing 28
      1.6.2 Konfiguration 29
      1.6.3 Parametrisierung 30
      1.6.4 Individualentwicklung versus Releasefähigkeit 31
   1.7 Lernkontrollfragen 33
   1.8 Literatur 33

2 Technische Grundlagen von BAS 35
- 2.1 Architekturformen 35
  - 2.1.1 Monolithische Architekturen (1970er Jahre) 36
  - 2.1.2 Multi-Tier-Architekturen (1980er und 1990er Jahre) 36
  - 2.1.3 Service-orientierte Architekturen (SOA) (2000er Jahre) 40
- 2.2 Generische Architektur eines ERP-Systems 46
- 2.3 Technische Integration 49
- 2.4 Betriebsmodelle 51
- 2.5 IT Service Delivery Model: (Weiter-)Entwicklung von BAS 56
- 2.6 Lernkontrollfragen 60

Teil II: Prozessorientierte Nutzung von BAS: Die Phasen der Auftragsabwicklung

3 Prozessorientierte Betrachtung von BAS 61
- 3.1 Aufbauorganisation im ERP-System 61
  - 3.1.1 Der zentrale Begriff des Mandanten 62
  - 3.1.2 Übersicht Organisationselemente 63
  - 3.1.3 Externes Rechnungswesen (Finanzbuchhaltung) 64
  - 3.1.4 Internes Rechnungswesen (Controlling) 65
  - 3.1.5 Vertriebssicht 66
  - 3.1.6 Logistik 67
- 3.2 Ablauforganisation: Prozesslandkarte und Prozesse 68
  - 3.2.1 Geschäftsprozessmodellierung am Beispiel der erweiterten Ereignisgesteuerten Prozesskette (eEPK) 71
  - 3.2.2 Geschäftsprozess und Workflow 73
- 3.3 Daten im ERP-System 74
  - 3.3.1 Konfigurationsdaten (engl. configuration data) 74
  - 3.3.2 Geschäftsobjekte (engl. business objects) 75
  - 3.3.3 Geschäftsdokumente (engl. business documents) 76
  - 3.3.4 Stammdaten (engl. master data) 78
  - 3.3.5 Bewegungsdaten (engl. transaction data) 80
  - 3.3.6 Bestandsdaten (engl. inventory data) 82
- 3.4 Module eines ERP-Systems 83
- 3.5 Arten der Auftragsabwicklung: Vom Kundenbedürfnis zur Bezahlung 85

Inhaltsverzeichnis

Vorwort V

Abbildungsverzeichnis XI

Tabellenverzeichnis XV

Teil I: Betriebswirtschaftliche Anwendungssysteme (BAS): Organisatorische und technische Hintergründe

1 Betriebswirtschaftliche Anwendungssysteme (BAS) 1
   1.1 Nutzen von BAS 2
   1.2 Begriffssystematik zu BAS 5
   1.3 Typologisierung von BAS 8
   1.4 ERP-Systeme: Begriffe und Historie 11
      1.4.1 Eigenschaften von ERP-Systemen 11
      1.4.2 Formen und Reichweite der Integration von BAS 14
      1.4.3 Geschichtliche Entwicklung 20
   1.5 Individual- versus Standardsoftware 24
   1.6 Customizing und Releasefähigkeit 28
      1.6.1 Customizing 28
      1.6.2 Konfiguration 29
      1.6.3 Parametrisierung 30
      1.6.4 Individualentwicklung versus Releasefähigkeit 31
   1.7 Lernkontrollfragen 33
   1.8 Literatur 33

2 Technische Grundlagen von BAS 35
2.1 Architekturformen 35
2.1.1 Monolithische Architekturen (1970er Jahre) 36
2.1.2 Multi-Tier-Architekturen (1980er und 1990er Jahre) 36
2.1.3 Service-orientierte Architekturen (SOA) (2000er Jahre) 40
2.2 Generische Architektur eines ERP-Systems 46
2.3 Technische Integration 49
2.4 Betriebsmodelle 51
2.5 IT Service Delivery Model: (Weiter-)Entwicklung von BAS 56
2.6 Lernkontrollfragen 60

Teil II: Prozessorientierte Nutzung von BAS: Die Phasen der Auftragsabwicklung

3 Prozessorientierte Betrachtung von BAS 61
3.1 Aufbauorganisation im ERP-System 61
3.1.1 Der zentrale Begriff des Mandanten 62
3.1.2 Übersicht Organisationselemente 63
3.1.3 Externes Rechnungswesen (Finanzbuchhaltung) 64
3.1.4 Internes Rechnungswesen (Controlling) 65
3.1.5 Vertriebssicht 66
3.1.6 Logistik 67
3.2 Ablauforganisation: Prozesslandkarte und Prozesse 68
3.2.1 Geschäftsprozessmodellierung am Beispiel der erweiterten Ereignisgesteuerten Prozesskette (eEPK) 71
3.2.2 Geschäftsprozess und Workflow 73
3.3 Daten im ERP-System 74
3.3.1 Konfigurationsdaten (engl. configuration data) 74
3.3.2 Geschäftsobjekte (engl. business objects) 75
3.3.3 Geschäftsdokumente (engl. business documents) 76
3.3.4 Stammdaten (engl. master data) 78
3.3.5 Bewegungsdaten (engl. transaction data) 80
3.3.6 Bestandsdaten (engl. inventory data) 82
3.4 Module eines ERP-Systems 83
3.5 Arten der Auftragsabwicklung: Vom Kundenbedürfnis zur Bezahlung 85

3.6	Auftragsabwicklungsprozess im Fallstudienunternehmen Küchenland	87
	3.6.1 Fallstudienunternehmen Küchenland	87
	3.6.2 Anwendungslandschaft Küchenland	89
	3.6.3 Absatz- und Leistungsprozesse bei Küchenland	90
3.7	Lernkontrollfragen	91
3.8	Literatur	91

4 Der Auftragsabwicklungsprozess 93

4.1	Verkauf	93
	4.1.1 Betriebswirtschaftliche Sicht: Aktivitäten im Verkauf	93
	4.1.2 Prozesssicht: Vom Kundenbedürfnis zum Kaufvertrag	95
	4.1.3 DV-Sicht: Anlegen eines Kundenauftrags im ERP-System	97
4.2	Interne Planung (Materialbedarfsplanung)	102
	4.2.1 Betriebswirtschaftliche Sicht: Interne Planung des Auftrags	103
	4.2.2 Prozesssicht: Vom Auftragsabschluss zur Bestellanforderung	104
	4.2.3 DV-Sicht: Funktionen zur Unterstützung der internen Planung	105
4.3	Einkauf	107
	4.3.1 Betriebswirtschaftliche Sicht: Beschaffung von Vorprodukten	107
	4.3.2 Prozesssicht: Von der Bestellanforderung zur Bestellung	112
	4.3.3 DV-Sicht: Eingabe einer Bestellung im ERP-System	114
4.4	Eingangslogistik	116
	4.4.1 Betriebswirtschaftliche Sicht: Aktivitäten im Eingangslager	117
	4.4.2 Prozesssicht: Vom Wareneingang zur Einlagerung	118
	4.4.3 DV-Sicht: Warenannahme und Einlagerung	119
4.5	Produktion	122
	4.5.1 Betriebswirtschaftliche Sicht: Auftragsorientierte Fertigung	122
	4.5.2 Prozesssicht: Herstellung und Montage von Produkten	122
	4.5.3 DV-Sicht: Produktplanungs- und Steuerungssystem (PPS)	123
4.6	Ausgangslogistik	123
	4.6.1 Betriebswirtschaftliche Sicht: Transport und Leistungserbringung	123
	4.6.2 Prozesssicht: Von der Warenbereitstellung zur Montage	124
	4.6.3 DV-Sicht: Umlagerung von Ware und Bereitstellung	125
4.7	Finanzbuchhaltung (FiBu)	126
	4.7.1 Betriebswirtschaftliche Sicht: Betriebliches Rechnungswesen	126
	4.7.2 Prozesssicht: Von der Rechnungsstellung zur Bezahlung	128

      4.7.3   DV-Sicht: Rechnungsstellung, GuV, Bilanz 128
  4.8 Personalwesen 136
      4.8.1   Betriebswirtschaftliche Sicht: Zeiterfassung und Nachkalkulation 136
      4.8.2   Prozesssicht: Von der Stundenerfassung zur Entlohnung 137
      4.8.3   DV-Sicht: Zeiterfassung 137
  4.9 Lernkontrollfragen 138

Teil III: Auswahl und Einführung von BAS: Vom Erkennen des Bedarfs zum lauffähigen System

5 Auswahl von ERP-Systemen 141
  5.1 Auswahl eines ERP-Systems 141
  5.2 Unterstützung der Investitionsentscheidung 142
  5.3 Lizensierung und Betriebsmodelle 143
  5.4 Ökosystem für ERP-Systeme 148
  5.5 Der Markt für ERP-Systeme 152
  5.6 ERP-Checkliste für die Systemauswahl 157
  5.7 Lernkontrollfragen 160

6 Phasen der Auswahl 161
  6.1 Phasenmodell zur Softwareauswahl 161
  6.2 Bedarfsidentifikation 162
  6.3 Anforderungsdefinition und Marktevaluation 163
  6.4 Angebotsevaluation: Auswahl von System und Anbieter 165
  6.5 Systemeinführung (Rollout) 166
      6.5.1   Organisationsform 167
      6.5.2   Einführungsstrategien 170
      6.5.3   Customizing 173
  6.6 Laufender Betrieb, Wartung und Updates 176
  6.7 Lernkontrollfragen 177

7 Erfahrungswerte zu ERP-Einführungsprojekten 179
  7.1 Herausforderungen der Implementierung 179
  7.2 Dauer und Kosten einer ERP-Einführung 181
  7.3 Typische Fehler bei ERP-Einführungsprojekten 184
  7.4 Lernkontrollfragen 186

Erratum zu: Betriebswirtschaftliche Anwendungssysteme E1

Abbildungsverzeichnis

Abb. 1.1: Begriffssystematik zu Betriebswirtschaftlichen Anwendungssystemen (BAS) 6
Abb. 1.2: BAS-Anwendungsbereiche und deren Softwaregattungen 9
Abb. 1.3: Interne Unternehmenssicht: Horizontale und vertikale Integration durch den Einsatz von ERP-Systemen 15
Abb. 1.4: Unternehmensübergreifende Sicht: Horizontale und vertikale Integration in einer modellhaften Lieferkette 17
Abb. 1.5: Informationsaustausch in einem Intercompany-Prozess 19
Abb. 1.6: Historie der ERP-Systeme 21
Abb. 1.7: Vor- und Nachteile der Nutzung von Standardsoftware 26
Abb. 2.1: Historische Entwicklung von BAS-Architekturen 35
Abb. 2.2: Generischer Aufbau von BAS in einer Drei-Schichten-Architektur 37
Abb. 2.3: Client-Server-Architektur: Thin, Rich und Fat Client 39
Abb. 2.4: Zusammenhang zwischen UDDI, WSDL und SOAP 42
Abb. 2.5: Webservices als „Steckdosen" 43
Abb. 2.6: Ebenen einer Service-orientierten Architektur (SOA) 45
Abb. 2.7: Generische Architektur eines ERP-Systems 46
Abb. 2.8: Vergleich klassischer Architekturen und containerbasierter Topologie 49
Abb. 2.9: Möglichkeiten der technischen Integration 50
Abb. 2.10: Die drei Arten des Cloud Computing 53
Abb. 2.11: Aufgaben der IT-Abteilung 57
Abb. 3.1: Sichten der Organisation und ihre Organisationselemente 64
Abb. 3.2: Organisationsstrukturen im Vertrieb (Terminologie gemäß SAP TERP-10) 66

Abb. 3.3:	Prozesslandkarte für den Auftragsabwicklungsprozess eines Auftragsfertigers	69
Abb. 3.4:	Modellelemente der Ereignisgesteuerten Prozesskette (EPK)	72
Abb. 3.5:	Modellelemente der *erweiterten* Ereignisgesteuerten Prozesskette (eEPK)	72
Abb. 3.6:	Ausschnitt aus einem ER-Diagramm zu organisationalen Strukturen (Chen-Notation)	75
Abb. 3.7:	Modifikation von Datenstrukturen für Geschäftsobjekte (in „kundeneigenen" Feldern)	76
Abb. 3.8:	Auftragsabwicklung: Involvierte Parteien und Belegkette	77
Abb. 3.9:	Beispiel für Stammdaten: Debitorenkarte	79
Abb. 3.10:	Stammdaten, die für einen Auftrag (Bewegungsdatum) notwendig sind	82
Abb. 3.11:	Beispiel für Bestandsdaten: Lagerbestände	82
Abb. 3.12:	Funktionsmodule SAP R/3 in den 90er Jahren (in Anlehnung an SAP)	83
Abb. 3.13:	Funktionsmodule MS Navision 4.0 in den 2000er Jahren (in Anlehnung an Microsoft)	84
Abb. 3.14:	Funktionsmodule IFS Applications V9 in den 2010er Jahren (Quelle: IFS)	84
Abb. 3.15:	Ausschnitt aus dem morphologischen Merkmalschema in Anlehnung an das Aachener PPS-Modell (Schuh 2006)	86
Abb. 3.16:	Prozesslandkarte Auftragsabwicklung Küchenland mit den Unterprozessen: A) Verkauf und interne Planung, B) Einkauf, C) Eingangs-/Ausgangslogistik, D) Lieferung und Montage	88
Abb. 3.17:	Anwendungssicht Küchenland	89
Abb. 3.18:	Prozessphasen bei Küchenland	90
Abb. 4.1:	Modul 1: Verkauf	93
Abb. 4.2:	Beispielrechnungen: Preisfindung für einen Versandhändler bzw. für Küchenland	94
Abb. 4.3:	Verkaufsprozess bei Küchenland	95
Abb. 4.4:	Aufriss einer Küche (gezeichnet mit KPS designstudio)	96
Abb. 4.5:	Teilprozess „Auftragseingang" bei einem Multikanalunternehmen	97
Abb. 4.6:	Liste Artikelstammdaten	98
Abb. 4.7:	Erfassungsmaske für einen Artikel	99
Abb. 4.8:	Erfassungsmaske für einen Kunden (Debitor)	100
Abb. 4.9:	Angebot für eine Küche	101
Abb. 4.10:	Typische Informationen in einem Auftrag	102

Abbildungsverzeichnis   XIII

Abb. 4.11: Modul 2: Interne Planung 103
Abb. 4.12: Beispiel für eine einfache Montagestückliste (Mengenstückliste) 103
Abb. 4.13: Prozess der internen Planung bei Küchenland 104
Abb. 4.14: 3D-Zeichnung einer geplanten Küche (gezeichnet mit KPS designstudio) 105
Abb. 4.15: Ausschnitt aus der Komponentenliste im Kaufvertrag 106
Abb. 4.16: Abfrage Lagerbestand der Küchenkomponenten 107
Abb. 4.17: Modul 3: Einkauf 107
Abb. 4.18: EDI-Architektur 110
Abb. 4.19: Grundtypen von Lösungen für das MRO-Procurement 110
Abb. 4.20: Austausch von Katalogdaten und Geschäftsdokumenten 112
Abb. 4.21: Einkaufsprozess bei Küchenland 113
Abb. 4.22: Liste Kreditoren 114
Abb. 4.23: Erfassungsmaske für einen Lieferanten (Kreditor) 115
Abb. 4.24: Typische Informationen in einer Bestellung 116
Abb. 4.25: Modul 4: Eingangslogistik 117
Abb. 4.26: Wareneinlagerungsprozess bei Küchenland 118
Abb. 4.27: Liste Bestellungen sortiert nach zugesagtem Lieferdatum 120
Abb. 4.28: Umlagerungsauftrag 121
Abb. 4.29: Annahme und Einbuchen der Ware am Wareneingang (WE) 121
Abb. 4.30: Transport der Ware an einen anderen Lagerort und Zuordnung des Lagerplatzes (LP1) 122
Abb. 4.31: Modul 5: Produktion 122
Abb. 4.32: Modul 6: Ausgangslogistik 123
Abb. 4.33: Prozess Lieferung & Montage bei Küchenland 125
Abb. 4.34: Bereitstellung der Waren am Warenausgang (WA) 126
Abb. 4.35: Lieferung und Ausbuchung der Ware aus dem Lagerbestand 126
Abb. 4.36: Modul 7: Rechnungswesen 126
Abb. 4.37: Eingangsrechnung (Kreditor): Detailansicht mit Funktionsbereichen 129
Abb. 4.38: Erfassungsmaske Ausgangsrechnung (Debitor) 130
Abb. 4.39: (Kunden-)Rechnung (Debitor) 131
Abb. 4.40: Offene-Posten-Liste der unbezahlten Ausgangsrechnungen 132
Abb. 4.41: Ausschnitt aus einem Kontenplan in einem exemplarischen ERP-System. 134

Abb. 4.42: Vereinfachte Darstellung für die Strukturierung der Bilanz 135
Abb. 4.43: Zusammenhang der Buchungen in Bilanz und GuV 136
Abb. 4.44: Modul 8: Personalwesen 136
Abb. 4.45: Übersicht über die Zeiterfassung einer Mitarbeiterin 137
Abb. 5.1: Aufgaben der Parteien im Wertschöpfungsgefüge 145
Abb. 5.2: Typische Varianten des Betriebs eines BAS 147
Abb. 5.3: Entwicklungs-, Implementierungs- und Erlösmodelle von BAS-Herstellern 150
Abb. 5.4: Ökosystem des ERP-Herstellers Microsoft (vereinfachte Darstellung) 152
Abb. 5.5: ERP-Checkliste: Festzulegende Aspekte für eine ERP-Systemauswahl 157
Abb. 6.1: Phasenablauf einer ERP-Systemauswahl 161
Abb. 6.2: Phase 1 der ERP-Systemauswahl: Vorinformation/Bedarfsidentifikation .. 162
Abb. 6.3: Phase 2 der ERP-Systemauswahl: Anforderungsdefinition und Marktevaluation 164
Abb. 6.4: Phase 3 der ERP-Systemauswahl: Angebotsevaluation 165
Abb. 6.5: Phase 4 der ERP-Systemauswahl: Systemeinführung 166
Abb. 6.6: Organisationsformen für Projektorganisation 168
Abb. 6.7: Aspekte der Anpassung einer betriebswirtschaftlichen Standardsoftware .. 174
Abb. 6.8: Phase 5 der ERP-Systemauswahl: Betrieb inkl. Wartung und Updates 176
Abb. 7.1: Externe und interne Kosten einer ERP-Einführung 184

Tabellenverzeichnis

Tab. 1.1: Charakteristika der Softwaregattungen 10
Tab. 2.1: Standards für Webservices 42
Tab. 2.2: IT Service Delivery Model: Veränderung im IT-Management über die Zeit 58
Tab. 3.1: Geschäftsprozess und Workflow: Gemeinsamkeiten und Unterschiede 73
Tab. 3.2: Betriebswirtschaftliche Anwendungssysteme bei Küchenland 90
Tab. 5.1: Grundtypen der Lizenzierung 144
Tab. 5.2: Typische Formen des *organischen* Wachstums bei ERP-Herstellern 154
Tab. 5.3: Typische Formen des *anorganischen* Wachstums bei ERP-Herstellern 156
Tab. 6.1: Phasen einer ERP-Systemauswahl und deren Aktivitäten 162
Tab. 6.2: Nutzwertanalyse für die drei Topkandidaten einer Systemauswahl (3=beste Note) 165
Tab. 6.3: Definition der Anforderungen an ein BAS 166
Tab. 6.4: Vor- und Nachteile einer simultanen Einführung 172
Tab. 6.5: Vor- und Nachteile einer sukzessiven Einführung 172
Tab. 6.6: Vor- und Nachteile einer parallelen Einführung 173

1 Betriebswirtschaftliche Anwendungssysteme (BAS)

Betriebswirtschaftliche Anwendungssysteme (BAS) bilden die informationstechnologische Grundlage, mit deren Hilfe Unternehmen ihre Unternehmensplanung und –steuerung vornehmen. In mittleren bis großen Unternehmen kommen oft verschiedene Arten von Unternehmenssoftware für verschiedene betriebswirtschaftliche Funktionen zum Einsatz. Damit alle involvierten Abteilungen im Unternehmen auf eine einheitliche Funktions- und Datenbasis zugreifen können, kommt der Integration (also der nahtlosen Verbindung) der Anwendungssysteme eine bedeutende Rolle zu.

Einfacher ist es natürlich, wenn verschiedene Softwaresysteme und deren Daten nicht aufwändig miteinander verknüpft werden müssen, sondern das gesamte Unternehmen durch eine *einzige* Softwarelösung unterstützt wird. Diesen Ansatz verfolgen *Enterprise-Resource-Planning-Systeme (ERP-Systeme)*, die in diesem Buch im Fokus stehen. Sie übernehmen bereits nativ einen Teil dieser Integrationsleistung, da ihre Module auf einer gemeinsamen Datenbasis arbeiten und sie dadurch einen einheitlichen Blick auf das Unternehmen und seine Daten erlauben. Heute reicht diese integrative Sichtweise sogar deutlich über das Unternehmen hinaus, denn die Vorteile liegen auf der Hand: Daten, die nur einmal erfasst werden, stehen allen darauf Zugreifenden in der gleichen Form (und damit konsistent) zur Verfügung, so dass es nicht zu Fehlern und doppeltem Aufwand durch Mehrfacherfassung kommt. Heute geht eine Kundin wie selbstverständlich davon aus, dass sie im Online-Shop sieht, ob das Produkt noch im Lager des Versandhändlers verfügbar ist, sie bei der Bestellung ihre persönlichen Daten direkt selbst eingibt oder dies durch die Integration mit Zahlungsdienstleistern automatisch geschieht, diese automatisch für Rechnungs- und Zahlungstransaktionen ins ERP-System übernommen werden und die Kundin nach dem Abschicken der Bestellung den Lieferfortschritt (durch Einbindung des Logistikdienstleisters) in Echtzeit sieht. So schafft die Integration auch von mehreren BAS für Kunden einen echten Mehrwert, ohne dass diese merken, dass hier mehrere verschiedene Softwaresysteme im Hintergrund an der Abwicklung arbeiten.

Das erste Kapitel erläutert zunächst Zweck und Hintergründe dieses Buchs. Grundlegende Begriffe werden definiert, und der Leser wird schrittweise in das Fachvokabular eingeführt. Der Bereich der betriebswirtschaftlichen Anwendungssysteme erschließt sich, wie auch die Betriebswirtschaftslehre selbst, über grundlegende Konzepte, die komplizierte Sachverhalte mit einem eindeutigen Begriff beschreiben. Das Wissen über die Bedeutung dieser Begriffe ermöglicht es Fachexperten, auf effektive und effiziente Weise miteinander zu kommunizieren. Über den Verlauf des Buchs wird das ERP-Vokabular kontinuierlich aufgebaut und erweitert. Für eine schnelle Übersicht sind die wichtigsten Begriffsdefinitionen im Text hervorgehoben.

1.1 Nutzen von BAS

In den letzten 250 Jahren haben diverse technologische Erfindungen dafür gesorgt, dass sich die Berufswelt drastisch verändert hat. Vormals händisch, d. h. manuell erledigte Arbeit wird heute automatisiert durch Maschinen und andere innovative Geräte verrichtet. Um nur einige Beispiele herauszugreifen: Die Dampfmaschine erlaubte lange vor der Erfindung der Elektrizität die Automatisierung vieler Arbeitsvorgänge und erhöhte damit die Produktivität der Arbeit. Der vollautomatische Webstuhl mit auf austauschbaren Lochkarten gespeicherten Webinformationen ermöglichte die schnelle Anfertigung von Textilien unter Nutzung von Webvorlagen und bot damit eine flexible Fertigung bei gleichbleibend hoher Qualität. Kraftfahrzeuge, Flugzeuge und moderne Schiffe schufen neue Fortbewegungsmöglichkeiten und legten die Grundlage für einen gesteigerten Warenaustausch zwischen allen Teilen der Welt.

Die Liste der technischen Innovationen ließe sich beliebig fortführen und detaillieren, doch keine Technologie hat die beruflichen Abläufe und Möglichkeiten so verändert wie die Informationstechnologie. Dabei ist der Computer eigentlich keine neuzeitliche Erfindung. Erste Formen computerähnlicher Geräte gab es bereits im 17. Jahrhundert. Der heutige Computer bietet die Möglichkeit, beliebige Rechenoperationen aller Art in durch Softwareprogramme manifestierten Rechenanweisungen (Algorithmen) auszuführen. Dem Computer ist es dabei egal, ob er Töne aus digitalen MP3-Musikdaten erzeugen, den Bruttoverkaufspreis eines Artikels mit dem aktuellen Umsatzsteuersatz errechnen oder eine Webseite grafisch darstellen soll. Anders als andere technische Innovationen sind Computer in ihrem Aufbau von ihren Anwendungen weitgehend unabhängig. Im Regelfall erfolgt die Berechnung mittels eines standardisierten Prozessors als Rechenzentrale eines Computers. Der Computer kann mit der entsprechenden Software gleichermaßen in Handel, Industrie, Versicherungen oder Touristik eingesetzt werden. Diese vielseitige Einsetzbarkeit hat die Produktion immer größerer Prozessor- und letztlich auch Computerstückzahlen in immer kleinerer Bauweise ausgelöst. Die damit verbundenen sinkenden Verkaufspreise ermöglichen eine stärkere Verbreitung für neue, bis dato nicht rentable Anwendungszwecke. Auf diese Weise findet sich Computertechnik heute in Autos, Backöfen, Musikanlagen und sogar in Musikgrußkarten.

Die Digitalisierung unserer Welt ist in vollem Gang. Viele Dinge, die früher mechanisch unterstützt wurden, werden heute viel flexibler und kostengünstiger mit Hilfe von Computertechnologie umgesetzt. Neben mechanischen (Armband-)Uhren gibt es heute digitale Alleskönner. Musik kommt nicht mehr von Tonträgern wie Schallplatte, Tonband oder CD, sondern wird aus dem Internet gestreamt, Mobiltelefone sind „smart" und die einst physischen Tasten werden darauf digital dargestellt, und auch die mechanische Vermittlungsstelle ist moderner IP-Telefonie mittels Bild und Sprache gewichen.

Die Anwendung von Computern im betriebswirtschaftlichen Kontext hat sich vor allem seit den 50er Jahren sehr stark ausgeweitet. Die zentrale Idee dahinter ist es, Informationen über realweltliche Objekte und Vorgänge mit Hilfe der Computertechnik so zu erfassen, dass sie losgelöst von der physischen Welt von unterschiedlichen Anwendern genutzt werden können. Diese bestechende Idee ist bereits mehrere tausend Jahre alt, denn schon früh wurden Warenbestände schriftlich an Wänden, Tafeln oder später in Büchern vermerkt, um nicht bei jeder Warenbewegung wieder alle physischen Bestände aufs Neue zählen zu müssen.

Der Computer bietet hierbei natürlich noch mehr Flexibilität und Schnelligkeit. Es ist einfacher und schneller, mittels einer Stückliste vom Computer in Sekundenbruchteilen ausrechnen zu lassen, wie viele Teile (Schrauben, Muttern, Speichen usw.) für die Produktion von 1000 Fahrrädern benötigt werden, als händisch für jedes einzelne Rad die Teile auszurechnen. Nutzen verschiedene Abteilungen gleichzeitig diese Informationen, dann kann beispielsweise das Lager die Teile bereitstellen und der Einkauf die für 1000 Räder benötigten und in den nächsten Tagen zu verbrauchenden Teile direkt nachbestellen, ohne dass noch eine spezielle Anforderung aus der Produktion kommen muss. Weitergedacht ist es sogar noch einfacher, wenn der Lieferant direkten Zugriff auf die Verbrauchsdaten hat, so dass noch nicht einmal mehr Nachbestellungen durch die Einkaufsabteilung durchgeführt werden müssen. Auch das ist heute unter dem Stichwort „Kontinuierliche Lagerauffüllung" (engl. continuous replenishment) in der Form von „lieferantengesteuertem Bestand" (engl. vendor-managed inventory, VMI) bereits Wirklichkeit. Damit ermöglicht die Nutzung der Daten in Echtzeit die Vereinfachung interner und unternehmensübergreifender Abläufe und zugleich eine verteilt stattfindende Arbeit in immer größeren organisationalen Zusammenhängen. Firmen mit Hunderttausenden von Mitarbeitern, verteilt über alle Kontinente, lassen sich erst durch diese virtuelle Erfassung und Nutzung von Daten über realweltliche Dinge sinnvoll führen und koordinieren.

Die Daten über realweltliche Objekte, Abläufe und Zusammenhänge können je nach Anwendungsbedarf durchaus unterschiedlich sein, wie das Beispiel des „Apfels" zeigt: Bereits am Baum weist der Apfel einige spezifische offensichtliche Charakteristika (im Kontext von Softwaresystemen auch als Daten, Attribute bzw. Informationen bezeichnet) wie Form, Geschmack, Sorte und Farbe auf. Einige Daten kommen im Kontext eines Handelsunternehmens hinzu wie etwa das Einzelgewicht oder der Verkaufspreis des Apfels. Auch das Mindesthaltbarkeitsdatum oder der Monat, in dem der Apfel reif und damit verkaufsbereit ist, sind für den Handel von Interesse.

Für ein Unternehmen, das diese Äpfel einkauft und anschließend verkauft, sind natürlich noch weitere Dinge von Belang. Wenn 100 Äpfel in der Einzelhandelsfiliale liegen, könnte man denken, dass dafür nicht extra ein Softwaresystem notwendig ist, um diese oben erwähnten Informationen zu pflegen. Doch was ist mit Mitarbeitern anderer Abteilungen, die weit entfernt vom eigentlichen Produkt z. B. in der Unternehmenszentrale auf diese Daten zugreifen müssen? So ist das Mindesthaltbarkeitsdatum nicht nur für den Konsumenten wichtig, sondern auch für den Filial- oder Regionalleiter, der durch entsprechende Preis- und Produktplatzierung den Verkauf des Apfels vor dem Ablauf des Mindesthaltbarkeitsdatums erwirken kann. Der Logistiker im Regional- oder Zentrallager muss entsprechend wissen, welche Apfelkisten er zuerst an die Filiale zum Abverkauf senden soll. Im Einkauf wird diese Information benötigt, um Ware mit möglichst langem Haltbarkeitsdatum einzukaufen. Auch Informationen zum Preis und zur verfügbaren Menge des Artikels werden im Unternehmen, aber auch vom Verbraucher, mehrfach benötigt.

Es liegt nahe, Daten und Informationen, die heute losgelöst vom eigentlichen Produkt in betriebswirtschaftlichen Softwaresystemen gespeichert sind, nur einmal abzuspeichern und dann allen, die darauf Zugriff benötigen, in gleicher Art und Weise zur Verfügung zu stellen. Diese Art der Datenverarbeitung wird als *integrierte Datenhaltung* bezeichnet. Sie ist wesentlicher Teil moderner betriebswirtschaftlicher Anwendungssysteme, weil sie eine redundanzfreie, d.h. einmalige Speicherung von Daten (Menge, Preise, Produkte usw.) bei gleichzeitigem Echtzeitzugriff auf sich verändernde Daten erlaubt. Wird beispielsweise in der Filiale ein Apfel verkauft, so finden sich in der entsprechenden Bestandsdatentabelle nur noch 99 Äpfel. Damit sehen ab diesem Zeitpunkt alle anderen Mitarbeiter des Unternehmens, die ebenfalls diese Tabelle nutzen, diese Information und können in Echtzeit auf die Veränderung reagieren.

Damit ergeben sich beim gemeinsamen Datenzugriff aber auch organisatorische Fragestellungen: Wie kann gesichert werden, dass bestimmte Daten nur von autorisierten Personen einsehbar sind? Denn die Verfügbarkeit von Informationen beeinflusst Verhalten und Entscheidungen am Arbeitsplatz. Der Vertriebler, der auch alle Einkaufspreise einsehen kann, würde ggf. versucht sein, seine Verkaufspreise daran anzulehnen, um möglichst viel zu verkaufen. Wer bestimmt bei der Bedarfsdeckung für einen Artikel, ob dieser im eigenen Werk produziert oder extern eingekauft wird (engl. make or buy)? Wer pflegt die Daten für einen Artikel in das System ein? Der Einkauf, der Verkauf oder die Produktion? Können alle Werke auf die gleichen Daten zugreifen oder sollte jedes Werk lieber seine eigenen Kunden- und Artikeldaten pflegen? Unabhängig von den technischen Machbarkeiten enthalten bereits diese wenigen Fragen viel politischen Sprengstoff für jedes Unternehmen.

Die betriebswirtschaftliche Software ist damit zugleich auch zum Bindeglied zweier gegenläufiger organisationaler Trends geworden: *Zentralisierung* und *Dezentralisierung*. Ersterem begegnen Unternehmen in ihrem Bestreben, Skaleneffekte (= Kostenvorteile durch Massenproduktion bzw. Steigerung der Einkaufsmenge im Handel, engl. *Economies of Scale*) zu erreichen, indem sie ihre Produktionsfaktoren effektiver einsetzen. Dazu müssen sie wachsen und gleichzeitig eine *zentrale* Kontrolle ausüben. Auf der anderen Seite erfordert die Dynamik der Märkte häufig das Handeln eigenverantwortlicher, *dezentraler* Einheiten. Dadurch ergibt sich sowohl die Notwendigkeit für die elektronische Unterstützung der Beziehungen mit *externen* Geschäftspartnern als auch der Integration von Prozessen *innerhalb* einer Unternehmensgruppe (z.B. zwischen Produktions- und Vertriebsgesellschaft oder Holding und Beteiligungen).

1.2 Begriffssystematik zu BAS

Betriebswirtschaftliche Anwendungssysteme (BAS) finden sich in unterschiedlichen Formen in verschiedenen Bereichen eines Unternehmens. Wie so häufig in schnell wachsenden und sich verändernden Industrien erfindet und prägt die Softwareindustrie verschiedene Begriffe und Kurzformen als Synonyme (mehrere Worte für dieselbe Bedeutung) und Homonyme (ein Wort für mehrere Bedeutungen). Die Verwendung von Begriffen ist in der Praxis nicht immer trennscharf. Zur Prägung eines akademischen Verständnisses werden wichtige Begriffe im Folgenden abgegrenzt und erklärt.

Die Begriffe Softwareapplikation, Softwareanwendung oder Softwareprogramm (Kurzform: Software, Applikation, Anwendung oder Programm) bezeichnen den von Softwareentwicklern vorgegebenen, regelbasierten Ablauf von Befehlen in der Form von Programmcode. Im Unternehmenskontext ist ein Softwareprogramm beispielsweise das Buchhaltungsprogramm, das Personalwirtschaftsprogramm oder das Kassensystem. Wird die Software in einem größeren Kontext betrachtet, d. h. als lauffähige Anwendung auf der notwendigen Hardware installiert, dann wird tendenziell von einem Softwareanwendungssystem (kurz: Softwaresystem oder Anwendungssystem) gesprochen. Der Begriff *Informationssystem* (engl. *information system*) wird in vielen Fällen alternativ verwendet. Vielfach werden in der Kurz- oder Langform auch direkt Gattungsbegriffe angehängt. Dann ist die Rede vom Enterprise-Resource-Planning-System (kurz: ERP-System) oder dem Content Management System (kurz: CMS).

> *Software* ist ein zentraler Begriff in der IT und beschreibt ein Programm (und die zugehörigen Daten), welches eine Reihe von kodierten Anweisungen enthält und von einem Anwender (User) oder einer Maschine ausgeführt werden kann. Software basiert auf (Programm-)Code, der von Programmierern erstellt wird und das Verhalten eines Computers (Prozessors) steuert. *Hardware* beschreibt demgegenüber physische Komponenten wie das eigentliche Gerät (z. B. einen Desktop Computer) bzw. Peripheriegeräte.

> Der Begriff der *Anwendung* ist eine Kurzform für „Anwendungssoftware" und wird annähernd synonym mit Software verwendet. Während der Begriff der Software für jegliche Art ausführbaren Codes verwendet wird (z. B. zur Steuerung von Maschinen oder für Spiele), ist die „Anwendung" typischerweise auf die Lösung eines bestimmten Problems ausgerichtet. Das Wort *Applikation* wurde adaptiert vom englischen Begriff „Application" und ist ein Synonym des Begriffs Anwendung. Mit dem Aufkommen mobiler Geräte wurde das Wort weiter verkürzt auf die sogenannte *App*.

Zum besseren Verständnis der dahinterliegenden Managementkonzepte und Systemgattung zeigt Abb. 1.1 eine abstrakte Darstellung eines Unternehmens im Kontext seiner *Wertschöpfungskette* (engl. Value Chain). Ebenfalls aufgeführt sind die Übergänge zu anderen Parteien innerhalb der *Lieferkette* (engl. Supply Chain) des Unternehmens. Auf der linken Seite (Beschaffungsseite) empfängt das Unternehmen (Vor-)Produkte oder komplementäre Leistungen (welche die eigenen Produkte oder Dienstleistungen ergänzen) von seinen Lieferanten. Auf der rechten Seite (Absatzseite) verkauft das Unternehmen seine Produkte oder Leistungen an seine Kunden. Durch die (angestrebt positive) Differenz von lieferantenseitigem Mitteleinsatz und kundenseitigen Verkaufserlösen wird ein Überschuss generiert (*Wertschöpfung*). Dabei kommen an verschiedenen Stellen BAS zum Einsatz.

> Der Terminus *Betriebswirtschaftliche Anwendungssysteme (BAS)* ist ein Oberbegriff für informationstechnologische Systeme (inkl. Hard- und Software), die Personen in einem Unternehmen bei der Erfüllung ihrer betriebswirtschaftlichen Aufgaben (Funktionen) und bei der Steuerung der Abläufe (Prozesse) unterstützen. Als solche umfassen sie verschiedene Softwaregattungen, wie z. B. sowohl die eher *intern* ausgerichteten *ERP-Systeme* als auch *überbetrieblich* ausgerichtete *E-Business-Systeme* an den Schnittstellen zu Lieferanten und Kunden. Auch komplementäre Systeme wie Kooperationssysteme (Groupware) oder Dokumentenmanagementsysteme fallen unter diesen Begriff.

ERP-Systeme unterstützen in erster Linie die *internen,* funktionalen Bereiche (Abteilungen) in ihren Geschäftsprozessen. Ergänzende E-Business-Systeme unterstützten als erweiternde Anwendungen schwerpunktmäßig *organisationsübergreifende* Geschäftsprozesse. Beziehungen zwischen Unternehmen werden als B2B-Beziehungen (*Business-to-Business)* bezeichnet, die elektronische Anbindung von (privaten) Endkonsumenten als B2C (*Business-to-Consumer*). Werden Unternehmen innerhalb einer Konzernstruktur miteinander verbunden, dann ist dies eine sogenannte *Intercompany-Integration*.

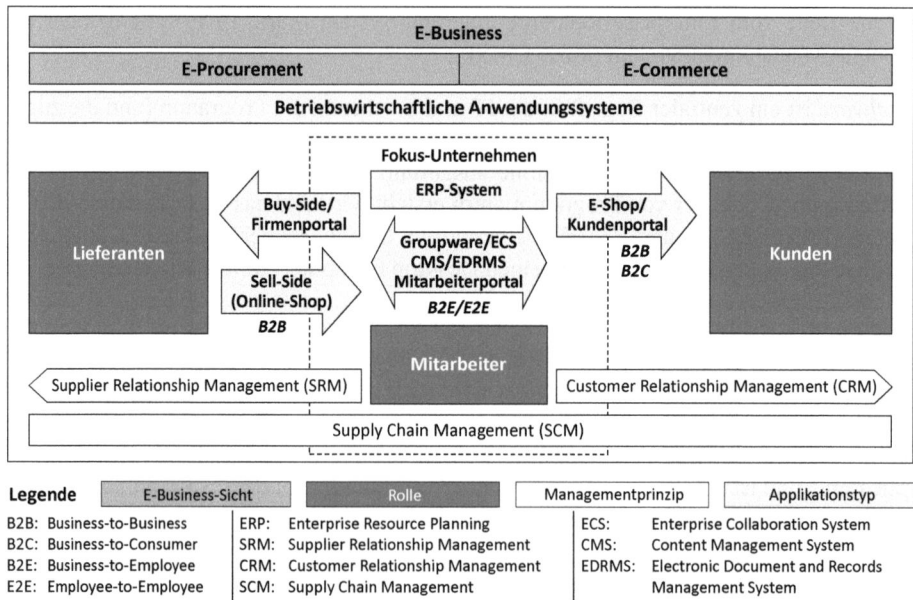

Abb. 1.1: Begriffssystematik zu Betriebswirtschaftlichen Anwendungssystemen (BAS)

Abb. 1.1 zeigt eine Begriffssystematik mit Nennung der Managementkonzepte, Applikationen und involvierte Parteien in Anlehnung an Schubert und Wölfle (2000, S. 3). Dabei steht die Betrachtung *eines konkreten Fokus-Unternehmens* im Zentrum (skizziert durch die gestrichelte Linie). Das Unternehmen verfügt über ein ERP-System, mit dessen Hilfe die Tätigkeiten der verschiedenen Fachabteilungen koordiniert und gesteuert werden. Gleichzeitig ist das ERP-System fast immer der Anknüpfungspunkt für die Integration externer Applikationen. Mit *Integration* wird dabei die Kopplung von Anwendungssystemen bezeichnet, also z. B. eine Verbindung verschiedener Bereichsmodule wie Einkauf und Lagerhaltung oder die Kopplung der ERP-Auftragsverwaltung mit der Online-Shop-Software.

Verschiedene Applikationstypen sind in diesem Kontext von Interesse (Abb. 1.2). BAS umschließt damit als *Oberbegriff* insbesondere:

1. ERP-Systeme (für die Unterstützung von betriebswirtschaftlichen Funktionen)
2. E-Business-Systeme (für den externen Zugriff auf Unternehmensdaten, z. B. durch Online-Shops oder Portale)
3. Enterprise Collaboration Systeme („Groupware", für die Unterstützung der Zusammenarbeit)
4. Content Management Systeme (für das Management von Dateien über ihren Lebenszyklus oder das Management von Unternehmenswebsites)

Abschnitt 1.3 enthält vertiefende Ausführungen zu den aufgeführten Applikationstypen. Die folgenden Managementansätze sind in der Systematik enthalten:

> *E-Business* ist ein Managementansatz zur Unterstützung des Leistungs- und Kommunikationsaustauschs eines Unternehmens mit seinen Lieferanten, Kunden, weiteren Geschäftspartnern und Mitarbeitenden durch elektronische Medien. Normalerweise wird der Begriff E-Business mit dem Einsatz von Internettechnologien verbunden.

> *E-Commerce* ist derjenige Teil des E-Business, der auf den Verkauf von Produkten und Dienstleistungen ausgerichtet ist (*Verkaufsprozess*). E-Commerce-Applikationen dienen der elektronischen Unterstützung des Verkaufsprozesses, der klassischerweise in die Informations-, Vereinbarungs- und Abwicklungsphase unterteilt wird.

> *E-Procurement* ist derjenige Teil des E-Business, der auf den Einkauf von Produkten und Dienstleistungen ausgerichtet ist (*Beschaffungsprozess*). Während Warenwirtschaftsmodule in ERP-Systemen primär für die Beschaffung direkter Güter eingesetzt werden, unterstützen E-Procurement-Lösungen auch den Einkauf indirekter Güter. (vgl. Kapitel 4.3)

Customer Relationship Management (CRM), Supplier Relationship Management (SRM) und Supply Chain Management (SCM) sind Managementkonzepte, die ebenfalls durch spezialisierte Software unterstützt werden können.

> *Customer Relationship Management* ist absatzorientiert und zielt auf die systematische Gestaltung des Kundenbeziehungsprozesses ab. Die Ziele, die sich hinter CRM-Maßnahmen verbergen, sind die Kundengewinnung, die Verbesserung der Kundenbindung und die Maximierung des Lifetime Values eines Kunden (das Umsatzvolumen seiner gesamten Käufe).

Supplier Relationship Management ist beschaffungsorientiert und befasst sich mit der Unterstützung der Beziehungen und Prozesse mit Lieferanten.

Supply Chain Management (Management eines Wertschöpfungsnetzwerks) ist die Koordination einer strategischen und langfristigen Zusammenarbeit von verschiedenen Parteien einer Lieferkette oder eines Liefernetzwerks zur logistischen Koordination, Entwicklung und Herstellung von Produkten.

Viele betriebswirtschaftliche Anwendungssysteme werden zusätzlich zu ihrem oben beschriebenen Anwendungszweck als Module, Softwaresuite oder Softwarelösung vermarktet.

Ein *Modul* ist eine abgeschlossene, funktionale Einheit einer Anwendungssoftware, die in Kombination mit anderen Modulen das Gesamtsystem bildet. In der Regel existieren Basismodule (die für den Betrieb zwingend notwendig sind) und optionale Module, die flexibel nach Bedarf hinzu installiert werden können. In ERP-Systemen decken Module in der Regel die Bedürfnisse einer funktionalen Einheit (z. B. einer Abteilung) ab. Technisch sind die Module eng miteinander verzahnt und arbeiten auf einer gemeinsamen Datenbasis.

Eine *Softwaresuite* ist eine Zusammenstellung (aus dem Französischen: „Verkettung") verschiedener Softwareprodukte zu einem kombinierten Angebot. In der Praxis wird der Begriff verwendet, wenn verschiedene Produkte, die idealerweise untereinander einen einfachen Datenaustausch erlauben, unter einer identischen (oder ähnlichen) Benutzerschnittstelle und einer gemeinsamen Lizenz (und damit kostengünstiger als die Einzelprodukte) angeboten werden.

Eine *Softwarelösung* (oder nur *Lösung*) wird von einem Softwarehersteller für einen bestimmten Anwendungszweck entwickelt und erfüllt bestimmte Anforderungen. Dieser Begriff wird für Softwareprodukte kommerzieller Softwarefirmen (*Lösungsanbieter*) verwendet.

1.3 Typologisierung von BAS

Betriebswirtschaftliche Anwendungssysteme (BAS) können in verschiedene Softwaregattungen eingeteilt werden. Ein Kriterium für die Typologisierung ist der Grad der Automatisierbarkeit der unterstützten Abläufe von ungeplant (spontan, ad hoc) zu komplett planbar (vollständig regelbasiert, d. h. voll automatisierbar). Letzteres wird auch *Dunkelverarbeitung* genannt.

Abb. 1.2 zeigt vier Anwendungsklassen und ihre zugehörigen Softwaresysteme. Das *Business Process Management* vertritt eine Prozesssicht, in der betriebliche Abläufe in einzelne Schritte unterteilt und durch Hinterlegung von Regeln miteinander verbunden werden. Die hier eingesetzten *Workflow Management Systeme (WMS)* steuern Abläufe und greifen dabei auf andere BAS zu. Das aufrufende BPM-System wartet ggf., bis es eine Antwort vom aufgerufenen System erhält und setzt die Verarbeitung anschließend fort.

Der untere Bereich der Abbildung zeigt auf der linken Seite den Bereich der betrieblichen Zusammenarbeit (*Enterprise Collaboration*), bei der Enterprise Collaboration Systems (ECS), auf Deutsch *Kollaborationssysteme* oder *Kooperationssysteme*, zum Einsatz kommen. In diesen Bereich fällt die seit Beginn der 90er Jahre verfügbare *Groupware*. Um das Jahr 2010 kam die sogenannte *Enterprise Social Software* (ESS) auf den Markt, die Ad-hoc-Kommunikationsprozesse unterstützt, die im Vorhinein schlecht planbar sind und die Vernetzung von Personen in sogenannten *Enterprise Social Networks (ESN)* ermöglicht. Kollaborationssysteme kommen zum Einsatz, wenn im Verlauf von Geschäftsprozessen menschliche Eingriffe oder Aktivitäten notwendig sind, für die es nicht möglich (oder unangemessen aufwändig) ist, ein Regelwerk für die Verarbeitung zu hinterlegen. Ihre Hauptanwendung liegt in der Zusammenarbeit in Projekten und im Wissensmanagement.

Zum Zwecke der Einheitlichkeit müsste im unteren rechten Bereich der Abbildung eigentlich „Enterprise Resource *Management*" stehen. Sowohl in der Wissenschaft als auch in der Praxis hat sich hier aber der Begriff „*Enterprise Resource Planning*" etabliert, für welches *ERP-Systeme* zum Einsatz kommen. Diese Systeme sind funktionsorientiert und auf bestimmte unternehmerische Aufgaben ausgerichtet. Die enthaltenen Funktionen unterstützen Sachbearbeiter in ihrer täglichen Arbeit bei wiederkehrenden Routineaufgaben.

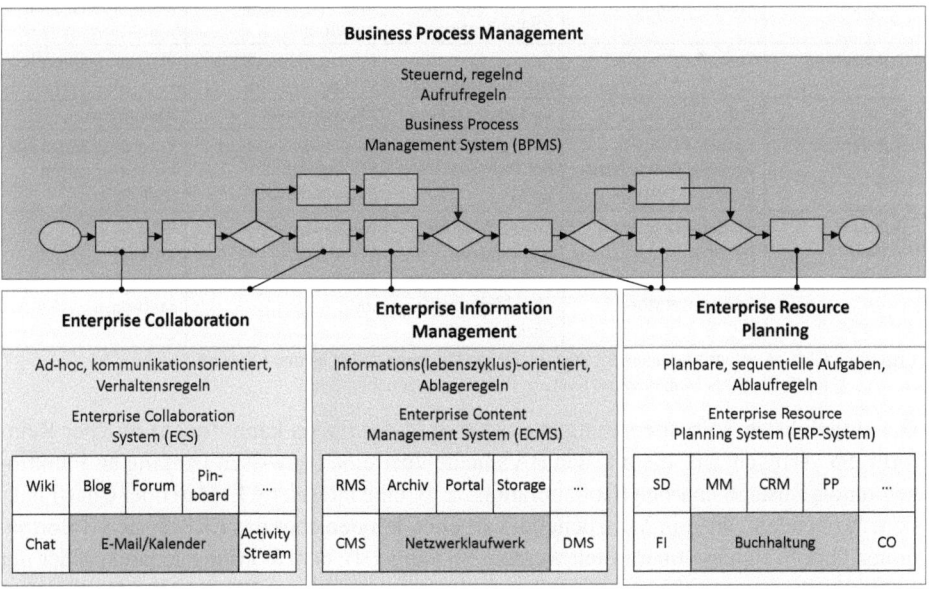

Abb. 1.2: BAS-Anwendungsbereiche und deren Softwaregattungen

Der mittlere Bereich des *Enterprise Information Managements* bildet das Bindeglied zwischen den anderen beiden Bereichen. Sowohl in Kollaborationssystemen als auch in ERP-Systemen werden während der Bearbeitung Dateien (Texte, Grafiken, Videos) benötigt, die in den zugehörigen Datenbanken dieser Systeme oder in der Dateiablage gespeichert sind. Beispiele sind z. B. ein Bild zu einem verkauften Produkt, das im ERP-System hinterlegt wird oder ein Foliensatz, der im Kollaborationssystem zur Verfügung gestellt wird.

Für die elektronische Speicherung von gescannten Papierdokumenten (Schriftgutverwaltung) und anderen elektronischen Dokumenten kommen *Dokumentenmanagementsystemen (DMS)* zum Einsatz. Zur Erfüllung gesetzlicher Anforderungen an die Unternehmensführung und die Bilanzierung müssen bestimmte Geschäftsvorfälle in Archivierungslösungen (*Records Management Systeme, RMS*) gespeichert werden. Der Oberbegriff für diese beiden Softwaretypen ist *Electronic Document and Records Management System* (EDRMS). Daneben gibt es noch *Web Content Management Systeme* für die Pflege und den Betrieb von Webauftritten (Websites). Der Oberbegriff für die Softwaresysteme im Bereich Enterprise Information Management ist *Electronic Content Management Systeme (ECMS)*. Tab. 1.1 zeigt die in Abb. 1.2 aufgeführten Anwendungsbereiche mit ihrer Zweckorientierung, den zugrundeliegenden Regeln und den Softwaretypen mit typischen Modulen.

Tab. 1.1: Charakteristika der Softwaregattungen

Bereich	Business Process Management (BPM)	Enterprise Collaboration Management	Enterprise Information Management	Enterprise Resource Planning (ERP)
Aufgabe	Prozessmanagement	Zusammenarbeit (Collaboration)	Informationsmanagement	Ressourcensteuerung
Orientierung	Steuernd, regelnd	Ad-hoc, kommunikationsorientiert	Informationslebenszyklus	Planbar, sequentiell
Regeln	Aufrufregeln	Verhaltensregeln	Ablageregeln	Ablaufregeln
Softwaretyp	Business Process bzw. Workflow Management System	Enterprise Collaboration System (ECS)	Enterprise Content Management System (ECMS)	Enterprise Resource Planning System (ERP-System)
Typische Module	Modellierungskomponente Maskendesigner Codegenerator	E-Mail/Kalender Workspace/ Wiki/Blog/Forum Chat/Videokonf. Soziales Profil	Netzlaufwerk WebCMS DMS RMS	FiBu Verkauf Einkauf Material

Legende: CMS=Content Management System, DMS=Document Management System, RMS=Records Management System, FiBu=Finanzbuchhaltung

Die aufgeführten Softwaregattungen existieren in der Praxis kaum (noch) in einer Reinform. So verfügen z. B. die meisten BAS heute über einen gewissen Umfang an Funktionen für die Zusammenarbeit (Collaboration), z. B. eine integrierte E-Mail oder Chat-Funktion. Je nachdem, wie ein Mitarbeitender arbeitet, können über das ERP-System Informationen über Ereignisse übermittelt werden. So kann z. B. dem Wartungstechniker, der nur selten am PC sitzt, per SMS mitgeteilt werden, dass eine Maschine stillsteht. Der Einkäufer, der seinen Arbeitstag ohnehin am Schreibtisch vor seinem Computer verbringt, erhält bei Bestellanforderungen aus den Fachabteilungen nur eine interne Systemnachricht und der nur unregelmäßig erreichbare Außendienstmitarbeiter wird aus dem ERP-System heraus per E-Mail informiert. ERP-Systeme werden zudem zunehmend mit BPM-Funktionalität in der Form (grafischer) Prozessmodellierungskomponenten ausgestattet. Anbieter

ERP-Systeme: Begriffe und Historie 11

von BAS versuchen für ihre Kunden ein möglichst umfangreiches Funktionsspektrum anzubieten, um ihr System als Hauptsystem zu etablieren. Als Konsequenz beobachtet man eine *Konvergenz* der unterschiedlichen Softwaregattungen, also die Vereinigung von Funktionen aller Anwendungsbereiche in einem einzigen Anwendungssystem.

1.4 ERP-Systeme: Begriffe und Historie

Der folgende Abschnitt gibt eine Einführung in die grundlegenden Begriffe und die Entwicklungsgeschichte von ERP-Systemen.

1.4.1 Eigenschaften von ERP-Systemen

Das Akronym „ERP" stammt aus dem Englischen und steht für Enterprise Resource Planning. Ursprünglich wurde der Begriff Anfang der 90er Jahre von Gartner für alle Arten betriebswirtschaftlicher Software geprägt, um eine übergreifende Terminologie zu entwickeln. Allerdings wurde der Begriff schnell ausschließlich für Softwaresysteme verwendet, die (nahezu) vollständig die Unternehmensressourcen verwalten.

Enterprise Resource Planning (ERP)
Unter dem englischen Begriff Enterprise Resource Planning wird die Planung und Steuerung der Ressourcen eines Unternehmens (wörtlich übersetzt: Unternehmensressourcenplanung) verstanden. Dazu gehören Grundstücke, Gebäude, Maschinen, Anlagen, Werkzeuge, Finanzmittel, Menschen (Personalkapazität) und Rohstoffe für die Herstellung und Bereitstellung von Produkten und Dienstleistungen.

Aufgrund der zentralen Bedeutung der Unternehmensressourcenplanung, gehören ERP-Systeme zu den wichtigsten BAS, die ein Unternehmen für seine Geschäftstätigkeit benötigt. Ein ERP-System kann durch folgende Merkmale beschrieben werden:

- Ein ERP-System als spezifische Unternehmenssoftware dient zur Unterstützung von betriebswirtschaftlichen Aufgaben der Anwender(innen) in (fast) allen Teilbereichen eines Unternehmens.

- Funktional ist hervorzuheben, dass sie die Unterstützung „sämtlicher" Aufgaben eines Unternehmens anstreben und typischerweise zentrale Komponenten wie Personal (engl. *Human Resources*), Finanzwesen (engl. *Financials*) und Logistik (engl. *Logistics*) enthalten.

- Ein ERP-System setzt sich aus mehreren Teilsystemen (Modulen) zusammen, welche integriert sind, um eine gesamtheitliche Planung und Kontrolle der Ressourcen und Abläufe eines Unternehmens zu unterstützen.

- Aufgrund der vorgesehenen Anwendungsbreite zeichnen sich ERP-Systeme durch Ablaufalternativen aus, zwischen denen das Anwenderunternehmen vor der Inbetriebnahme des Systems auswählen muss.

Basierend auf umfangreichen Möglichkeiten zur Anpassung erheben ERP-Systeme den Anspruch, in verschiedenen Branchen einsetzbar zu sein. Diese Universalität von ERP-Systemen geht zwangsläufig einher mit der fehlenden Berücksichtigung detaillierter branchenspezifischer Anforderungen. Daher haben sich ERP-Lösungen am Markt etabliert, die auf spezifische Formen von Unternehmen zugeschnitten sind (bspw. Variantenfertiger in der Produktion, Textileinzelhändler, Elektrogroßhändler usw.). Diese Lösungen versprechen aufgrund ihrer Spezialisierung i. d. R. eine größere Funktionstiefe im jeweiligen Einsatzbereich.

In den letzten Jahrzehnten wurden zudem von Vertriebspartnern und Systemhäusern verschiedener großer ERP-Anbieter dedizierte *Branchenlösungen* entwickelt (engl. *vertical solutions*). Aufbauend auf der universellen, funktionell beschränkten ERP-Lösung des ERP-Anbieters passen die Partner die Lösung gezielt an bestimmte Branchenerfordernisse an. Typische Beispiele hierfür sind die diversen Branchenlösungen im SAP-Umfeld sowie für Microsoft Dynamics 365 Business Central. Neben einer höheren funktionalen Abdeckung von Branchenspezifika und einer Reduktion des Anpassungsaufwands im konkreten Projekt lässt sich aufgrund der Fokussierung i. d. R. auch eine recht umfassende (betriebswirtschaftliche) Branchenkompetenz erwarten. Nachteilig ist hingegen die „Abhängigkeit" sowohl vom ERP-Anbieter als auch zusätzlich vom Anbieter der Branchenlösung.

Ein *ERP-System* ist eine modular aufgebaute, integrierte, betriebswirtschaftliche Software zur Unterstützung von Geschäftsprozessen in (nahezu) allen Teilbereichen eines Unternehmens. Es enthält alle notwendigen Informationen für die Unternehmensplanung und -steuerung. In einer zentralen Datenbank sind die Unternehmensdaten redundanzfrei gespeichert.

Der ERP-Systembegriff umfasst auch die zugrunde liegende Hardwareplattform, Betriebssystem und Datenbank. ERP-Systeme sind meist *„Standardsoftware"*, die von einer spezialisierten Entwicklungsfirma für mehrere, respektive viele Anwenderunternehmen entwickelt wird (vgl. Kapitel 1.5). Der Entwicklungsprozess von betriebswirtschaftlicher Anwendungssoftware, insbesondere von ERP-Systemen, ist derartig aufwändig, dass in viele Standardsoftwaresysteme hunderte bis tausende Personenjahre Entwicklungsarbeit eingeflossen sind.

ERP-Systeme sind durch ihren modularen Aufbau charakterisiert. Die enthaltenen Module sind auf einzelne Unternehmensfunktionen bzw. Abteilungen ausgerichtet. Aufgrund der modularen Zusammensetzung ist es bei zahlreichen ERP-Systemen möglich, zunächst nur das Basissystem (wie z. B. Finanzbuchhaltung, Warenwirtschaft und Verkauf) zu nutzen und die eingesetzte Software über die Zeit bedarfsgerecht zu erweitern, indem weitere Module installiert und damit Altanwendungen (engl. legacy systems) im Unternehmen ersetzt werden. Bei einer eingeschränkten Nutzung entfallen zahlreiche Vorteile der Integration, da nicht alle Daten aus anderen Fachbereichen im System zur Verfügung stehen und keine nahtlose Unterstützung der Geschäftsprozesse gegeben ist. Aufgrund seiner zentralen Datenbank, die von allen Modulen gemeinsam benutzt wird, ermöglicht ein ERP-System eine einheitliche Datenspeicherung und stellt allen beteiligten Abteilungen im Unternehmen (abhängig von deren Zugriffsrechten) die benötigten Informationen zur Verfügung.

Durch die zentrale, redundanzfreie Datenhaltung wird ein Datenelement zur sogenannten *Single Source of Truth (SSOT)*. SSOT ist ein Prinzip der Datenspeicherung, dass darauf basiert, dass ein Datum (Singular von Daten) immer nur genau an einer Stelle gespeichert wird und von anderen Stellen auf diese Stelle referenziert wird. Das ERP-System bewirkt auf diese Weise eine organisatorische Integration. Außerdem ermöglicht es die Automatisierung von Abläufen (durch hinterlegte Regeln) und erzwingt eine gewisse Standardisierung von Formaten (z. B. Zahlenformate) und Inhalten (z. B. verwendete Begriffe). Allerdings entstehen damit auch einige inhärente Risiken und Probleme. Einmal fehlerhaft erfasste Daten können beispielsweise an anderer Stelle fatale Auswirkungen haben. Wird beispielsweise der Verkaufspreis bestimmter Artikel auf Basis des Einkaufspreises vom Anwendungssystem automatisch errechnet (Zuschlagskalkulation), kann ein im Einkauf falsch gepflegter Einkaufspreis zu ruinösen Verkaufspreisen in (weit entfernten) Filialen führen.

Die Möglichkeit, durch Integration Daten nur einmal erfassen zu müssen, führt bei der Einführung integrierter Systeme häufig dazu, dass die Dateneingabe vorverlagert wird. Beispielsweise gibt der Kunde (und nicht der Sachbearbeiter) bei einer Online-Bestellung im Online-Shop die Kunden- und Bestellinformationen in das Softwaresystem ein. Auch der Vertriebsmitarbeiter, der zu Einzelhandelsfilialen vor Ort fährt, erfasst Bestandsdaten, die an anderen Stellen im Unternehmen zur Warendisposition benötigt werden. Dieses Phänomen ist durch die Verlagerung der Datenerfassung aus Sicht des Gesamtunternehmens theoretisch positiv zu bewerten. Dabei wird praktisch jedoch häufig vergessen, dass die nun dafür zuständigen Mitarbeitenden keinen oder nur einen geringen Anreiz für eine gute Datenerfassungsqualität haben. Zwingt das integrierte Anwendungssystem beispielsweise den Call-Center-Mitarbeitenden zur Erfassung aller Kundendaten, bevor dem Kunden eine einfache telefonische Auskunft über die Verfügbarkeit eines Produktes gegeben werden kann, ist eine schlechte Datenqualität vorprogrammiert, denn Kunde und Mitarbeiter wollen die Frage schnell lösen und nicht erst minutenlang Daten in das System eingeben, die zu diesem Zeitpunkt gar nicht benötigt werden. Auch Außendienstmitarbeitende, die durch die neu eingeführte integrierte Datenverarbeitung in der Filiale gezwungen werden, viele Filialartikel und Bestandsinformationen mobil in das System einzugeben, anstatt sich auf ein Vertriebsgespräch mit dem Filialleiter zu konzentrieren, werden nicht unbedingt zu einer sehr guten Datenqualität beitragen.

Trotz der negativen Nebeneffekte ist der Einsatz integrierter BAS grundsätzlich als positiv zu werten. Zusammenfassend erwirkt ein ERP-System die folgenden Effekte:

1. Unterstützung von Tätigkeiten der funktionalen Bereiche (Abteilungen)
2. Redundanzfreier, zentraler Zugriff auf Unternehmensdaten in Echtzeit
3. Organisationale Integration (mit dem Ziel der Standardisierung, also Vereinheitlichung von Abläufen, Schreibweisen, etc.)
4. Räumliche Koordination auch über weite Entfernungen
5. Harmonisierung und Automatisierung von Abläufen (mehr dazu in Kapitel 3.2.2)

6. Horizontale und vertikale Integration (mehr dazu in Kapitel 1.4.2)
7. Erfüllung der gesetzlichen Anforderungen (Compliance, Archivierung und Reporting)

1.4.2 Formen und Reichweite der Integration von BAS

Bei betriebswirtschaftlicher Standardsoftware handelt es sich meist um sogenannte *integrierte Systeme*, in der eine Vielzahl funktionaler Module für die Unterstützung verschiedener Fachbereiche (Abteilungen) in einer *einzigen* (ganzen) Applikation gemeinsam eingebettet sind. Demgegenüber wäre ein „nicht-integriertes" Softwaresystem z. B. die Kopplung mehrerer *spezialisierter Einzelapplikationen*, die für einen gewünschten Daten- oder Funktionsaustausch zunächst über Schnittstellen miteinander verbunden werden müssen. Integrierte Software benötigt keine zusätzlichen Schnittstellen und spart damit Entwicklungsaufwand und verhindert redundante Datenhaltung, die durch Speicherung derselben Daten in verschiedenen Applikationen entstehen würde.

Formen der Integration

Abhängig vom *Gegenstand der Integration* lassen sich verschiedene Formen unterscheiden.

Bei der *Funktionsintegration* werden einzelne Applikationen oder Module in einer Anwendung zusammengefasst, damit einzelne Funktionen nicht in unterschiedlichen Anwendungen implementiert werden müssen.

Bei der *Datenintegration* wird für alle Applikationen eine zentrale Datenbank mit einem einheitlichen Datenmodell bereitgestellt. Ziel ist es, Datenredundanzen durch das zentrale Datenkonzept zu vermeiden und gleichzeitig allen beteiligten Applikationen zur selben Zeit den aktuellen Datenstatus zur Verfügung zu stellen.

Bei der *Geschäftsprozessintegration* werden Funktionen unterschiedlicher Applikationen entlang des Geschäftsprozesses so verknüpft, dass die Prozessdaten in der zeitlich und sachlogisch richtigen Reihenfolge an die einzelnen Applikationsfunktionen übergeben werden können und dadurch bei einer arbeitsteiligen Bearbeitung den zuständigen Personen an den richtigen Stellen zur Verfügung stehen.

Im Rahmen der Geschäftsprozessintegration wird häufig auch die *Benutzerschnittstellenintegration* betrachtet. Bei dieser Integrationsform sollen die Funktionen verschiedener Unternehmensanwendungen unter einer einheitlichen Benutzeroberfläche gesteuert werden, so dass aus Sicht des Nutzers nur eine Software oder ein Anwendungsportal bedient werden muss, in der Realität aber Funktionen mehrerer Anwendungen aufgerufen werden.

In Bezug auf die *Reichweite der Integration* kann zwischen der rein *unternehmensinternen Integration* und der *unternehmensübergreifenden Integration* unterschieden werden. Dabei kann bei der unternehmensinternen Integration der Grad der Integration von einer reinen Bereichsintegration bis hin zu einer unternehmensweiten Integration reichen. Ein

ERP-Systeme: Begriffe und Historie

immer wichtiger werdender Sonderfall ist die Intercompany-Integration, bei der Daten, Prozesse und Funktionen aus verschiedenen Unternehmen eines Konzerns miteinander integriert werden.

Unternehmensinterne Integration

Die meisten Abteilungen im Unternehmen greifen auf das gemeinsame, zentrale ERP-System zu (*integriertes Informationssystem*). Durch seinen einheitlichen Funktionsvorrat zur Aggregation und Darstellung von Informationen und durch die allen Modulen gemeinsame Datenbank bewirkt das System eine horizontale und vertikale Integration. Abb. 1.3 zeigt die beiden Integrationsrichtungen und führt Beispiele für die vertikale Integration an.

> Die Integration entlang der Wertschöpfungskette (engl. *value chain*) des Unternehmens wird als *horizontale Integration* bezeichnet.

Die horizontale Integration beschreibt die abteilungsübergreifende Wirkung von ERP-Systemen. Horizontal integrierte Anwendungssysteme sollen Geschäftsprozesse über Unternehmensbereiche wie Verkauf, Einkauf und Lager hinweg unterstützen. Aufgrund der gemeinsamen Datenbank greifen alle Mitarbeitende auf dieselben Daten zu und haben eine echtzeitliche Sicht auf den Stand eines Prozesses. Zum Beispiel kann eine Mitarbeiterin in der Auftragsannahme (Vertrieb) den aktuellen Lagerbestand eines Produktes anzeigen lassen (und damit eine verbindliche Zusage des Lieferdatums machen) oder nachsehen, ob ein Kunde alle offenen Rechnungen beglichen hat (bevor sie weitere Aufträge entgegennimmt).

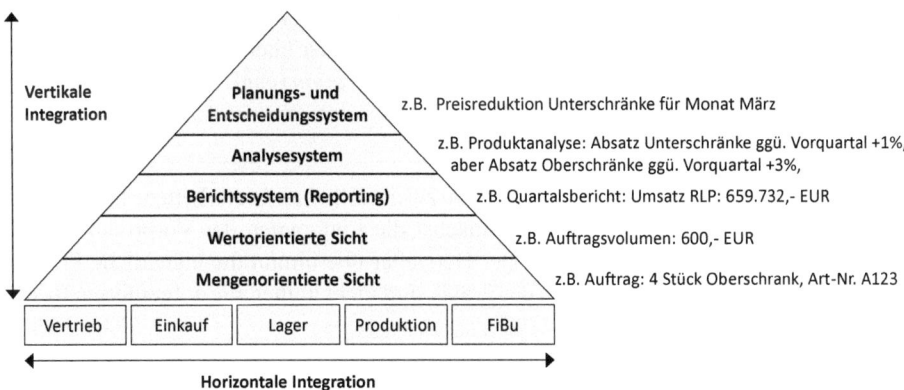

Abb. 1.3: Interne Unternehmenssicht: Horizontale und vertikale Integration durch den Einsatz von ERP-Systemen

Vertikal integrierte Informationssysteme betrachten die hierarchische Datenverdichtung von den rein operativen Datensätzen hin zu entscheidungsunterstützenden Informationen für das Management. Die vertikale Integration entsteht durch verschiedene Aggregationsstufen von Informationen ausgehend von Detailinformationen im Kundenauftrag (z. B.

Stückzahlen) bis hoch zu Informationen für die Entscheidungsunterstützung (engl. decision support). Je nach Aufgabenstellung und Position benötigen die Mitarbeitenden eines Unternehmens unterschiedliche Informationen. Auf der untersten Ebene werden operative Auskünfte gegeben (z. B. wie viele Produkte noch auf Lager sind). Eine Summation aller Aufträge eines Kunden in der aktuellen Periode ergibt z. B. den Umsatz mit diesem Kunden. Aus Managementsicht werden aggregierte Informationen, wie z. B. der Gesamtumsatz in einem Segment im letzten Quartal benötigt. Das ERP-System kann auch Analysedaten bereitstellen, indem z. B. Vergleiche mit Vorperioden angestellt werden (z. B. wie sich die Absätze in einer bestimmten Produktsparte entwickelt haben). Auf oberster Ebene kann ein System Planungsaufgaben und Entscheidungen unterstützen, indem z. B. Simulationen für Umsatzentwicklungen durch die Eingabe von Schätz- oder Erfahrungswerten durchgeführt werden.

Die *Zeitdimension der Integration* kann in Ex-ante-Integration und Ex-post-Integration unterschieden werden. Bei der *Ex-ante-Integration* (lat. „aus vorher") wird die Integration durch die Neuentwicklung eines umfassenden Softwaresystems oder die Implementierung bereits von vornherein für die Verknüpfung vorgesehener Komponenten erreicht. Bei der *Ex-post-Integration* (lat. „aus danach") erfolgt die Verbindung nachträglich durch die Integration bereits vorhandener Systeme.

Unternehmensübergreifende Integration

Der Begriff der „horizontalen und vertikalen Integration" wird auch im Zusammenhang mit *Lieferketten* (engl. *supply chains*) verwendet. Die Wörter *horizontal* und *vertikal* haben hier eine andere Bedeutung, die im Folgenden erklärt wird.

> *Vertikale Integration* beschreibt das Zusammenlegen von zwei oder mehreren Stufen einer Lieferkette in einem Unternehmen (z. B. ein Hersteller übernimmt auch die Distribution und den Handel selbst). Bei einer *Vorwärtsintegration* (engl. forward integration) wird eine vorgelagerte Stufe mit übernommen, bei einer *Rückwärtsintegration* (engl. backward integration) eine nachfolgende Stufe.

Abb. 1.4 zeigt exemplarisch den Aufbau von zwei einfachen Lieferketten. Der modellhafte Aufbau einer Lieferkette umfasst zunächst die Lieferanten der Vorprodukte (z. B. Rohstoffe wie Milch, Zucker, Kakao). Der Hersteller übernimmt die eigentliche Produktion von Gütern (z. B. Schokolade). In der Praxis sind nicht immer alle aufgeführten Rollen wirklich vertreten.

> *Lieferkette (Supply Chain)*
> Lieferketten beschreiben den Fluss von Waren & Dienstleistungen, Geld und Informationen zwischen den Beteiligten. ERP-Systeme spielen hier eine zentrale Rolle, da sie die relevanten betriebswirtschaftlichen Informationen speichern und verwalten, die zwischen den Beteiligten ausgetauscht werden müssen.

Relevante Informationen, die in Richtung nachgelagerter Stufen (engl. *downstream*) fließen, sind z. B. verfügbare Produktionskapazität, aktueller Warenbestand, Liefertermine und Zahlungsbedingungen. Der gegenläufige Fluss zu vorgelagerten Stufen (engl. *up-*

ERP-Systeme: Begriffe und Historie

stream) umfasst z. B. Informationen zu Bestellungen, Reklamationen, Reparatur- und Serviceanfragen sowie Zahlungen.

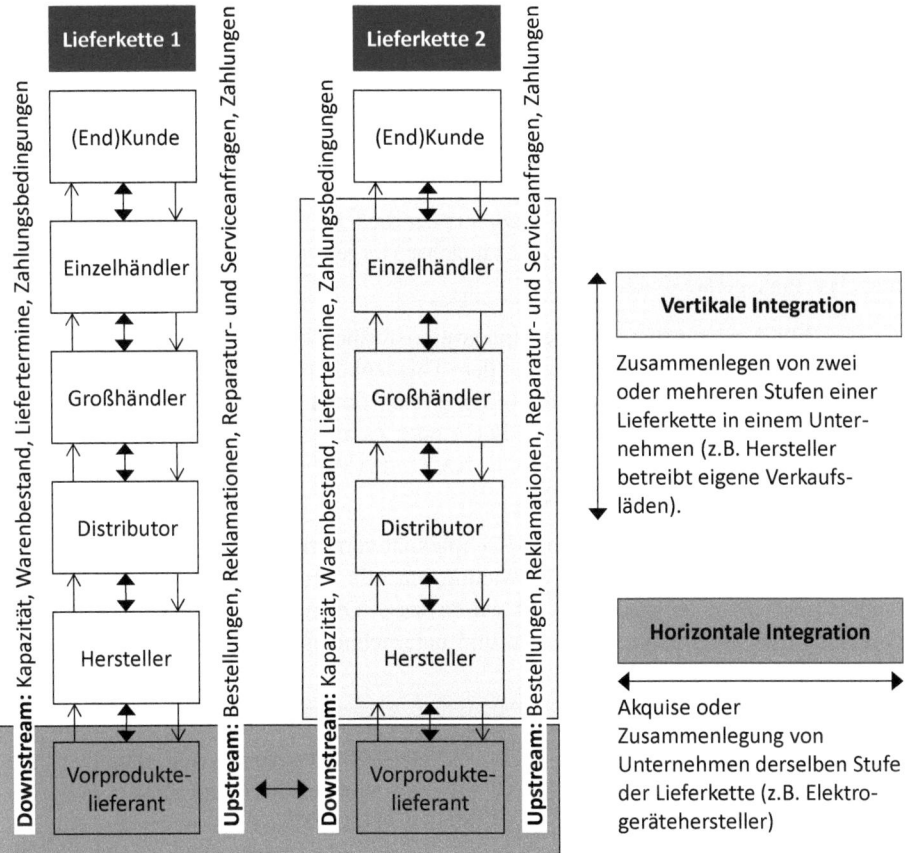

Abb. 1.4: Unternehmensübergreifende Sicht: Horizontale und vertikale Integration in einer modellhaften Lieferkette

Wie der Name suggeriert, übernehmen Distributoren die Verteilung (und ggf. Zwischenlagerung) von Produkten in großen Stückmengen (z. B. Schokoladentafeln in Paketen auf Paletten) in verschiedene Länder und Regionen. Auf regionaler Ebene werden Produkte von Großhändlern zwischengelagert und anschließend in kleineren Mengen an die lokalen Verkaufsläden (Einzelhändler) weitergeliefert, wo sie dann schließlich am *Point of Sale* (PoS) an den Endkunden verkauft werden. Die Verwendung der Begriffe ist in der Praxis nicht trennscharf. Die Beziehungen zwischen den Akteuren sind wesentlich komplexer als im Modell dargestellt. Es gibt zudem eine Vielzahl von Unternehmen, die komplementäre Rollen einnehmen, wie z. B. Transportunternehmen, Finanzdienstleister, Versicherer, etc. Dadurch erinnert das Gesamtsystem meist eher an ein Netz als eine Kette, wodurch sich der Begriff des *Liefernetzes* (engl. *supply network*) etabliert hat.

Zudem gibt es weitere Rollen, z. B. wenn Lieferketten länderübergreifend agieren (z. B. Generalimporteure). Die Branche und Position in der Lieferkette bestimmen wesentlich die Anforderungen, die ein Unternehmen an sein ERP-System hat. Standardsoftware für größere Unternehmen ist immer spezialisiert für die eingenommene Rolle (z. B. produzierendes Unternehmen) und für die Branche. Eine ERP-Branchenlösung, die auf eine bestimmte Kombination aus Branche und Rolle spezialisiert ist, nennt man „Vertical Solution" (in Anlehnung an die in der Abb. 1.4 illustrierte, vertikale Orientierung von Lieferketten).

> Im Rahmen von (ggf. konkurrierenden) Lieferketten beschreibt die *horizontale Integration* einen Zusammenschluss (engl. *merger*) oder die Übernahme (engl. *acquisition*) von Unternehmen auf derselben Stufe (z. B. zunächst Merger und später Übernahme der Siemens Haushaltsgeräte durch Bosch).

Der gewählte Umfang dieser beiden Integrationsformen ist ein strategischer Entscheid, der in der Betriebswirtschaftslehre unter dem Themenkomplex Eigen- versus Fremdbezug (engl. *make or buy*) behandelt wird. In der Praxis finden sich Beispiele für annähernd *vollintegrierte* Unternehmen (wie z. B. IKEA oder Zara) genauso wie hochgradig auf *eine Stufe* spezialisierte Unternehmen wie z. B. XXXLutz (Möbeleinzelhandel) oder Gore-Tex (Produktion Spezialfasern und Stoffe).

Aufgrund der Unterschiedlichkeit und Komplexität von Prozessen entlang von Lieferketten (oder besser Liefernetzen), ist es wichtig, für alle Beteiligten ein einheitliches Verständnis zu schaffen. Zu diesem Zweck wurde das SCOR-Modell entwickelt, das eine Beschreibung aller unternehmensinternen und unternehmensübergreifenden Geschäftsprozesse enthält.

> *SCOR-Modell*
> Das Supply Chain Operations Reference Model (SCOR) wurde vom Supply Chain Council (einer unabhängigen US-amerikanischen Non-Profit-Organisation) entworfen und wird laufend weiterentwickelt. Das Modell und seine Elemente stehen den Mitgliederunternehmen zur Verfügung und helfen, Elemente und Aktivitäten einer Supply Chain (Lieferkette) zu analysieren und zu beschreiben.

Intercompany-Integration

In Konzernstrukturen existieren mehrere rechtlich voneinander unabhängige, ggf. über mehrere Länder verteilte Unternehmen, die aufgrund der engen wirtschaftlichen finanziellen und organisatorischen Verflechtungen als Einheit betrachtet werden sollten. Handelsrechtlich findet dieser Umstand beispielsweise Niederschlag in einem gemeinsamen Konzernabschluss und steuerrechtlich in sogenannten Organschaften. Da unterschiedliche Unternehmen durchaus selbständige Entscheide bei der Auswahl ihrer Informationssysteme fällen (oder durch eine Konzernerweiterung neue Unternehmen mit bereits bestehenden Systemen hinzukommen), ist es möglich, dass die verschiedenen Unternehmensteile jeweils über ein eigenes ERP-System verfügen und konzernintern Daten (organisatorisch und technisch) in vergleichbarer Form wie mit externen Partnern austauschen. Das bedeutet, dass der einkaufende Betrieb einen Bestellauftrag schreibt, der liefernde Betrieb eine Rechnung ausstellt usw. Allerdings ist die Anzahl an Transaktionen zwischenbetrieblich meist deutlich höher als mit fremden Unternehmen und der Aufwand ist dementsprechend hoch. So müssen in diesem Szenario beispielsweise für jede Warenumlagerung von einem rechtlich selbstständigen Lager in ein anderes zahlreiche Belege erstellt werden, die zur Verbuchung entsprechender Spiegelbelege beim anderen Lager führen. Diese Belege sind handels- und steuerrechtlich notwendig und steuern die Prozesse der gemeinschaftlichen Wertschöpfung.

In einer Konzernstruktur werden also auch zwischenbetrieblich permanent operative Daten zwischen den Unternehmen ausgetauscht. Das geht so weit, dass eine andere Tochtergesellschaft auch Leistungen im Namen der initiierenden Tochtergesellschaft erbringen kann. Arbeiten beide Tochtergesellschaften in unterschiedlichen Mandanten auf *demselben* ERP-System stellt sich in der Praxis die Frage, warum die Leistungserstellung überhaupt noch losgelöst voneinander durch unterschiedliche Mitarbeitende durchgeführt werden soll. Im Sinne der Funktions- und Prozessintegration wäre es vorteilhaft, dass der Mitarbeiter aus Tochtergesellschaft 1 entweder durch Einloggen in den anderen Mandanten oder durch eine Berechtigungslogik die weiterführenden Prozessschritte von Tochtergesellschaft 2 ausführt. Diese Funktionalität wird von mit Intercompany-Prozessen ausgestatteten ERP-Systemen speziell unterstützt. Der Mitarbeiter wechselt dabei nur virtuell das System, auch wenn die Tochtergesellschaft 2 vielleicht physisch sogar im Ausland sitzt.

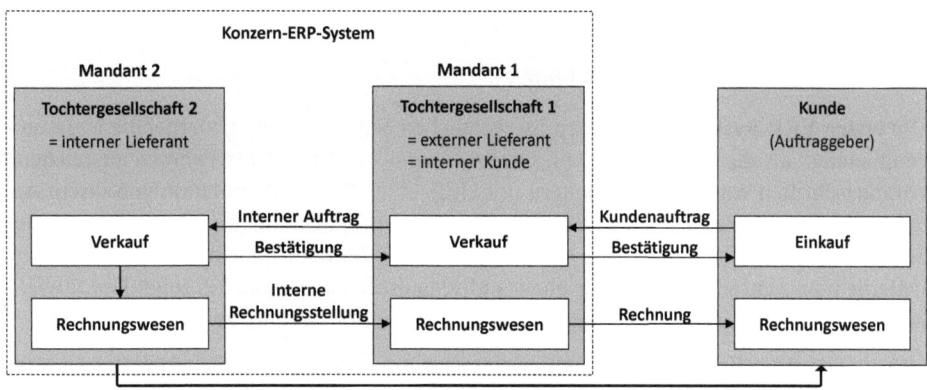

Abb. 1.5: Informationsaustausch in einem Intercompany-Prozess

Abb. 1.5 zeigt ein Beispiel für derartige Intercompany-Prozesse. Physisch gibt es in diesem Szenario drei Parteien, namentlich den Kunden und zwei Tochtergesellschaften eines Konzerns, wovon der Kunde nur zur Tochtergesellschaft 1 eine direkte Lieferantenbeziehung hat. Tochtergesellschaft 1 bittet jedoch, egal ob aus ressourcen- oder steuerlichen Gründen, Tochtergesellschaft 2 um die Leistungserstellung und Lieferung im Namen von Tochtergesellschaft 1. Diese Konstellation erinnert an ein *Streckengeschäft* zwischen drei voneinander unabhängigen Unternehmen (Beispiel: Kundenbestellung des neuen Autos beim Händler, Lieferung in dessen Namen durch den Autohersteller direkt an den Kunden, Rechnungsstellung durch den Händler). Allerdings sind in diesem Fall die Tochtergesellschaften in einem Konzern miteinander verbunden und agieren losgelöst voneinander mit ihren Daten *im selben ERP-System*.

Die Intercompany-Betrachtung geht nun davon aus, dass zwar auch alle Dokumente wie bei einem Streckengeschäft zwischen unabhängigen Unternehmen vorhanden sein müssen, es wäre aber in vielen Fällen unsinnig, derartige Geschäfte losgelöst durchzuführen. Aus diesem Grund ist es denkbar und gelebte Praxis, dass der Vertriebsmitarbeiter aus Tochtergesellschaft 1 den Kundenauftrag im ERP-System als internen Auftrag für Tochtergesellschaft 2 anlegt. Im nächsten Schritt ist es denkbar, dass er sich virtuell als Mitarbeiter von Tochtergesellschaft 2 ausgibt, die Auslieferung an den Kunden im Namen von Tochtergesellschaft 1 sowie die interne Rechnungsstellung anstößt. Damit existieren nach außen steuerrechtlich Vorgänge von zwei selbstständig agierenden Tochtergesellschaften, die aber alle durch den gleichen Mitarbeitenden in den verschiedenen Mandanten des *zentralen Konzern-ERP-Systems* durchgeführt wurden. Selbst wenn der Mitarbeiter diese Aufgaben über verschiedene Tochtergesellschaften hinweg nicht allein durchführen soll oder darf, ist es aufgrund der integrierten Datenbasis jederzeit möglich, über die Grenzen der Tochtergesellschaften hinweg zu verfolgen, in welchem Stadium sich der Auftrag gerade befindet. Derartige Intercompany-Integrationsszenarien sind notwendig, um gezielt steuerliche Vorteile mittels einer im Ausland befindlichen Vertriebsgesellschaft zu realisieren oder durch die Auslagerung der Produktion in Ländern mit niedrigeren Löhnen Kostenvorteile zu erzielen.

1.4.3 Geschichtliche Entwicklung

Die ersten ERP-Systeme entstanden im wörtlichen Sinne für die „Unternehmensressourcenplanung" als die Verbreitung von Großrechnersystemen in Unternehmen ausreichend vorangeschritten war, um Mitarbeitern mit Hilfe einer Terminalemulation von ihrem Arbeitsplatz aus den Zugriff auf den Großrechner zu ermöglichen. Diese ersten Formen der betriebswirtschaftlichen Software wurden individuell für die Bedürfnisse eines einzelnen Unternehmens entwickelt und betrieben (Individualsoftware). Abb. 1.6 zeigt die Entwicklungsstufen und die Bezeichnungen für diese Art von Software im zeitlichen Ablauf.

1957 wurde das erste Softwarehaus Europas, das Programmierleistungen für Industrieunternehmen erbrachte, unter dem Namen Mathematischer Beratungs- und Programmierungsdienst GmbH (mbp Software & Systems GmbH) gegründet. In den 60er und 70er aber teilweise auch noch in den 80er Jahren war die *Individualentwicklung* von Computersystemen die ausschließliche Methode der Anwendungssystemeinführung.

Auf Großrechnern und Terminalsystemen wurden (vor allem in Großunternehmen mit großen IT-Budgets) individuelle Programme zur Unterstützung einzelner betrieblicher Funktionen entwickelt. Diese Individualprogrammierungen mit traditioneller Dateiorganisation für individuelle Computerplattformen fanden sich vor allem in Bereichen mit hohen Daten- bzw. Prozessaufkommen bei gleichzeitiger Rechenintensivität. Ziel war es, die manuelle Arbeit entweder bei der Lohnzahlung oder der Materialbedarfsplanung (engl.

ERP-Systeme: Begriffe und Historie

material requirements planning, MRP) zu unterstützen bzw. zu ersetzen. Ausgehend vom Absatz- bzw. Produktionsprogramm wurden beispielsweise im Rahmen von MRP betriebliche Anwendungslösungen dazu verwendet, den Primärbedarf durch Auflösung von Stücklisten zu errechnen und in einem zweiten Schritt unter Berücksichtigung von Lagerbeständen den Sekundärbedarf zu ermitteln. Aufgrund des hohen Anschaffungspreises von Computertechnologie und individueller Software begann die Computerisierung zunächst in der Großindustrie, bevor sie sich dann in den nächsten Jahrzehnten auch in mittelständischen und kleinen Unternehmen fortsetzte. Die Bedienung der Software erfolgte in den ersten Jahrzehnten der Entwicklung betrieblicher Anwendungssysteme ausschließlich über eine textorientierte Benutzeroberfläche.

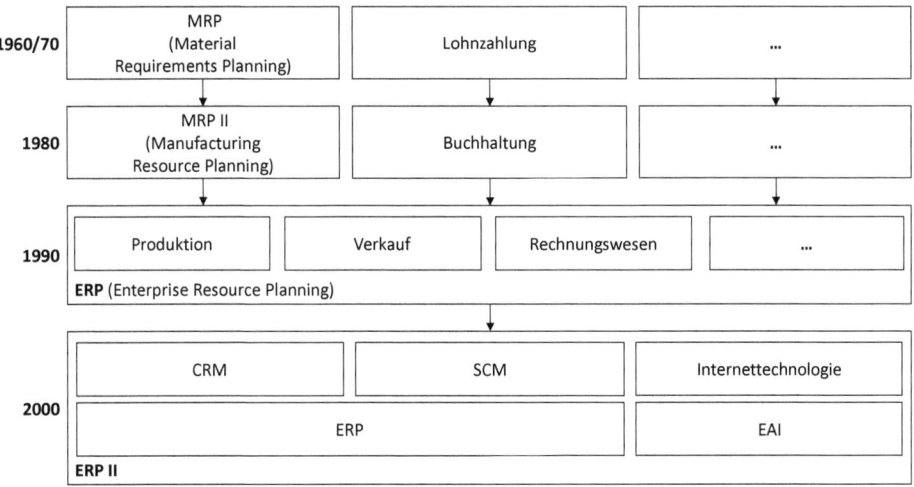

Abb. 1.6:   Historie der ERP-Systeme

In den 70er Jahren entwickelten Unternehmen wie ADV/Orga (gegr. 1962) und Systemanalyse und Programmentwicklung GbR (gegr. 1972, später: SAP AG) erste betriebswirtschaftliche Software, die bei mehreren Kunden zum Einsatz kam. Der Programmcode der Individualentwicklung wurde nach und nach „standardisiert" und auf mehrere Unternehmen angepasst und war der Vorläufer zur heute weit verbreiteten *Standardsoftware*. Die Firma SAP entwickelte in den Räumlichkeiten ihres ersten Kunden, Imperial Chemical Industries (ICI), ein „Material Information and Accounting System (MIAS), aus dem die „R-"Familie (für real-time) der SAP hervorging.

In den 80er Jahren wurde die Entwicklung von betriebswirtschaftlicher Anwendungssoftware mit zunehmender Leistungsfähigkeit der Hardware, besseren Softwareentwicklungskonzepten und damit einhergehenden niedrigeren Entwicklungs- und Implementierungskosten zunehmend ausgeweitet. Die Computerisierung setzte sich nach und nach auch in mittelständischen Unternehmen durch. Viele auch heute noch tätige Systemhäuser und Entwicklungsunternehmen für betriebswirtschaftliche Standardsoftware wurden in diesem Jahrzehnt gegründet. Die Idee, proprietäre Anwendungssysteme nur noch einmal herzustellen und dann mehrfach zu verkaufen, führte zu einer ersten Gründungswelle von

Programmierunternehmen für betriebliche Standardsoftware. Vor allem im Bereich der Produktionsplanung und -steuerung wurde mit *MRP II (manufacturing resource planning)* eine neue Klasse von Anwendungssystemen entwickelt, die die bedarfsgesteuerte Produktionsplanung und -steuerung automatisiert unterstützen konnte.

Die Verwendung grafischer Benutzeroberflächen (engl. *graphical user interface, GUI*) stammt ursprünglich aus den 70er Jahren und wurde erstmals kommerziell 1981 mit dem Xerox Star (einer Workstation mit GUI) genutzt. Auch Apple (1983) und Microsoft mit Windows 1.03 (1985) experimentierten mit grafischen Benutzeroberflächen. Der Einzug grafischer Benutzeroberfläche in Unternehmen erfolgte recht zögerlich. Eine grafische Benutzeroberfläche machte Anwendungssoftware mithilfe von grafischen Elementen sowie entsprechenden Steuergeräten wie der Maus bedienbar. Erst in den 90er Jahren schafften grafische Benutzeroberflächen den Durchbruch in der Softwareentwicklung. Der sinkende Anschaffungspreis und die zunehmende Leistungsfähigkeit von Desktop-PCs sorgten zudem dafür, dass Anwendungssoftware zunehmend als Client-Server-System entwickelt werden konnte. Der Einsatz von BAS wurde von der Unterstützung einzelner Funktionsbereiche zunehmend auf die Unterstützung gesamter Unternehmensprozesse ausgeweitet.

Die Idee einer zentralen Datenbasis auf dem Server, auf die mittels grafischer Anwendungen vom Desktop-PC zugegriffen werden kann, führte zu der Entwicklung umfassender Anwendungssysteme für das gesamte Unternehmen. Unter dem Namen Enterprise Resource Planning (ERP) entwickelten in den 90er Jahren zahlreiche Softwareunternehmen Anwendungssoftware für viele proprietäre Plattformen, die zunehmend auch auf mittlere und kleine Unternehmen und deren Bedürfnisse ausgerichtet waren. Viele der in den 90er Jahren initiierten Standard-ERP-Systeme sind (zumindest dem Namen nach) auch heute noch am Markt. Wie bereits erwähnt entwickelte die SAP AG als weltweit größter Hersteller betriebswirtschaftlicher Standardsoftware bereits in den 70er und 80er Jahren mit dem Finanzbuchhaltungssystem R/1 (auch: YSR) und dem darauf folgenden Großrechnersystem R/2 erste betriebswirtschaftliche Software für *multinationale Unternehmen*. Das als Client-Server-Version entwickelte und 1992 auf den Markt gebrachte R/3 (wobei R für „real-time data processing" und 3 für „3-Schichten-Architektur" steht) war lange Zeit der Kern der nachfolgenden SAP-Releases für Großunternehmen.

Nach der Jahrtausendwende erlangte der *unternehmensübergreifende* Austausch *(B2B-Integration)* von Geschäftsdokumenten wie Bestellungen, Rechnungen, Artikelstammdaten o.ä. zunehmend Bedeutung in der Anwendungssystementwicklung. Die Integration von Lieferanten und Abnehmern und die damit einhergehende Verlagerung der Datenerfassung führten zu einer höheren Qualität der Daten und Kostenersparnissen, da die Daten nicht mehr mehrfach erfasst werden mussten. Zudem stand die unternehmensübergreifende Prozessunterstützung durch Anwendungssysteme im Idealfall von der Kundenbestellung im Webshop bis zur Nachbestellung im Online-Katalog des Lieferanten im Vordergrund der Betrachtung. Um die Jahrtausendwende etablierte sich der Fachbegriff *ERP II* als gedankliche, unternehmensübergreifende Fortführung der auf die Unterstützung der internen Geschäftsprozesse fokussierten *(zuvor i.d.R. rein unternehmensintern genutzten)* ERP-Systeme. Integrations- und Internettechnologien sowie Funktionen zum

Lieferantenmanagement (engl. Supply Chain Management, SCM) und zur Kundenpflege (engl. Customer Relationship Management, CRM) rundeten den ERP-II-Gedanken ab. Um einen möglichst orts- und plattformunabhängigen Zugriff auf das Anwendungssystem zu erhalten, entwickelten die Softwarehersteller webbasierte Benutzeroberflächen, die über handelsübliche Browser benutzt werden können. Diese Weboberflächen wurden entweder zusätzlich zur proprietären GUI oder – wie im Falle von Systemen wie Semiramis oder SAP Business ByDesign – als alleinige Benutzeroberfläche entwickelt. Heute bieten nahezu alle größeren ERP-Systeme eine Bedienung über eine Weboberfläche an.

Die Marktsättigung in Bezug auf ERP-Systeme ist je nach Branche und Betriebsgröße sehr unterschiedlich. Historisch bedingt wurden ERP-Systeme zunächst bei größeren Unternehmen eingeführt, so dass der Markt für ERP-Systeme für Großunternehmen nach der Jahrtausendwende weitgehend gesättigt war. Neueinführungen kommen seitdem in erster Linie durch die Ablösung von Altanwendungen vor.

Der Markt für betriebswirtschaftliche Anwendungssysteme war nach dem Jahr 2000 von einer erheblichen Dynamik gekennzeichnet. Bestehende Lösungen wurden technologisch und funktional grundlegend weiterentwickelt, diverse Systeme bzw. Anbieter verschwanden vom Markt und nur einige wenige Anbieter bzw. Systeme kamen neu hinzu. Allein im deutschsprachigen Raum existieren nach wie vor etwa 400-600 Standard-ERP-Systeme. Dabei reicht die Angebotspalette von Systemen, die bei nur wenigen Kunden in einer Spezialbranche installiert sind, bis zu Systemen mit einer sehr großen Installationsbasis in verschiedenen Branchen (beispielsweise MS Dynamics NAV).

Der Markt für ERP-Systeme ist durch einen Konsolidierungsprozess gekennzeichnet. Auf der einen Seite ist eine zukunftsorientierte Weiter- oder Neuentwicklung des eigenen ERP-Systems für kleinere Softwareunternehmen und Spezialanbieter aufgrund des großen Investitionsvolumens bei zugleich geringem Neukundengeschäft meist nicht mehr lohnend. Andererseits finden sich gerade bei den größeren ERP-Herstellern zahlreiche Fusionen und Zukäufe, um die Kundenbasis zu erweitern und damit zu wachsen. Die Anzahl an ERP-Herstellern, die in diesem Bereich traditionell Anwendungssysteme entwickeln, hat sich ab der Jahrtausendwende durch Aufkäufe und Fusionen stark reduziert. Oracle übernahm PeopleSoft und damit die Produkte von J.D. Edwards. Infor übernahm SSA Global, wobei SSA Global zuvor die Produktpalette von Baan gekauft hatte. Viele ERP-Hersteller hatten im Zuge ihrer Aufkäufe die Vision, die zugekauften Kunden nach dem Systemkauf mittelfristig umzustellen und nur noch ein System zu führen. Diese Vision erwies sich jedoch als sehr schwierig umzusetzen, weil dafür sämtliche Funktionalität aus den Alt-Systemen auch im Neu-System vorhanden sein muss, um die Akzeptanz für einen Systemwechsel (Migration) bei den Kunden zu finden. So besitzt Infor international durch Zukäufe nunmehr eine zweistellige Produktfamilie. Auch Microsoft konnte die verschiedenen ERP-Produkte im europäischen (Axapta, Navision) und amerikanischen (Great Plains) Raum lange nicht durch ein einheitliches Nachfolgeprodukt ablösen.

Über die Jahre hat sich die Vermarktungsstrategie geändert, weg vom Abverkauf von Lizenzen an die Anwenderunternehmen hin zur Vermarktung über Cloud-Geschäftsmodelle (vgl. Kapitel 2.4 zu möglichen Betriebsmodellen). Dabei wird die Software zum Zugriff über das Internet angeboten. Technische Dinge wie Serverbetrieb, Backups etc. entfallen damit für die Anwenderunternehmen. Einhergehend mit dem zunehmenden Cloud-Angebot verändern sich die Architekturen der Anwendungssysteme entsprechend. Neue Begrifflichkeiten wie Microservices und Datenbanken, die nicht mehr exklusiv auf den traditionellen relationalen Datenbank-Schemata fußen, prägen die technologische Diskussion (mehr dazu im Kapitel 2 zu den technischen Grundlagen von BAS).

1.5 Individual- versus Standardsoftware

Geht es um die Einführung eines neuen BAS in ein Unternehmen, muss zunächst entschieden werden, ob eine Standardsoftware verwendet werden soll oder ob eine Individualsoftware entwickelt wird. Diese Entscheidung wird auch als Make-or-Buy-Entscheidung bezeichnet.

> Eine *Standardsoftware* wird von einem Softwareunternehmen branchenübergreifend oder branchenspezifisch für den breiten Einsatz in mehreren Unternehmen entwickelt. Dabei ist die Grundannahme, dass unterschiedliche Unternehmen viele gemeinsam oder zumindest ähnlich ablaufende Geschäftsprozesse haben, so dass die Software für unterschiedlichste Unternehmen genutzt werden kann.

Da der Umfang der Gemeinsamkeit im Vorweg nicht eingeschätzt werden kann, besitzen Standard-ERP-Systeme einen Funktionsvorrat, der eine möglichst große Anzahl der denkbaren Anforderungen in Anwenderunternehmen abdecken soll. Das darunter liegende Datenmodell ist daher so abstrakt gehalten, dass hinreichend beliebige funktionale, prozessuale und organisatorische Ausprägungen im jeweiligen Anwenderunternehmen damit abgebildet werden können.

> Demgegenüber wird eine *Individualsoftware* von einem Unternehmen für die eigenen Belange selbst entwickelt bzw. die Entwicklung wird bei einem Softwarehersteller in Auftrag gegeben. Diese Software wird dann speziell auf die Anforderungen des Unternehmens ausgerichtet. Das Datenmodell ist typischerweise nur für seinen jetzigen Anwendungszweck definiert.

Für viele Unternehmen wird die Entscheidung zwischen Standard- und Individualsoftware zunehmend zu einer theoretischen Fragestellung, da fehlende Personalkapazitäten, mangelndes softwaretechnisches (und teilweise auch betriebswirtschaftliches) Know-how sowie fehlende Zeit- und Managementressourcen Standardsoftware erzwingen. Bei „einfacher" Bürosoftware wie Textverarbeitung oder Tabellenkalkulation ist die Frage schon seit langem zu Gunsten von Standardsoftware entschieden. Auch bei betriebswirtschaftlicher Software geht die Entscheidung immer mehr in diese Richtung: Mit den begrenzten Entwicklungskapazitäten der IT-Abteilungen von Anwenderunternehmen kann kaum eine eigene (ERP-)Entwicklung betrieben werden. Gesetzliche Anforderungen und technologische Veränderungen erschweren zudem die Entwicklung und Wartung einer Individualsoftware. Standardsoftware enthält umfangreiches betriebswirtschaftliches Wissen, was in dieser Form kaum in nur einem Anwenderunternehmen existiert bzw. zur Eigenentwicklung herangezogen werden könnte. Die teilweise bis zu mehrere hundert oder tausend

Personenjahre Entwicklungsarbeit, die im Laufe von Jahren oder sogar Jahrzehnten in Standardsysteme eingeflossen sind, können kaum oder vermutlich gar nicht durch eine Individualentwicklung aufgeholt werden. Hinzu kommt, dass der Anspruch des mehrfachen Einsatzes zur Implementierung von funktionalen und prozessualen Alternativen im Standardsystem geführt hat. Das Anwenderunternehmen kann damit bei einem sich verändernden Bedarf ggf. passendere, neue Abläufe in der Software einstellen. Anders hingegen bei einer individuellen Software: Hier werden schon allein aus Kosten- und Zeitgründen nur die definierten Ist- oder Soll-Funktionen und -Prozesse im System hinterlegt. Ändern sich die Anforderungen an das Anwendungssystem, so muss zunächst eine neue Funktion oder ein neuer Prozessablauf programmiert werden. Um es an einem Beispiel konkret zu machen: Ein gutes Standardsystem (im Sinne der Flexibilität und Abstraktion) wird es dem Unternehmen erlauben, einzelne Artikelstammdaten flexibel zentral oder dezentral in den Fachabteilungen zu pflegen. So ist es denkbar, dass in einem Konzern Artikelrumpfdaten nur durch den zentralen Einkauf angelegt werden können, alle anderen Daten aber in Tochterunternehmen durch deren Dispositions-, Verkaufs- und Produktionsabteilungen. Verändert sich die organisatorische Komposition des Unternehmens lässt sich die Änderung für die Artikelstammdatenanlage problemlos im Standardsystem verändern, weil das System abstrakt, d.h. für verschiedenste denkbare Organisationsformen, programmiert wurde. Dieses kostet bei der Softwareentwicklung natürlich Zeit und damit Geld. Bei einem Individualsystem würde man auf die Hinterlegung verschiedener einstellbarer Varianten aus Kostengründen verzichten und die Anlage der Artikeldaten so programmieren, wie sie zum ursprünglichen Zeitpunkt im Unternehmen gelebt wurde. Damit führt diese Art der Entwicklung von Individualsoftware zu einer Festschreibung des Status quo. Schlimmer noch, die Programmierung würde erfahrungsgemäß mehrere Jahre in Anspruch nehmen, so dass der dann im Individualsystem verfügbare Ablauf bei Fertigstellung leider nur noch dem „gestrigen" Stand entspricht und damit bereits zum Zeitpunkt der Einführung tendenziell veraltet ist.

Damit kann die Diskussion über die Fragestellung „make or buy", d.h. Entwicklung einer Individualsoftware oder Zukauf einer Standardsoftware zumindest für sehr große betriebswirtschaftliche Softwaresysteme, insbesondere ERP-Systeme, an dieser Stelle eigentlich bereits abgeschlossen werden. Die Entwicklung von Individualsoftware steht damit auch nicht weiter im Fokus des Buchs. Dennoch sollen weitere Vor- und Nachteile nachfolgend erörtert werden (vgl. Abb. 1.7).

Gegen die Nutzung einer Standardsoftware im ERP-Umfeld wird häufig die ungenügende Passgenauigkeit für das eigene Unternehmen ins Feld geführt, was dazu zwingt, die Prozesse und Organisationsstrukturen des Systems zu übernehmen und damit Veränderungen notwendig macht. Zwar bieten Standardsysteme Schnittstellen (oft als User Exits oder APIs bezeichnet), die für individuelle Erweiterungen genutzt werden können, doch die Erweiterung von Standardsystemen ist eingeschränkt und regelmäßig finden sich an Stellen, wo erweitert werden soll, dann eben doch keine Schnittstellen.

Zu diesen Nachteilen lässt sich festhalten, dass ein Standardsystem derzeit selbst bei sorgfältigster Softwareauswahl (vgl. Kapitel 5) nur 75-80% der gewünschten Anforderungen abdeckt, was in der Natur des „von der Stange" liegt. Es besteht also durchaus die

Notwendigkeit, die Firmenprozesse an bestimmten Stellen auch an die Möglichkeit des Systems anzupassen, was regelmäßig zum Vorwurf führt, die eigenen Prozesse ließen sich damit ja dann (z. B. zur Erzielung eines Wettbewerbsvorteils) nicht anders als die von der Konkurrenz gestalten. Allerdings bietet ein Standardsystem zeitgleich die Möglichkeit, in Software manifestierte betriebswirtschaftliche Erfahrung aus dem jahrelangen Entwicklungsprozess mit vielen hundert anderen Anwenderunternehmen nutzen zu können, was die zuvor erwähnten Nachteile an vielen Stellen aufwiegen dürfte. Stattdessen erlaubt die im Vergleich zur Individualentwicklung schnellere Einführung einer Standardsoftware (nach der zugegeben personalintensiven Implementierung) die Konzentration auf die eigentlichen Kernkompetenzen des Unternehmens, weil nicht eine aufgeblähte Programmierabteilung an einer Individualentwicklung arbeitet und sich damit auch zwangsläufig alle Fachabteilungen immer wieder mit dem Thema beschäftigen müssen.

Der vermeintliche Eindruck, bei Standardsoftware müssten Lizenzen nur einmal bezahlt werden, ist zwar nicht korrekt, aber der jährliche Pflege- und Wartungsaufwand für eine Individualentwicklung ist erwartungsgemäß deutlich höher. Bei Lizenzkosten von ca. 1.500 bis 2.500 Euro pro Voll-Lizenz (je nach ERP-Anbieter auch mit Abweichungen nach oben oder unten) ergeben sich noch einmal jährliche Wartungs- und Supportgebühren von ca. 18-22% des ursprünglichen Lizenzpreises, d. h. rund 400 Euro pro Voll-Lizenz. Dabei ist nicht zu vergessen, dass der Standard-ERP-Anbieter sein System kontinuierlich sowohl technologisch als auch betriebswirtschaftlich entlang der Kundenerwartungen weiterentwickelt und jedes Anwenderunternehmen diese Neuerungen ebenfalls zur Verfügung gestellt bekommt.

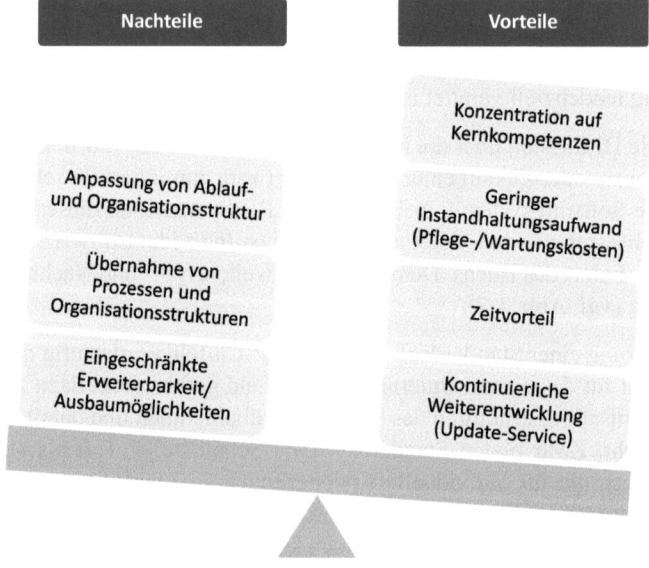

Abb. 1.7: Vor- und Nachteile der Nutzung von Standardsoftware

Trotz der generellen Kritik an Individualentwicklung kann es durchaus sinnvoll erscheinen, an einigen ausgewählten Stellen Individualentwicklungen einzusetzen. Dieses dürfte insbesondere dann der Fall sein, wenn es sich um einen kleinen, abgegrenzten Bereich handelt. Natürlich führt jede losgelöste Eigenentwicklung das Unternehmen zu einem Stück auch weg von den Vorteilen einer vollständigen Unternehmensintegration. Nach dem Umfang der Funktionalität lassen sich unterscheiden:

- Softwaresysteme, die zur Unterstützung *einzelner betrieblicher Funktionen* entwickelt werden. Hierzu zählt z.B. eine Kalkulationssoftware für Investitionsgüter-Leasingverträge, die entsprechende Berechnungen vornimmt.
- Softwaresysteme, für die Unterstützung eines *einzelnen betrieblichen Prozesses*. Hierzu zählen z.B. Programme, die die Kalkulation *und den Abschluss* von Leasingverträgen erlauben.
- Softwaresysteme, die zur Unterstützung eines *betrieblichen Fachbereichs* entwickelt werden. Ein Beispiel wäre ein spezielles Programm für ein Call Center.
- Softwaresysteme, die zur Unterstützung *mehrerer betrieblicher Fachbereiche* entwickelt werden. Hierzu zählen z.B. Logistiksysteme, die sowohl in der Lagerverwaltung als auch im Einkauf genutzt werden.
- Softwaresysteme, die zur Unterstützung (theoretisch) *aller betrieblichen Fachbereiche* entwickelt werden. Hierzu zählen insbesondere ERP-Systeme.

Bei Standardsoftware lassen sich Softwaresysteme zudem entlang der Prozessunterstützung differenzieren in:

- Softwaresysteme, die nur *einzelne betriebliche Prozesse* unterstützen, z.B. Online-Shop-Software für den digitalen Verkauf.
- Softwaresysteme, die *einzelne betriebliche Fachbereiche* unterstützen, z.B. zur Personaladministration.
- Softwaresysteme, die *mehrere betriebliche Fachbereiche* eines Unternehmens in einer bestimmten Branche unterstützen bzw. ERP-Systeme *für eine bestimmte Branche* (Branchensoftware), z.B. *Warenwirtschaftssysteme* im Handel, *Produktionsplanungs- und Steuerungssysteme (PPS-Systeme)* für Produktionsunternehmen oder *Campus-Management-Systeme* an Hochschulen.
- Softwaresysteme, die mehrere betriebliche Fachbereiche eines Unternehmens *ohne Branchenfokus* unterstützen (universelles ERP-System).
- Softwaresysteme für mehrere Unternehmen in einem Unternehmensverbund (*Multi-Mandanten-Systeme*, engl. multi-tenant system). Diese Fähigkeit wird heute von allen größeren ERP-Systemen unterstützt, wobei die Intercompany-Integration zunehmend auch im Mittelstand und damit bei kleineren ERP-Systemen gefordert und in unterschiedlicher Ausprägung realisiert wird.

Da ERP-Systeme Geschäftsprozesse unterstützen, müssen sie auf die spezifischen Bedürfnisse von Unternehmen zugeschnitten sein. Dabei werden unterschiedliche Anforderungsstufen unterschieden. International agierende Konzerne haben spezielle Anforderungen an die Berichterstattung (Konzern-Reporting). Das ERP-System muss es erlauben, eine konsolidierte Darstellung über verschiedene Filialen ggf. in verschiedenen Ländern mit unterschiedlichen rechtlichen Systemen und verschiedenen Währungssystemen zu unterstützen. Hier bieten die führenden ERP-Anbieter spezielle *Konzernlösungen* für große Unternehmen. *ERP-Systeme für den Mittelstand* haben geringere Anforderungen an die Finanzbuchhaltung und das Reporting. Trotzdem hat auch der Mittelstand hohe Erwartungen an die Verfügbarkeit und Erweiterbarkeit von Modulen und benötigt eine möglichst flexibel anpassbare Software für konkurrenzfähige Geschäftsprozesse. Da Unternehmen derselben Branche meist ähnliche Gegebenheiten aufweisen, gibt es sogenannte *Branchenlösungen*, die auf Prozesse (Abläufe) und (rechtliche) Anforderungen einzelner Branchen spezialisiert sind. Ein prominentes Beispiel für eine solche Branchenspezialität ist die „Chargenrückverfolgung", bei der ein Lebensmittel im Reklamationsfall über die gesamte Lieferkette zurück verfolgbar sein muss. Relativ einfache Formen von ERP-Systemen (mit einem Fokus auf die Buchführung) finden sich auch für Klein-/Kleinstunternehmen (Small Office) und für den privaten Bereich.

Diese Differenzierung wirkt zunächst sehr einfach und einleuchtend. Dennoch ist es für die meisten Unternehmen ein langwieriger und schwieriger Prozess, ein für sie geeignetes ERP-System auszuwählen. Der Grund liegt hier vor allem bei der hohen Anzahl an variierenden funktionalen und prozessualen Anforderungen. Bei Fertigungsunternehmen gibt es z. B. bei Auftragsfertigern eine Vielzahl möglicher Fertigungsmerkmalsausprägungen (vgl. Kapitel 3.5 zu *Fertigungsarten*). Daneben existieren zusätzlich auch noch Fragestellungen z. B. zur Rechnungslegung, zu den Organisationsstrukturen, möglichen abzubildenden Intercompany-Prozessen und vielem mehr.

1.6 Customizing und Releasefähigkeit

Der folgende Abschnitt gibt eine Einführung in einige wesentliche Konzepte der Implementation von ERP-Standardsoftware: Customizing, Konfiguration, Parametrisierung, individuelle Anpassungen und die Bedeutung der Releasefähigkeit. Weitere Ausführungen zum Thema Customizing finden sich in Kapitel 6.5.3.

Wie zuvor erläutert, verfügt Standardsoftware bei der Auslieferung zwar über einen grundsätzlichen Vorrat an Funktionalitäten, hat aber nach der Grundinstallation noch keine spezifische Ausrichtung auf die benötigten Datenstrukturen, Funktionalitäten und Prozesse des einführenden Unternehmens. Bei einer installierten Software, bei der lediglich die notwendigen Grundeinstellungen ohne spezifische Anpassungen vorgenommen werden, spricht man von einer *Plain-Vanilla-Version*. Eine solche Form eines ERP-Systems kommt in der Regel nur für Kleinstunternehmen oder Vereine in Frage. Um ein ERP-System in größeren Unternehmen nutzen zu können, muss das System zunächst an die spezifischen Gegebenheiten angepasst werden. Diesen Vorgang nennt man Customizing.

1.6.1 Customizing

Der Vorgang der Anpassung einer ERP-Software an die spezifischen Bedürfnisse eines Unternehmens wird als *Customizing* (bzw. im Englischen als *Customization*) bezeichnet.

Dem Customizing kommt in der Praxis eine hohe Bedeutung zu, da die vorgenommenen Anpassungen letztlich darüber entscheiden, wie gut das ERP-System auf die Bedürfnisse des Unternehmens „passt". Customizing erfordert sowohl einen hohen Grad an Domänenwissen (z. B. über Informationsobjekte und Abläufe im Unternehmen) als auch ein profundes Wissen über die Einstellungsmöglichkeiten der Standardsoftware. Daher arbeiten im Customizing Vertreter der Fachabteilungen (Anwenderunternehmen) eng zusammen mit ausgebildeten ERP-Beratern (vom ERP-Hersteller oder von einem spezialisierten Einführungspartner).

In vielen Fällen ist es notwendig, dass sich das Unternehmen an die Fähigkeiten des Systems anpasst. Dies kann positive Effekte haben, wenn die betriebswirtschaftlichen Möglichkeiten moderner (ERP-)Systeme für das Gesamtunternehmen effizienter sind als die über Jahre innerhalb des Unternehmens gelebten Ablauf- und Aufbaustrukturen. In vielen Unternehmen lässt sich beobachten, wie ein vor langer Zeit eingeführter, vergleichsweise umständlicher Prozess ohne größeres Hinterfragen die Jahrzehnte überdauert. Hier kann die notwendige Umstellung auf die vorgegebenen Systemabläufe eine Verbesserung erzielen.

Andererseits existieren im Unternehmen aber auch (wenige!) Prozesse, die wirklich so *einmalig* sind, dass sie grundsätzlich und ohne Modifikation auch in Zukunft so durchgeführt werden müssen. Hier stellt sich dann die Frage, inwieweit sich dieses durch geeignete Maßnahmen der individuellen Zusatzentwicklung (s. u.) lösen lässt.

1.6.2 Konfiguration

Betriebswirtschaftliche Software kann im Rahmen des *Customizings* in vielerlei Hinsicht an die Bedürfnisse des Unternehmens angepasst werden.

> Der Begriff der *Konfiguration* bezeichnet sowohl die Auswahl grundsätzlicher Einstellungen während der Installation einer Software (Aktivität) als auch die dadurch resultierenden Einstellungen (Ergebnis).

Während der Konfiguration werden über die *Lizenzierung* zunächst die zu nutzenden Softwaremodule definiert. Hierbei agieren Softwarehersteller mittlerweile sehr unterschiedlich. Während einige Hersteller betriebswirtschaftliche Module funktional bzw. abteilungsweise lizenzieren, sind die meisten aufgrund des integrierten Ansatzes dazu übergegangen, die vollständige betriebswirtschaftliche Grundfunktionalität zur Verfügung zu stellen und darüber hinaus weiterführende Detailfunktionalität, analytische Funktionen und Zusatztools kostenpflichtig anzubieten. Weitere Lizenzierungsabstufungen erfolgen dann z. B. über die Berechtigungen des Nutzers. Es existieren Abstufungen z. B. in der Form von „Full Users", die das System größtmöglich lesend und schreibend nutzen können, und „Light Users", die das System nur lesend nutzen dürfen. Dieses bietet sich für Mitarbeitende an, die zwar Zugriff auf die Informationen benötigen, aber keine Veränderungen im System vornehmen müssen. Daneben werden auch *Funktionslizenzen* definiert, die z. B. notwendig sind, um ein Barcode-Scan-Terminal am ERP-System losgelöst vom individuellen Benutzer anzuschließen. Für einen tieferen Einblick in die Lizenzpraxis vgl. auch Kapitel 5.3.

1.6.3 Parametrisierung

> Die *Parametrisierung* erlaubt es, den Funktionsvorrat der Standardsoftware an die Bedürfnisse des Unternehmens anzupassen und spezifische Ausgestaltungen vorzunehmen.

Hierzu lässt das System die Definition von Ausprägungsvarianten zu. In manchen Fällen ist die Funktionalität im positiven Sinne auch so abstrakt programmiert worden, dass sich „beliebige" Ausprägungsvarianten realisieren lassen. Bei der Parametrisierung handelt es sich grundsätzlich nicht um einen Eingriff in den Quellcode der Software, d. h. es wird nichts an der eigentlichen Programmierlogik verändert. Vielmehr werden Variantenausprägungen über das Setzen von Parameterwerten gesetzt. Bei Systemen, deren softwarearchitektonischer Ursprung sehr lange zurückliegt, findet ein Großteil der Parametrisierung tatsächlich über das Eintragen von Parameterwerten in sogenannte Customizingtabellen statt. Modernere Systeme erlauben an vielen Stellen die grafische Parametrisierung der Prozessabläufe oder das Definieren neuer Felder auf den Masken per Drag & Drop.

Zu den Parametrisierungen zählt zunächst die Einstellung *genereller Unternehmensparameter*. So sind z. B. mögliche Nutzersprachen und länderspezifische Anforderungen im System auszuwählen. Auch Währungen, in denen Produkte gehandelt werden, Bewertungsmaßstäbe z. B. für die Vorräte oder genutzte Maßeinheiten werden definiert.

Im Rahmen der Parametrisierung müssen zudem zahlreiche *organisatorische und konfigurative Entscheidungen* im System verankert werden. So stellt sich z. B. die Frage, von wem in Zukunft welche (Artikel-)Daten angelegt werden sollen. Auch wenn die Antwort zunächst offensichtlich auf die Beschaffung hindeutet, weil dort neue Artikel geordert werden, ist bei genauerem Hinsehen die Antwort nicht eindeutig, denn es sind auch Daten zu den Verkaufspreisen oder – bei selbstproduzierten Artikeln – zum Produktionsvorgang (z. B. Stücklistendetails) zu pflegen. Bei geografisch verstreuten Unternehmen stellt sich auch die Frage, inwieweit Daten zentral in der Konzernzentrale oder dezentral in den Tochtergesellschaften angelegt oder zum Teil gepflegt werden sollen. Eng einher geht damit die Frage, wie Daten in der Unternehmensstruktur überhaupt genutzt und wie welche rechtlichen Einheiten (ggf. auch konsolidierend) abgebildet werden sollen (vgl. hierzu die Mandantendiskussion im Kapitel 3.1.1). Auch Fragestellungen zu einzelnen Regeln (z. B. Preisaufschlagsregeln, Kalkulationslogik) oder zur Anlage und Nutzung von Ressourcen wie z. B. einzelnen Produktionsmaschinen müssen geklärt werden. Auch die Lagerorganisation führt bei der Parametrisierung immer wieder zu hitzigen Diskussionen, da nicht jedes ERP-System die gewohnten Lagerstrukturen eins zu eins (so wie vorher) abbilden kann.

Abschließend sind im Rahmen der Parametrisierung auch *Variantenausprägungen* zu definieren. Es ist festzulegen, wie welche Daten auf welchen Masken des Softwareprogramms eingegeben oder abgelesen werden sollen, welche Funktionen wie zur Verfügung stehen sollen und in welcher Reihenfolge bestimmte Prozesse, z. B. in der Produktion, ggf. unter Erstellung benötigter Daten und Belege ablaufen sollen. Zudem sind Berichtstypen z. B. zur wöchentlichen Umsatzauswertung entsprechend der Unternehmensanforderungen zu definieren und die Belegerstellung an die Unternehmensgepflogenheiten anzupassen. Dabei stellt sich häufig das Problem, dass für unterschiedliche Betriebsstätten eines Unternehmens, insbesondere wenn es sich um einen international tätigen Konzern handelt, verschiedene Belegerfordernisse festgehalten werden müssen.

Die Liste der im Rahmen des Customizings einzustellenden Unternehmensparameter ist sehr lang und die oben angeführten Beispiele können nur sehr beispielhaft deren Komplexität verdeutlichen. Wie angedeutet, unterscheiden sich die ERP-Hersteller nicht nur in der Mächtigkeit des Funktionsvorrats des Systems, sondern auch beim Komfort der Parametrisierung. Es existieren nach wie vor größere ERP-Systeme, bei denen viele Parameter „händisch", d.h. per Werteingabe eingegeben werden müssen, während andere Systeme die Parametrisierung durch grafische Tools oder Drag & Drop unterstützen. Auch wenn sich mit beiden Philosophien das gleiche Ziel erreichen lässt, kann damit z.B. die Einbindung eines neuen Datenfelds auf einer Maske nur wenige Minuten oder aber viele Stunden dauern. Da ein sehr großer Anteil der Arbeit bei der ERP-Implementierung in die Parametrisierung fließt, erhöht eine mangelnde Usability an dieser Stelle die Anzahl der notwendigerweise extern bezogenen Beratertage und damit die Einführungskosten sehr stark. Die obigen Beispiele zeigen bereits die großen Parametrisieranforderungen, die von heutigen ERP-Systemen zu erfüllen sind. Die implementierte betriebswirtschaftliche Funktionalität ist häufig so groß, dass auch bei den ERP-Herstellern deswegen Spezialistenteams gebildet werden, bei denen jeder nur ein vertieftes Wissen in einer spezifischen Funktionalität des Systems hat (z.B. Experte für Rechnungswesen).

1.6.4 Individualentwicklung versus Releasefähigkeit

Gerade bei größeren Unternehmen (mit größeren IT-Budgets) mag im Rahmen von Softwareeinführungen der Wunsch bestehen, Spezifika des Unternehmens mit ERP-Software zu unterstützen, die im Standardrepertoire des ERP-Herstellers nicht vorgesehen sind. In diesen Fällen ist eine sogenannte *individuelle Weiterentwicklung oder Modifikation* notwendig.

> Eine *Individualentwicklung* ist speziell auf die Anforderungen eines einzelnen Unternehmens ausgerichtet und stellt eine Erweiterung des Funktionsumfangs der ERP-Standardsoftware dar. Dabei wird zusätzlicher Programmcode nach spezifischen Vorgaben entwickelt.

Hierfür gibt es grundsätzlich zwei verschiedene Möglichkeiten: Die Erweiterungen können in Abstimmung mit dem Standardsystem erfolgen, d.h., sie liegen *„innerhalb des Standards"*. Oder sie brechen aus dem Standard aus, was dann in der Regel mit einem *Verlust der Releasefähigkeit* einhergeht.

> Eine Software wird als *releasefähig* bezeichnet, wenn das vom Kunden vorgenommene Customizing inklusive der individuellen Anpassungen bei der Installation einer neuen Softwareversion (neues Release, Update) weiterhin funktioniert.

Um über das System hinausgehende Anforderungen abbilden zu können, haben einige Hersteller *spezifische Programmiersprachen* entwickelt, mit denen eine *individuelle Veränderung* des Systems oder zumindest um das System herum möglich ist. Bekanntester

Vertreter auf dem deutschsprachigen Markt ist vermutlich die Sprache ABAP der SAP. Vielfach werden auch eigene Datentabellenbereiche für individuelle zusätzliche Datenfelder vorgesehen, die bei Updates nicht überschrieben werden.

Da der ERP-Hersteller nicht weiß, welche Modifikationen von den Anwenderunternehmen durchgeführt wurden, entwickelt er das Standardsystem losgelöst von den individuellen Anpassungen. So kann es z. B. vorkommen, dass der Hersteller die Datenstrukturen verändert und somit individuelle Entwicklungen bei einem Update auf eine neue Version nicht mehr auf die Daten zugreifen können. Häufig passiert es auch, dass der Hersteller die grafische Oberfläche verändert oder auf den Masken neue Felder hinzufügt, so dass individuelle Maskenanpassungen oder Felderweiterungen bei einem Update verloren gehen. Ein ausführliches Testen der angepassten Funktionalität bei Einführung einer neuen Version ist daher zwingend notwendig. Aus diesem Grund haben Anwenderunternehmen *gespiegelt* zum Produktivsystem (P-System) ein Qualitätssicherungssystem (Q-System), in dem auf Basis einer Kopie der operativen Unternehmensdaten Veränderungen zunächst überprüft werden können, bevor sie in das Produktivsystem überführt werden. Die Unternehmen, die Individualentwicklung betreiben, unterhalten in der Regel zudem ein weiteres gespiegeltes System als Entwicklungssystem (E-System). Der fertig entwickelte Programmcode wird vom E-System in das Q-System transportiert und dort mit frisch kopierten Daten des P-Systems getestet, bevor der qualitätsgesicherte Programmcode in das P-System transportiert wird und somit „in Produktion geht".

Viele Hersteller werben damit, dass sie *individuelle Weiterentwicklungen standardkonform* durchführen, z. B. durch die Bereitstellung von Standardschnittstellen (sogenannten *Application Programming Interfaces* (APIs) oder *User Exits*), die auch zukünftig von Seiten des Herstellers unverändert bleiben. Zudem bieten einige Hersteller Zusatztools für den Datenzugriff (sogenannte Datenhubs), so dass für die Anbindung von externen Systemen nicht direkt auf die Datenstrukturen des ERP-Systems zugegriffen werden muss. Der Datenhub fungiert damit als Vermittler (Middleware).

Trotz dieser zahlreichen Maßnahmen der Hersteller ist jeder Versionswechsel immer mit Aufwand für die Überprüfung und Aktualisierung der individuellen Modifikationen verbunden. Je nach Individualisierungswunsch ist auch heute noch der Aufwand für einige Anwenderunternehmen so groß, dass sie lieber auf den Einsatz einer neuen Programmversion verzichten, was dem Verlust der *Releasefähigkeit* gleichkommt. Dieses ist umso dramatischer, als dass viele betriebswirtschaftliche Wünsche, die im Anwenderunternehmen entstehen mögen, in ähnlicher Form in späteren Releases des ERP-Standards durch Weiterentwicklung implementiert sind und damit dann eigentlich ohne weitere Kosten und ohne zusätzlichen Aufwand – gepflegt durch den ERP-Hersteller – vom Anwenderunternehmen genutzt werden könnten. Bleibt das Unternehmen aber gezwungenermaßen auf seiner alten Version „hängen", können die neuen Funktionalitäten des Standardsystems nicht zum Einsatz kommen.

1.7 Lernkontrollfragen

1. Welchen Nutzen beziehen Unternehmen (potenziell) aus betriebswirtschaftlichen Anwendungssystemen?
2. Welche Managementprinzipien, die Sie in der Begriffssystematik kennengelernt haben, werden durch die entsprechenden Applikationstypen unterstützt?
3. Erklären Sie die Fachbegriffe Software, Anwendung, Modul, Softwaresuite und Softwarelösung.
4. Beschreiben Sie die Charakteristika der verschiedenen BAS-Softwaregattungen. Sind entsprechende, am Markt angebotene Softwarelösungen immer trennscharf in den Funktionen?
5. Wofür steht ERP (ausgeschrieben)?
6. Was ist ein ERP-System? Beschreiben sie typische Merkmale von ERP-Systemen.
7. Welche Effekte werden durch ERP-Systeme erzielt?
8. Welche drei Arten der Integration kennen Sie?
9. Welche Aufgaben und funktionalen Bereiche unterstützen integrierte ERP-Systeme potenziell?
10. Beschreiben Sie die durch ein ERP-System ermöglichte, vertikale und horizontale Integration.
11. Was versteht man unter Customizing?
12. Welche Aktivitäten gehören zur Parametrisierung?
13. Erklären Sie den Begriff der Releasefähigkeit.

1.8 Literatur

Schubert, P., Wölfle, R. (2000). E-Business erfolgreich planen und realisieren. München: Hanser.

2 Technische Grundlagen von BAS

Das folgende Kapitel behandelt mögliche Architekturformen von Betriebswirtschaftlichen Anwendungssystemen (BAS), die technischen Komponenten, aus denen sich derartige Systeme zusammensetzen sowie mögliche Betriebsformen.

2.1 Architekturformen

BAS bestehen i.d.R. aus mehreren Schichten (engl. *tiers* oder *layers*), deren jeweilige Ausgestaltung und Lokation die zugrundeliegende Architektur bestimmen (vgl. Abb. 2.1). Bei Mehrschichtenarchitekturen spricht man auch von Multi-Tier-Architekturen (engl. n-tier architectures).

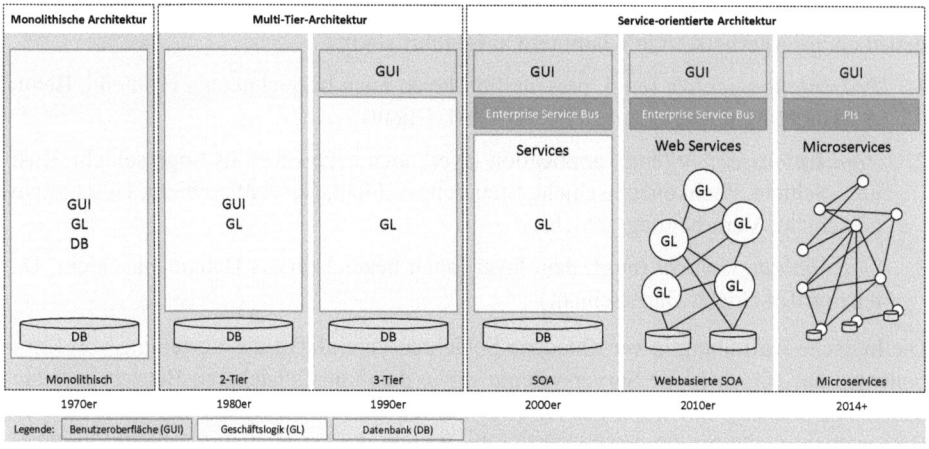

Abb. 2.1: Historische Entwicklung von BAS-Architekturen

Bei BAS lassen sich historisch und damit technologisch bedingt grundsätzlich drei unterschiedliche Basis-Ausprägungsformen (auch als Architekturen bezeichnet) unterscheiden, die in einer zeitlichen Abfolge entstanden. So entwickelten sich BAS von Monolithischen Systemen, über Multi-Tier-Architekturen (2-Schicht, 3-Schicht, n-Schicht) zu verschiedenen Ausprägungen Service-orientierter Architekturen (SOA, Webbasierte SOA, Microservices).

2.1.1 Monolithische Architekturen (1970er Jahre)

Die ERP-Systeme der ersten Stunde waren monolithische, zentralisierte Systeme, bei denen Datenbank, Applikation und Benutzerschnittstelle untrennbar miteinander verbunden und auf einem zentralen Rechner (dem Server, Mainframe oder Großrechner) installiert waren (vgl. Abb. 2.8, S. 49). Diese Untrennbarkeit des Softwarecodes führte dazu, dass das Ersetzen, die Wartung oder das Einfügen von Programmteilen sehr schwierig waren. Wiederverwendbarkeit von Code wurde anfänglich nicht unterstützt. Im Gegenteil, da (fast) jedes Computersystem andere Voraussetzungen hatte, war auch die Softwareentwicklung anfänglich systemspezifisch. Die Portierbarkeit auf andere Technologieplattformen war damit kaum gegeben. Dies machte das gesamte System aus damaliger Sicht zwar eventuell sehr *performant* (schnell im Antwortverhalten), da es für diese Hardware und dieses Betriebssystem optimiert war, es gab allerdings wenig Flexibilität für Veränderung bzw. *Portierbarkeit* (Wechsel der Plattform). Die Benutzerschnittstelle war überwiegend über Terminals gelöst, die über serielle Datenverbindungen die textbasierten Ausgaben und Eingaben mit dem System austauschten.

2.1.2 Multi-Tier-Architekturen (1980er und 1990er Jahre)

Die ab den späten 80er Jahren verstärkt eingesetzte und über lange Zeit dominierende Architektur umfasst typischerweise drei Schichten (3-Tier-Architektur, Abb. 2.2). In der Praxis existieren je nach Anwendungsbereich verschiedene Namen für die Schichten, von denen einige Alternativen in Klammern aufgeführt sind:

1. *Präsentationsschicht* (engl. presentation layer, auch bezeichnet als Frontend, Benutzerschicht, Benutzerschnittstelle, UI, GUI, Client)
2. *Applikationsschicht* (engl. application layer, auch bezeichnet als Logikschicht, Business-Schicht, Fachkonzeptschicht, Steuerungsschicht, Geschäftsschicht, Geschäftslogikschicht, Verarbeitungsschicht)
3. *Datenhaltungsschicht* (engl. data layer, auch bezeichnet als Datenbankschicht, Datenzugriffsschicht, Datenschicht)

Die logische Aufteilung in verschiedene Schichten vereinfacht die Verteilung von Komponenten auf verschiedene Serversysteme sowie deren ausfallsicheren Betrieb in redundanter Ausführung. Ein wichtiger Anspruch ist zudem, dass Zugriffe auf die Daten der Datenschicht weiterhin immer nur durch die Regeln der Geschäftslogikschicht hindurch erfolgen und damit prozess- und regelkonforme Daten sichergestellt werden können, was bei der monolithischen Architektur zuvor implizit gegeben war. Durch die physische Trennung von Komponenten (z. B. Datenbankserver, Applikationsserver, Webserver) entstehen sogenannte *verteilte Systeme*.

Oberhalb der Applikationsschicht befindet sich die Präsentationsschicht, auch Benutzerschnittstelle genannt. Diese erlaubt je nach Endgerät dem Nutzer die Interaktion mit der

Applikation. Für die Nutzer von BAS besteht heute häufig eine Wahl zwischen verschiedenen Benutzerschnittstellen. Über die Zeit entstanden mit fortschreitender Technologieentwicklung verschiedene Formen. Die älteste Form ist das direkt am Großrechner angeschlossene Terminal, das später ergänzt wurde um die *Terminalemulation*, bei der eine spezielle Softwarekomponente für den Zugriff auf den zentral zur Verfügung gestellten Rechner (Host oder Server) auf dem dezentralen Endgerät (z. B. PC) installiert wird.

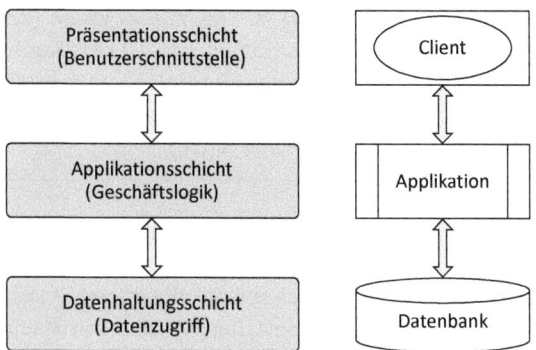

Abb. 2.2: Generischer Aufbau von BAS in einer Drei-Schichten-Architektur

Für viele Jahre waren spezielle, proprietäre Clientprogramme (sogenannte *Fat Clients*), die für bestimmte Betriebssysteme entwickelt wurden, die üblichste Benutzerschnittstelle für ERP-Systeme. Heutige Systeme bieten (zusätzlich oder ausschließlich) die Möglichkeit, einen Standardwebbrowser *(Webclient)* für den Zugriff auf die Applikation zu nutzen (sogenannter *Thin* oder *Rich Client*).

> *Präsentationsschicht*
> Die (heute überwiegend grafische) Benutzerschnittstelle (engl. *graphical user interface*, GUI) stellt dem Endbenutzer die Programmfunktionen strukturiert zur Verfügung, so dass eine Bedienung in Mehrfenstertechnik mit grafischen Elementen mit Hilfe eines Zeigegerätes wie Maus, Stift oder Touchscreen erfolgen kann. Die Benutzerschnittstellenschicht wird auch als Client-Schicht (kurz: *Client*) bezeichnet.

Damit einher geht die wachsende Bedeutung von mobil nutzbaren Benutzeroberflächen (z. B. auf Tablet-Computern und Smartphones) als Zugriffsschnittstelle auf das ERP-System (z. B. in der Lagerverwaltung, der mobilen Arbeit oder im Außendienst). Hinzu kommen heute *Audioschnittstellen*, etwa in der Logistik, wo die zentrale ERP-Logik dem Kommissionierer im Lager die aus dem Lager zu entnehmenden Produkte in einem Dialog mit Kurzbefehlen zuweist (pick-by-voice). Auch *visuelle Schnittstellen* werden im Lager eingesetzt (pick-by-light).

> *Applikationsschicht*
> Der Kern der BAS, die „Applikation" enthält die Programmlogik (Geschäftslogik), also die Transaktionen und Funktionen, die das System für die Bearbeitung von Aufgaben zur Verfügung stellt. Ihre Softwarekomponenten basieren auf Programmcode, der vom Softwarehersteller in einer Programmiersprache entwickelt wird und dem System zur Laufzeit als ausführbare Komponenten zur Verfügung steht.

In vielen BAS sind die Daten (Attribute) zu *Geschäftsobjekten* (z. B. Produkt, Kunde, Rechnung) in Containern gespeichert (vgl. Kapitel 3.3.2). Diese Kapselung der Daten und ihren zugehörigen Funktionen in sogenannten *Business Objects* ermöglicht eine Integration (auch verschiedener BAS) auf Prozessebene. Damit folgen die Entwickler dem Paradigma der *objektorientierten Programmierung* (OOP).

> *Datenhaltungsschicht*
> Datenbanken und Dateien sind die zentralen Informationscontainer, in denen alles gespeichert und protokolliert wird, was für den Betrieb des BAS notwendig ist und was im Laufe seines Betriebs anfällt. Dazu gehören sowohl allgemeine Systemeinstellungen aus dem Customizing (z. B. Sprache, Ländereinstellungen) als auch Stammdaten (z. B. Kunden, Produkte), Bewegungsdaten (z. B. Aufträge, Rechnungen) und Bestandsdaten (z. B. Lagerbestand).

Datenbanksysteme bestehen i. d. R. aus einem eigenständigen Serverdienst für die eigentliche Datenbank und einem Datenbankmanagementsystem für eine optimierte Verwaltung, Wartung, Sicherung und Programmierung.

Client-Server-Architekturen

Die sogenannten Client-Server-Architekturen entwickelten sich in den 80er und 90er Jahren mit dem Aufkommen von Personal Computern (PC). Dabei steht nicht die Hardware im Vordergrund, sondern es handelt sich primär um eine Softwarearchitektur mit dem Ziel, ERP-Systeme so weit wie möglich in Komponenten zu unterteilen, so dass *dezentrale* Clients und der *zentrale* Server losgelöst voneinander agieren können. Zudem sollen wiederholt genutzte Funktionen, etwa zur Verwaltung von Daten und damit einhergehende Verarbeitungs- und Kommunikationsfunktionen, nur einmalig auf dem Server existieren oder sogar von mehreren ERP-Modulen oder unterschiedlichen Programmen genutzt werden können. Bis zur Jahrtausendwende fand bei nahezu allen ERP-Herstellern eine zunehmende Trennung der unterschiedlichen Schichten in eine sogenannte Client-Server-Architektur statt.

Dies wurde ermöglicht durch Verbesserungen im Bereich der Netzwerktechnologie und der dadurch erzielten, performanteren Zugriffe dezentraler (örtlich verteilter) Endgeräte auf zentrale Serversysteme. Durch die logische Trennung der Schichten konnte auch eine physische Trennung der Server erfolgen. Datenbank- und Applikationsserver können (müssen aber nicht) auf physisch unabhängigen Geräten installiert werden. Die Benutzerschnittstelle läuft in dieser Architektur auf dem Client, d. h. dem Endgerät des Benutzers, meist einem Desktop-PC. Je nachdem, wie viel Programmcode tatsächlich auf dem Endgerät verarbeitet wird, lassen sich Fat Client, Rich Client und Thin Client unterscheiden (siehe Abb. 2.3).

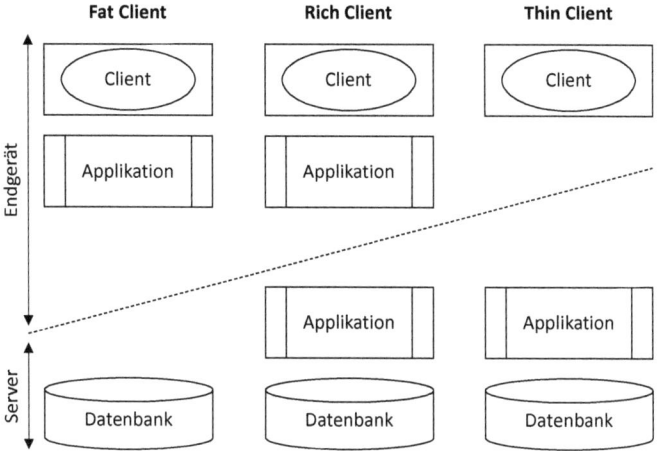

Abb. 2.3: Client-Server-Architektur: Thin, Rich und Fat Client

Beim *Fat Client* wird die gesamte Programmlogik auf dem Computer des Endanwenders (z. B. einem Desktop-Gerät) ausgeführt. Das Gerät muss dementsprechend über die notwendige Kapazität an Hauptspeicher (RAM) und Rechenwerk (CPU) verfügen. Die traditionellen, proprietären ERP-Clients sind Fat Clients, bei denen alle nennenswerten logischen Operationen außerhalb des eigentlichen Datenzugriffs jeweils durch die Softwarekomponente auf dem Computer des Anwenders durchgeführt werden.

Beim *Rich Client* ist die Ausführung der Programmlogik zwischen Server und Endgerät verteilt. Dabei läuft nur ein Teil der Programmausführung im Client, so dass ein Teil der Anwendungslogik (z. B. bedienungsnahe Logik wie Druckersteuerung oder Eingabevalidierung) die Programmnutzung beim Anwender vor Ort unterstützt, während Logikelemente, die ohnehin einen Zugriff auf die zentralen Ressourcen des ERP-Systems benötigen, zentral auf dem Server installiert und genutzt werden. Auf diese Weise ist die auf Anwenderseite zu installierende Client-Software deutlich kleiner als beim Fat Client. Ein typisches Beispiel ist die Nutzung von Java-Applets. Diese werden von einigen ERP-Herstellern eingesetzt, um dem Anwender, der das ERP-System im Webbrowser nutzt, zusätzliche (im Browser nicht enthaltene) Funktionalität und damit Programmlogik zu liefern.

Beim Einsatz eines *Thin Clients* wird die Programmlogik auf dem Server verarbeitet und der Client übernimmt nur die Eingabe von Daten und die Präsentation der Ergebnisse. Damit erfolgt auf Seite des Anwendercomputers keine Installation von (zusätzlicher) Software zur Nutzung des ERP-Systems. Typische Beispiele sind der Einsatz von Terminalemulationen oder heute im Regelfall Webbrowsern. Einige ERP-Systeme bieten kleine Erweiterungskomponenten für den Browser, um dem Anwender eine komfortable Programmnutzung zu ermöglichen. Damit wird streng genommen das Thin-Client-Konzept ad absurdum geführt, da der Anwender das ERP-System nicht mehr von beliebigen Computern mit beliebigen Browsern spontan nutzen kann, sondern zunächst eine Browsererweiterung installieren muss, was dann zu einem „Rich-Thin-Client" führt.

Die Client-Server-Architektur ist eine klassische Drei-Schichten-Architektur. In neueren ERP-Systemen wird die Applikationsschicht nochmals unterteilt in einen Applikationsserver, der bestimmte Standardfunktionen übernimmt, die in der ERP-Applikation nicht nochmals programmiert werden müssen und einen Webserver, der die Schnittstelle zum Webbrowser darstellt (http-Server). Verschiedene Applikationsserver übernehmen spezielle Aufgaben, wie z. B. Transaktionsorientierung, Persistenz durch Integration bestimmter Datenbanksysteme oder Messaging (Mailversand).

BAS mit Webclient verfügen über eine 4-Tier-Architektur, bei der die oberste Schicht nochmals in zwei separate Schichten unterteilt wird. Diese logische Aufteilung kommt dem Einsatz unterschiedlicher Endgeräte (wie Desktop Computern, Tablets und Smartphones) entgegen. Im 4-Tier-Modell ist die *Ebene 1* die *Visualisierungsebene* (Webclient). Der Browser übernimmt die Anzeige und nimmt die Eingaben (Befehle) des Benutzers entgegen. Typische Technologien, die im Webclient zum Einsatz kommen, sind HTML, XML/XSLT, JavaScript, VBScript, Java (Applets). *Ebene 2* ist die *Präsentationsebene* (Webserver). Diese Schicht übernimmt die Verarbeitung der eingehenden Benutzerbefehle vom Endgerät, gibt diese an die Geschäftslogik (Applikationsebene) weiter und leitet anschließend die angeforderten Resultate an die Visualisierungsebene zurück. Beispiele für Technologien für die Präsentationserzeugung sind Java Servlets, Java Server Pages (JSP), Java Web Services, Java Server Faces, PHP, SAP WebDynpro oder das Open-Source-Framework Struts. In neuerer Zeit kommen zunehmend Frameworks (z. B. Flask, React, SAPUI5 oder RShiny) zum Einsatz, da sich damit relativ schnell funktionale Weboberflächen aus Bausteinen erstellen lassen. Auf Ebene 3 und 4 finden sich in diesem Modell Applikationsebene (Anwendungsserver) und Datenbankebene (Datenbankserver).

2.1.3 Service-orientierte Architekturen (SOA) (2000er Jahre)

Der nächste technologische Schritt auf Basis von einzelnen Webservices führte zu vollständig gekapselten Service-orientierten Architekturen (SOA). SOA ist keine eigentliche Technologie, sondern ein Paradigma, d. h. es vermittelt eine Idee für die Aufteilung und das Zusammenwirken von verteilten Komponenten eines Anwendungssystems. Diese Architekturform entwickelte sich ab den 90er Jahren in mehreren Schritten auf Grundlage der verteilten Client-Server-Architektur zu Webservices. Die zunächst eingeführte Anwendungskomponentenverteilung erlaubte zwar den Aufruf einzelner Funktionen (z. B. einer zentralen Zinsberechnungsfunktion in Banken) aus unterschiedlichen BAS heraus, doch diese Form der Aufrufe führte bei größeren Unternehmen rasch zu einer starken Softwarekomplexität, weil jede aufrufende Softwarekomponente individuell mit der aufgerufenen Komponente mittels einer *Schnittstelle* verbunden werden musste.

Daher wurden unter dem Stichwort *Enterprise Application Integration* (EAI) gegen Ende der 90er Jahre zentrale Softwarelösungen entwickelt, die bei verteilten Anwendungslandschaften z. B. die Datentransformation oder die Transaktionsüberwachung zwischen den verteilten BAS-Komponenten steuern sollten. Diese führten allerdings nicht im erwarteten Umfang zur Komplexitätsreduzierung, sondern erhöhten diese teilweise sogar noch. Aus dieser Erfahrung heraus entstand später der Gedanke der fachlichen, ganzheitlichen Organisation der Anwendungslandschaft mittels Service-orientierter Architekturen (SOA). Ziel war die Entwicklung und Kapselung fachlich geprägter Komponenten (Services) mit eigenständiger Geschäfts- und Datenlogik, die für die BAS des Unternehmens genutzt werden können. Die großen Technologieanbieter verfügen alle über ihre eigenen, proprietären SOA-Plattformen. Allen gemeinsam ist der Begriff des „Service", in der Regel in der Form von *Webservices*.

Webservices

Da die ersten Mehrschicht-Architekturen noch relativ unflexibel waren, wurde zunehmend nach Möglichkeiten gesucht, neue Softwarefunktionalität von außen nutzbar bzw. in existierende BAS integrieren zu können. Anfang der 90er Jahre wurde hierfür CORBA (Common Object Request Broker Architecture) von der Object Management Group entwickelt. CORBA ermöglichte die Kommunikation zwischen Software in verschiedenen Sprachen und auf unterschiedlichen Betriebssystemen, war jedoch nicht auf die sich zunehmend durchsetzende Web-Technologie, insbesondere die verschiedenen Protokolle und Firewall-Kompatibilitäten ausgerichtet. Die Antwort hierauf waren Webservices, ein offener Standard für den Kommunikationsaustausch zwischen gekapselten Softwareobjekten unabhängig vom Übertragungsprotokoll.

Webservices bieten im Wesentlichen die Möglichkeit, entfernte Funktionsaufrufe (engl. *remote procedure calls, RPC*) über eine Webinfrastruktur per Simple Object Access Protocol (SOAP) zu tätigen. Eine besondere Stärke ist die dynamische Suche nach einem passenden Service per Universal Description, Discovery and Integration (UDDI) und die erst zur Laufzeit stattfindende Integration der genauen Schnittstellenspezifikation per Web Services Description Language (WSDL). Dadurch kann ein hoher Grad an Entkopplung der involvierten Systeme erreicht werden. Tab. 2.1 gibt einen Überblick über die vier wichtigsten technischen Standards, die bei der Implementation von Webservices zum Einsatz kommen (SOAP, WSDL, UDDI und XML). Abb. 2.4 zeigt das Zusammenwirken der Elemente.

SOAP ist ein Protokoll und dient zur Beschreibung einer Klasse an XML-Dokumenten, die Kommandos für Funktionsaufrufe enthalten können. *SOAP-Nachrichten* sind XML-Dokumente, die den strukturellen Vorgaben des Simple Object Access Protocol entsprechen. Ihre Übertragung erfolgt z. B. über HTTP(S). Die Nachrichten enthalten einen sogenannten SOAP-Envelope (Umschlag). Dieser enthält einen SOAP-Header und einen SOAP-Body, in den das eigentliche HTML-/XML-Dokument eingebettet ist. Der SOAP Header enthält Informationen (Attribute), die angeben, *wer* die Nachricht verarbeiten soll und ob die Verarbeitung zwingend ist. Der SOAP-Body enthält die Informationen für den endgültigen Empfänger der Nachricht. In diesem werden auch Methodenaufrufe und Antworten transportiert.

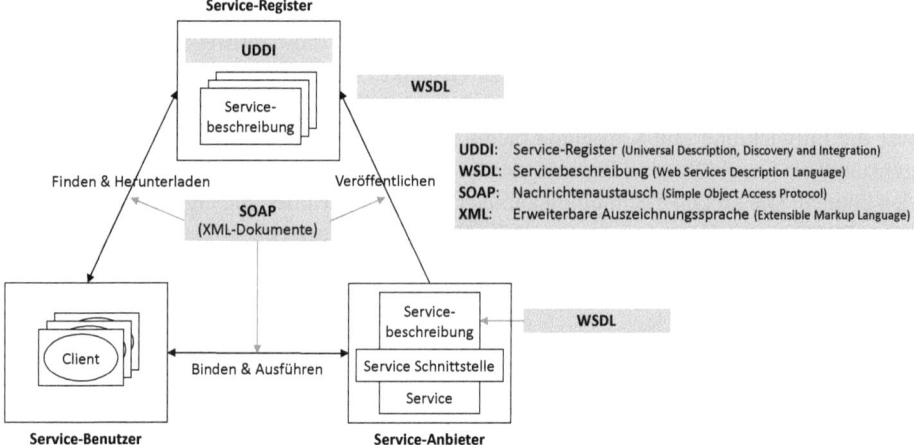

Abb. 2.4: Zusammenhang zwischen UDDI, WSDL und SOAP

Ein Beispiel ist der Aufruf eines Webservice für die Abfrage des Versandfortschritts eines Pakets, das durch einen Lieferdienst transportiert wird. Beim Einsatz eines Webservices würde ein Amazon-Kunde die Bestellungen in der Bestellhistorie anschauen, einen Knopf „Anzeige des Lieferstatus" drücken und bekäme das Ergebnis anschließend auf der Amazon-Website dargestellt. Die Anfrage bei einem externen Dienstleister kann auf diese Weise für den Benutzer verborgen erfolgen *(transparenter Zugriff)*.

Tab. 2.1: Standards für Webservices

Standards für Webservices
UDDI (Universal Description, Discovery and Integration)   Ein Set an Spezifikationen für das Anlegen von XML-basierten Verzeichnissen zu Webservices. Diese Verzeichnisse dienen dazu, die Webservices und ihre Anbieter und Funktionen zu finden (vergleichbar mit den Gelben Seiten).
SOAP (Simple Object Access Protocol)   Ein Set an Regeln, die den Austausch von XML-Dokumenten zwischen Applikationen festlegen. Zusammen mit WSDL erfüllt SOAP die Funktion des Nachrichtentransports.
WSDL (Web Services Description Language)   Ein Rahmenkonzept für die Beschreibung der Aufgaben, die ein Webservice erfüllt. Lieferanten würden hiermit z. B. erfahren, welche Informationen sie vom Lagerverwaltungssystem ihrer Kunden erhalten (z. B. die Anzeige, dass der Bestand zur Neige geht und sie nachliefern müssen).
XML (Extensible Markup Language)   Eine universelle Sprache für die Definition des Aufbaus von Daten. XML erlaubt die Validierung und Interpretation solcher Daten.

Damit bieten Webservices eine elegante Schnittstellentechnologie, bergen jedoch auch Gefahren im Integrationsumfeld. Wenn für Integrationen nur auf Webservices alleine gesetzt wird, entsteht ein neues Netz aus Punkt-zu-Punkt-Verbindungen. Die Wartbarkeit einer solchen Architektur wird nicht erleichtert. Der Einsatz von Webservices bietet sich in den Fällen an, wo ad hoc zwischen zwei sich zuvor unbekannten Systemen kommuniziert werden soll und weniger bei unternehmensinternen Integrationen, wo die kommunizierenden Systeme bekannt sind.

Webservices können sowohl von Endbenutzergeräten (z. B. im Browser), von Applikationen oder von anderen Webservices über das Internet aufgerufen werden. Aufgrund ihrer Architektur (User Authentifikation, Ermöglichung Serverzugriff) bilden sie quasi einen Client-Server-Ansatz über das Web nach.

Die klassische 1:1-Anbindung zwischen Systemen ergibt eine wachsende Anzahl an Schnittstellen, die unterhalten und gewartet werden müssen. Die Anzahl an Schnittstellen wächst exponentiell zur Anzahl der beteiligten Systeme, was Komplexität und Kosten erhöht. Webservices vermeiden dieses Problem teilweise, indem sie einen definierten Zugang zu ausgewählten Funktionen einer Applikation zur Verfügung stellen, welchen andere Anwendungen ansprechen können. Sie stellen damit quasi eine zusätzliche Schicht über der Applikationsschicht dar und erfüllen die Rolle von Konnektoren. Diese sind vergleichbar mit Adaptern für Steckdosen in verschiedenen Ländern.

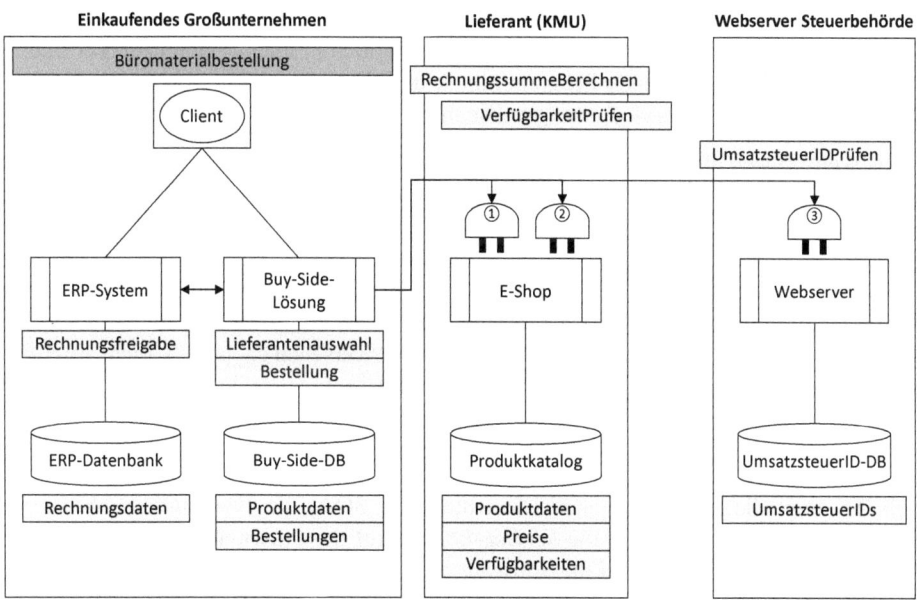

Abb. 2.5: Webservices als „Steckdosen"

Abb. 2.5 zeigt ein mögliches Szenario für eine Buy-Side-Lösung (mehr dazu in Kapitel 4.3) eines Großunternehmens, die während des Ablaufs des Bestellprozesses auf drei verschiedene externe Webservices zugreift.

1. Rechnungssumme *für Warenkorb anzeigen*: Der Webservice „RechnungssummeBerechnen" des Lieferanten berechnet die spezifischen Kundenpreise unter Einbezug der vereinbarten Rabatte und gibt die Summe an die Buy-Side-Lösung zurück.

2. *Lagerverfügbarkeit prüfen*: Der Webservice „VerfügbarkeitPrüfen" nimmt Zugriff auf den aktuellen Lagerbestand des Lieferanten und gibt eine Meldung über die mögliche Lieferzeit zurück.
3. *Umsatzsteuer-Identifikationsnummer prüfen*: Der Webservice „UmsatzsteuerIDPrüfen" prüft die Gültigkeit der Umsatzsteuer-Identifikationsnummer des gewählten Lieferanten.

In dem dargestellten Szenario können Webservices verschiedener Anbieter (privater Firmen und öffentlicher Verwaltungen) zum Einsatz kommen. Webservices helfen, Funktionen von BAS nach außen für andere BAS verfügbar zu machen. Sie basieren auf wohldefinierten Kriterien wie Rollen und Zugriffsrechten.

Webservices sind ein Weg, bewährte Applikationen weiterhin zu benutzen und sie gegenüber Fremdsystemen zu öffnen. Sie stellen damit quasi einen Investitionsschutz für bestehende Informationssysteme dar. Sie geben den Applikationen einen zusätzlichen Wert, indem sie Konnektoren auf die bestehenden Funktionen setzen.

Webservices reduzieren die Komplexität der Verbindungen zwischen Informationssystemen, indem sie *eine* Schnittstelle für den Aufruf aus allen Fremdsystemen zur Verfügung stellen. Die zugrunde liegende Programmlogik und die Daten können geändert werden, ohne dass sich der Webservice zwangsweise mit ändern muss.

Auch Webservices lösen nur strukturelle Austauschprobleme (Format, Syntax). Die Bedeutung (Semantik) von Feldinhalten muss nach wie vor zwischen den Parteien explizit vereinbart werden (z. B. Messgrößen, Währungen, usw.). Voraussetzung wäre, dass Webservices branchenweit syntaktisch wie auch semantisch standardisiert würden und so eine Verfügbarkeitsprüfung z. B. im Online-Shop eines Anbieters branchenweit mit demselben Webservice erfolgen könnte; denn die Logik bleibt auch beim Einsatz eines Webservice ein Problem. Wenn ein Feld mit dem Inhalt „Size=60" versehen ist, ist z. B. nicht abschließend geklärt, ob es sich um eine Angabe in Zoll oder Zentimetern handelt.

Service-orientierte Architekturen (SOA)

Abb. 2.6 zeigt die drei wichtigsten Elemente einer SOA, die *Präsentationsebene*, die Ebene der *Orchestrierung* und die *Service-Ebene*. Auf der Präsentationsebene greift der Anwender über einen Client auf die Software zu. Auf der darunter liegenden Ebene findet die Orchestrierung (engl. orchestration) der Serviceaufrufe statt. Hier werden Geschäftsprozesse und Geschäftsregeln abgebildet. Modelliert werden Geschäftsprozesse z. B. in BPMN (Business Process Model and Notation), die Ausführung wird gesteuert über BPEL (Business Process Execution Language). Die Geschäftsregeln zur Steuerung des Ablaufverhaltens einer Anwendung werden in der Software modelliert (engl. rule engine) und entsprechend ausgeführt. Während der Ausführung wird auf Services zugegriffen, die gekapselte Funktionen aus existierenden Applikationen zur Verfügung stellen. Auf dieser Ebene sind die Mechanismen zur Diensteverwaltung, standardisierte Serviceschnittstellen sowie spezielle Dienste angesiedelt. Als Schnittstellentechnik können hier die bereits erläuterten Webservices zum Einsatz kommen.

Eine Stärke von SOA ist die Wiederverwendbarkeit von Funktionen in Altsystemen (engl. *legacy systems*), die man in einer SOA-Architektur als Service anbinden und auf diese Weise weiterhin nutzen kann. Die Vision von SOA ist eine flexible Prozessorchestrierung, wie in Abb. 2.6 illustriert. Dabei sollen zentrale, fachliche Services in der Reihenfolge ihrer Nutzung im Prozessablauf aufgerufen werden. Damit ließe sich theoretisch eine beliebige Funktionsreihenfolge innerhalb eines ERP-Systems für einen bestimmten Unternehmensbedarf definieren. Einige Softwarehersteller sehen darin sogar die Möglichkeit, beliebige Services hinzuzufügen oder durch Services von Drittanbietern zu ersetzen. Wenngleich die Vision aus technischer Sicht aufgrund der Standardisierung möglich zu sein scheint, muss die beliebige Austauschbarkeit zumindest bei denjenigen Services, die Daten etwa durch Berechnungen verarbeiten, kritisch hinterfragt werden. Es kann technisch nicht sichergestellt werden, dass die Semantik und die angewendeten Algorithmen der beteiligten Services auf denselben Prämissen basieren. So wird die Nutzung austauschbarer Services trotzdem immer eine gezielte Auswahl und ein vorgängiges, gründliches Testen bedingen.

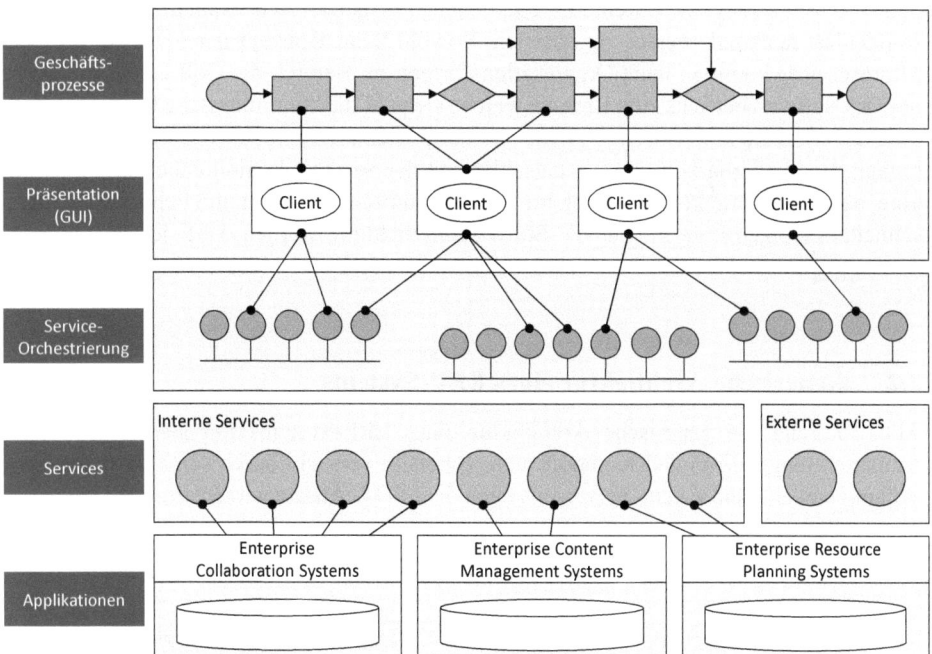

Abb. 2.6: Ebenen einer Service-orientierten Architektur (SOA)

Eine skalierbare und dynamische Weiterentwicklung der SOA bildet die *Webbasierte SOA* (2010er Jahre bis heute). Die webbasierte Architektur ermöglicht es großen Cloud-Service-Anbietern (wie Microsoft, Amazon, Netflix oder Facebook), die Software für ein großes Publikum zentral anzubieten, zu skalieren und gleichzeitig flexibel genug zu bleiben, um sich schnell an sich verändernde Bedarfe anzupassen. Dabei werden einzelne Services auf unterschiedlicher Infrastruktur verteilt und sind so nicht nur softwaretechnisch, sondern auch hardwareseitig austausch- und skalierbar. In Bezug auf BAS und damit auch ERP-Systeme wird es durch Services zunehmend möglich, den Kunden nur die tatsächlich genutzten Funktionalitäten bereitzustellen und so Skalierbarkeit nicht auf Benutzerebene, sondern auf Funktionalitätsebene herzustellen. Im Bereich von SOA ist dieses Vorgehen insbesondere bei Systemen vorzufinden, die sich an kleinere Unternehmen richten, welche nicht auf den vollen Umfang eines gesamten ERP-Systems angewiesen sind. Diese können den Funktionsumfang dann über Lizenzen verändern und bspw. nicht benötigte Funktionalitäten dadurch „abschalten".

Eine Weiterentwicklung des Konzepts der Webbasierten SOA bilden sogenannte *Microservices*. Auch hier werden Funktionalitäten in Services unterteilt, wobei die Funktionsuntergliederung auf einer wesentlich feingranulareren Ebene stattfindet. Die einzelnen Services bleiben dabei individuell nutz- und kombinierbar und werden auch „Atomare (engl. Atomic) Services" genannt. Services können dabei so implementiert werden, dass sie skalierbar in mehreren Instanzen arbeiten. Werden Services mehrfach benötigt, können sich diese lastabhängig auf unterschiedliche Ressourcen replizieren (also identische Kopien von sich erzeugen). Durch die verschiedenen Instanzen ist es dann möglich, die Ressourcenlast nochmals besser zu verteilen. Sowohl beim Konzept der SOA als auch bei Microservices kommen neue Organisationsformen im Bereich des Softwareentwicklung und des Softwarebetriebs zum Einsatz, welche sich auf die kontinuierliche Weiterentwicklung der Systeme konzentrieren (siehe auch das Thema DevOps in Kapitel 2.5). Die Fähigkeit der Skalierbarkeit und Austauschbarkeit der Services kommt dabei dem User zugute, da die Systeme kontinuierlich im Funktionsumfang wachsen und Fehlerbehebungen schneller erfolgen können. Für die Softwareentwicklung werden dabei je nach Anwendungszweck des einzelnen Service eine Vielzahl an Softwaresprachen eingesetzt.

2.2 Generische Architektur eines ERP-Systems

Abb. 2.7 zeigt die generische Architektur eines ERP-Systems mit seinen möglichen Schichten (engl. *tiers*) und Komponenten. Das Bild versucht durch seine abstrakte Darstellung sowohl dem Client-Server- als auch dem SOA-Ansatz gerecht zu werden.

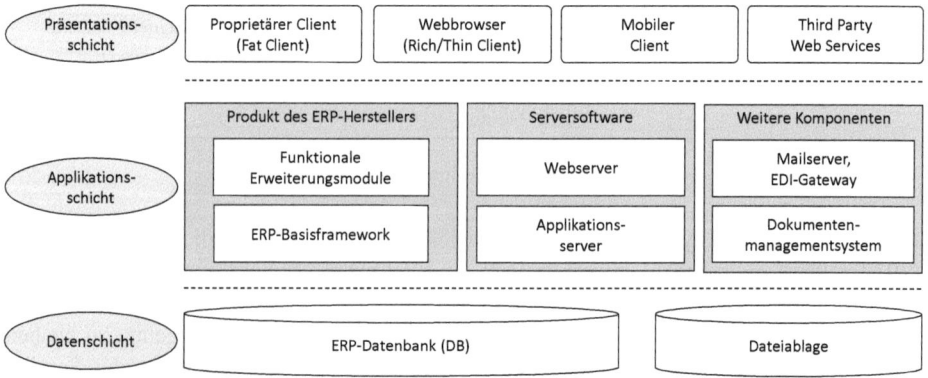

Abb. 2.7: Generische Architektur eines ERP-Systems

Als Basis dient die *Datenschicht*. In konkreten Anwendungssystemen können hier unterschiedliche Datenbank- und Dateisysteme zum Einsatz kommen. Die eigentlichen ERP-Daten (z. B. Produkt, Bestellung) werden klassischerweise in der ERP-Datenbank in relationalen Tabellen gespeichert. Ergänzende Dateien (z. B. Produktbilder) werden in Dokumentenmanagementsystemen (DMS) oder einfach im Dateisystem abgelegt. Einige ERP-Anbieter lassen dem Kunden die Wahl zwischen gängigen Datenbanksystemen (z. B. MS SQL-Server, IBM DB2 oder Oracle Database Server), andere schreiben eine bestimmte Datenbank vor, z. B. da die Software bestimmte, nur in diesem Datenbanksystem vorkommende Befehle nutzt. Neuere Systeme weichen dabei vermehrt von relationalen Datenbankmodellen ab und setzen auf sogenannte NoSQL-Ansätze (speziell dokumentenorientierte Datenbanken wie MongoDB oder Graphdatenbanken wie Neo4J). Es auch möglich, mehrere Datenbankparadigmen zu kombinieren, um auf diese Weise sogenannte *polyglot persistent architectures* zu schaffen, um beispielsweise zwei parallele Datenbanken mit jeweils einem relationalen Modell und einem NoSQL-Modell zu integrieren. Weiterhin setzen Anbieter im ERP-Bereich zunehmend auf Arbeitsspeicher-basierte Datenbanksysteme (*in-memory*). Eine In-Memory-Datenbank zeichnet sich durch einen schnelleren Zugriff auf die gespeicherten Daten aus.

In der mittleren Schicht, der *Applikationsschicht*, ist die Logik der ERP-Anwendung in der Form von Programmcode des Herstellers enthalten. Die in Software umgesetzte Programmlogik wird ausgeliefert als *Basisframework* (Funktionalität, die minimal notwendig ist) und funktionale *Erweiterungsmodule*, die zusammen das eigentliche „Produkt" des ERP-Herstellers bilden. Die ERP-Funktionalität ist in sogenannten *Business Objects* (vgl. Kapitel 3.3.2) gekapselt, die zum einen die Datenstrukturen der Anwenderorganisation (z. B. Produkt, Mitarbeitender) mit ihren möglichen Attributen und Beziehungen zwischen den Objekten enthalten. Zum anderen stellen sie die konkreten Funktionen zur Verfügung, die auf den Objekten ausgeführt werden können (z. B. Angebot erstellen). Komplementiert wird dieses Kernprodukt des ERP-Herstellers mit Serversoftware für den Betrieb des Gesamtsystems (z. B. Applikations- und Webserver). Große Softwarehersteller verfügen über spezialisierte Integrations- und Applikationsplattformen. Die ERP-Software von SAP läuft z. B. auf NetWeaver, der IBM-Applikationsserver heißt WebSphere. Auch Messagingserver (Mailserver, z. B. MS Exchange, HCL Domino, Open Xchange), EDI-Gateways und Dokumentenmanagementsysteme gehören zum Lieferumfang führender ERP-Systeme. Die Gesamtlösung besteht meist aus einer Kombination der Produkte des ERP-Herstellers und komplementärer Softwareprodukte spezialisierter Drittanbieter.

Auf der obersten Schicht, der Präsentationsschicht (oder Visualisierungsschicht im 4-Tier-Modell), ist die (oft rollenbasierte) Benutzeroberfläche (GUI) implementiert. Hier werden, je nach Alter der Applikation, proprietäre Fat Clients und/oder Rich Clients mitgeliefert. Einige Anwendungen sind auf die Nutzung von Thin Clients (reine Webbrowser) ausgelegt (so z. B. SaaS-Angebote, vgl. Kapitel 2.4). Auch mobile Endbenutzerschnittstellen für Tablet-Computer, Scanner oder Sprachsteuerungsgeräte werden für den mobilen Einsatz angeboten. Daneben bieten einige ERP-Systeme definierte Webservices für Fremdanwendungen, mit deren Hilfe Programmfunktionen auch von externen Applikationen aufgerufen werden können. Dies ermöglicht die Implementation von Service-orientierten Architekturen.

Die *Skalierbarkeit* (engl. scalability), also mit vielen Nutzern *performant* gleichzeitig auf einem System zu arbeiten und mit *wachsenden Nutzerzahlen und Datenmengen* umgehen zu können, bildet ein wichtiges Kriterium für BAS. Dies war traditionell eine Stärke führender ERP-Systemanbieter, die erfolgreich Weltkonzerne mit mehreren 100.000 Nutzern mit ihrer Software bedienen konnten. Allerdings mussten mit der Zeit immer mehr Funktionen in ERP-Systeme übernommen werden und die Datenmenge stieg signifikant an, so dass immer mehr Systemanbieter mit der Skalierbarkeit zu kämpfen hatten. So war es anfänglich für die SAP beim Entwickeln des SAP-Retail-Systems sehr schwierig, die anfallende Datenmenge des Handels im Vergleich zum originären SAP-Einsatz in industriellen Unternehmen, zu verarbeiten.

Historisch wurden BAS anfangs auf eigenen Servern lokal vor Ort betrieben. Aus den monolithischen Systemen der 1970er wurden insbesondere auch aufgrund der verbesserten Fähigkeit zu skalieren mit der Zeit mehrschichtige Architekturen. So konnten Datenbank, Applikationsserver und Präsentationsserver auf separaten Servern, anfangs echte Server und später virtuelle Maschinen (VM), betrieben werden, wodurch Ressourcen und damit die Auslastung auf die unterschiedliche Hardware verteilt werden konnte. Aufgrund der zunehmenden Bedeutung des Internets und steigenden Geschwindigkeiten, gewannen Softwarelösungen in der Cloud immer mehr an Bedeutung. Dabei wird insbesondere von neuen ERP-Systemen der Software-as-a-Service (SaaS, vgl. Kapitel 2.3) Ansatz verfolgt. ERP-Systeme werden dabei vermehrt als Mehr-Mandanten-Systeme (engl. Multi-Tenancy Systems), implementiert. Bei Multi-Tenancy-Architekturen versorgen Softwarebetreiber mehrere Kunden mit einer Installation gleichzeitig. Dadurch arbeiten unterschiedliche Unternehmen auf denselben Servern und oft, aber nicht immer, sogar auf denselben Datenbanken. Durch diese Betriebsform minimiert sich der Wartungsaufwand für die Betreiber, da nicht mehr mehrere Server betreut und gewartet werden müssen. Dabei erhöht sich erwartungsgemäß der Nutzungsgrad der Ressourcen für den Betreiber. Die Thematik der Skalierbarkeit kommt also auch im Kontext neuer Betreibermodelle zum Tragen. Bevor vermehrt auf Multi-Tenancy-Architekturen gesetzt wurde, konnte diese Thematik nur mit klassischer Virtualisierung adressiert werden. Zur technischen Umsetzung und Aufteilung der physischen Ressourcen wurde hier eine Software-Ebene zwischen Betriebssystem und VMs implementiert, der sog. Hypervisor (HY). Mit jeder VM ging dabei eine feste Ressourcenbindung und eine separate Installation eines Betriebssystems einher.

Die zunehmende Entwicklung von SaaS-Angeboten brachte zusätzliche Technologien hervor, die das Thema der Skalierung auf völlig neue Weise angehen. Sogenannte Container kapseln Software in wiederverwendbare Objekte, die variabel von Servern verwaltet werden können. Technologien wie Docker haben dieses Konzept inzwischen marktfähig gemacht.

Zu Verwaltung von Containern und der dynamischen Adressierung von Arbeitslasten kommen dabei eigene Virtualisierungswerkzeuge zum Container Management, wie Docker Swarm, Kubernetes oder Cloud Foundry, zum Einsatz. Diese ermöglichen eine Automatisierung von Tätigkeiten und bieten außerdem im Container-Kontext passende

Technische Integration

Softwareentwicklungs- und Test-Werkzeuge. Aufgrund ihrer vielfachen Vorteile wird die Container-Technologie zunehmend von BAS-Herstellern adaptiert und kommt insbesondere im Bereich von SaaS-Angeboten zum Einsatz. Abb. 2.8 zeigt die Entwicklung der Technologien.

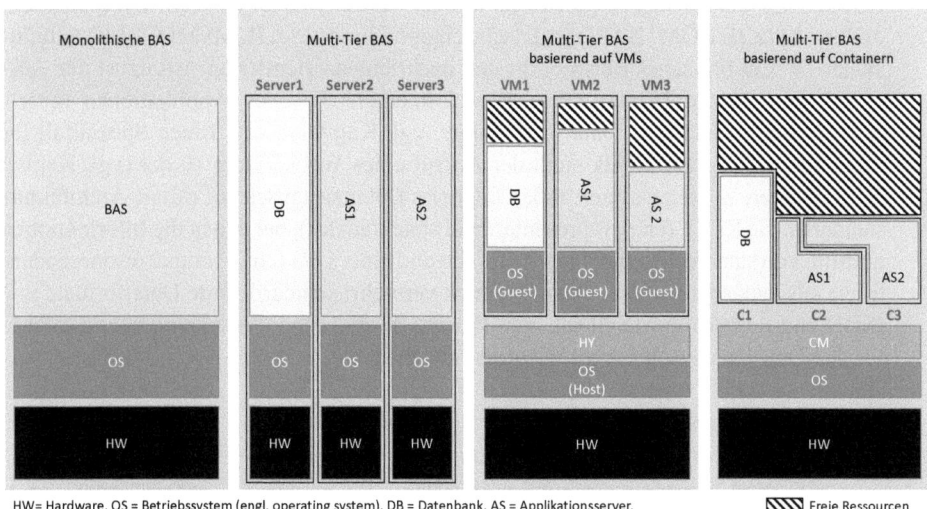

HW= Hardware, OS = Betriebssystem (engl. operating system), DB = Datenbank, AS = Applikationsserver, HY = Virtualisierungssoftware (engl. hypervisor), VM = Virtuelle Maschine, CM = Container Management

Abb. 2.8: Vergleich klassischer Architekturen und containerbasierter Topologie

2.3 Technische Integration

Die Integration (Verbindung) an sich unabhängiger BAS kann auf verschiedenen Ebenen erfolgen. Die Übergangsstelle wird als „*Schnittstelle*" (engl. interface) bezeichnet. Die Kopplung der Systeme kann auf verschiedenen technischen Ebenen erfolgen (Präsentation, Applikation und Daten). Wie in Abb. 2.9 skizziert, kann zwischen diesen Ebenen auch noch Middleware bei der Integration zum Einsatz kommen. Bei *Middleware* handelt es sich um Programme, die zwischen Anwendungen vermitteln und auf diese Weise die Komplexität dieser Anwendungen verbergen. Sie repräsentieren eine Diensteschicht oder Zwischenanwendung, die Softwareschnittstellen bzw. Dienste bereitstellt. Durch ihre Funktionalität unterstützen sie verteilte Systeme.

Die drei Integrationsebenen zeigen die folgenden Ausprägungen:

- Die *Präsentationsschicht* umfasst grafische Schnittstellen und Kommandozeilen-Schnittstellen. Eine ältere Methode für den Zugriff auf die GUI-Ebene ist das so genannte *Screen Scraping* ①, bei dem die Programmlogik eines Altsystems (engl. *legacy system*) für bestimmte Abfragen genutzt wird und anschließend Daten aus bestimmten Stellen der grafischen Ergebnisseite ausgelesen und an die aufrufende Applikation zurück übergeben werden. Mit diesem Trick kann man bewährte Anwendungen, bei denen man keinen Zugriff auf den Quellcode hat, in neuen Programmen weiter nutzen.

Die Integration von Inhalten mit Hilfe von *Content Syndication* ② funktioniert genau in die andere Richtung. Hier werden Inhalte aus den Datenbanken externer Content Provider (z. B. Wetterinformationen oder aktuelle Nachrichten) zusammengezogen und in eigene Webseiten integriert.

- Auf der *Applikationsebene* gibt es funktionsorientierte (z. B. RPC, RFC), methodenorientierte (z. B. COM, BAPI) und nachrichtenorientierte (z. B. MSMQ, ALE) Schnittstellen ③. Ein typisches Beispiel für den nachrichten-orientierten Ansatz ist der Austausch von standardisierten Geschäftsdokumenten zwischen Applikationen mittels *EDI* ⑤ (engl. Electronic Data Interchange, vgl. Kapitel 4.3.1). Einen Spezialfall für Zugriffe auf Programmlogik stellt der Aufruf eines Webservices ④ dar (vgl. Kapitel 2.1.3). Neuere Systeme setzen außerdem beim Datenaustausch auf offene Architekturstandards wie REST (engl. representational state transfer), bei denen die Informationen mithilfe von standardisierten http-Abfragen und einer URI (engl. unique resource identifier) ausgetauscht werden. Dazu kommen vermehrt standardisierte Dateiformate wie JSON und Protokolle wie OData zum Einsatz. Web-Technologien sind über die Jahre für den Datenaustausch immer wichtiger geworden.

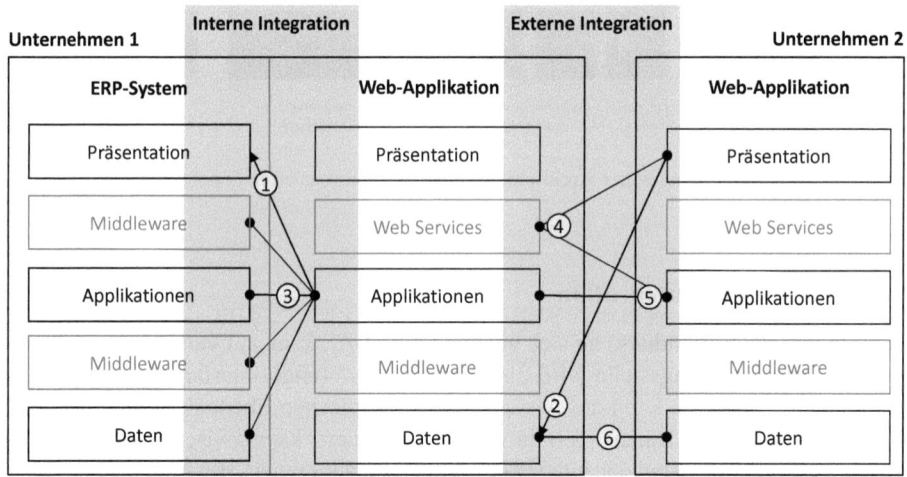

Präsentationsebene: ① Screen Scraping, ② Content Syndication
Applikationsebene: ③ Funktionen/Methoden/Nachrichten, ④ Web Service, ⑤ EDI
Datenebene: ⑥ Replikation

Abb. 2.9: Möglichkeiten der technischen Integration

- Auf *Datenebene* besteht die Möglichkeit für einen Austausch zwischen Datenbanken oder Dateien. Dieser kann synchron (zeitgleich) oder asynchron (zeitversetzt) erfolgen. Bei einem *asynchronen Abgleich* von Datenbeständen, z. B. für den Austausch von Produkt- und Bestelldaten zwischen einem Online-Shop und dem internen ERP-System funktioniert die technische Integration z. B. in Batchläufen (Stapelverarbeitung, läuft automatisiert im Hintergrund ab) oder per Datentransfer. Ein Spezialbegriff, der von der Firma Lotus in den 90er Jahren in ihrem Groupwareprodukt Lotus Notes geprägt wurde, ist die „Replikation" ⑥, bei der verteilte Kopien (Repliken) einer Datenbank durch einen zeit- oder User-gesteuerten Abgleich auf den gleichen Stand gebracht werden.

2.4 Betriebsmodelle

Für den Betrieb (Unterhalt) eines ERP-Systems gibt es verschiedene Möglichkeiten, je nachdem, wo die Hardware *physisch angesiedelt* ist und *welche Partei* sie betreut. Im Falle der physischen Lokation auf dem Gelände (engl. *premises*) des Anwenderunternehmens spricht man von „*on-premises*". Eine Auslagerung der Hardware an einen externen Ort müsste dann analog als „*off-premises*" bezeichnet werden; der Begriff findet in der Praxis aber keine Verwendung, da sich hier der neuere Begriff des Cloud Computing durchgesetzt hat. On-/off-premises ist lediglich ein Indikator für den Betriebs*ort*, gibt aber noch keinen Aufschluss darüber, wem die Hardware gehört und wer sie betreut. Bezüglich der Betreuung und Wartung gibt es drei wesentliche Formen: Eigenbetrieb, Fremdbetrieb und verschiedene Arten von Cloud Services, von denen im Folgenden einige beschrieben werden.

Eigenbetrieb von Hardware on-premises

Unternehmen, die über eine eigene IT-Abteilung bzw. entsprechend qualifiziertes Personal verfügen, haben die Option, ihre ERP-Systeme auf eigener Hardware auf ihrem eigenen Gelände selbst zu betreiben. Bei diesem Szenario spricht man von Eigenbetrieb, der in der Regel „on-premises" (also in den eigenen Räumlichkeiten) stattfindet, wodurch die beiden Begriffe in der Praxis annähernd synonym verstanden werden. Bei dieser Betriebsform kann es vorkommen, dass Teile der Wartung (inkl. Backups, Server Management) von einem externen Dienstleister (Service Provider) über einen entfernten Zugriff (*Remote Access*) als Fremdwartung durchgeführt werden.

Die Konsequenzen eines Eigenbetriebs on-premises sind die folgenden:

Das Unternehmen verfügt über seine eigene Hard- und ggf. auch selbstentwickelte Software. Die liquiditätswirksam selbst angeschaffte IT-Infrastruktur (Capex, vgl. Kapitel 2.5) muss selbstverantwortlich von internem (oder extern angemietetem) Personal betreut werden. Entsprechend sind spezialisierte Mitarbeitende für diese Infrastrukturaufgaben einzustellen und zu schulen. Im Falle von Technologiewechseln müssen weitere Investitionen getätigt werden. Das Risiko von Hardwaredefekten sowie die Verantwortung für Ausfallsicherheit, Backups, Zugangsschutz, Wartung des Systems inkl. Updates etc. liegen beim Anwenderunternehmen. Die erzielte Reaktionszeit bei Ausfällen liegt in der eigenen Hand.

Fremdbetrieb (off-premises)

Es gibt verschiedene Formen von IT-Dienstleistungen für den *externen* Betrieb von Hard- und Software. Ein Unternehmen kann z. B. seine Hard- und Software selbst anschaffen und die selbst angeschaffte (eigene) Hardware in einem externen Rechenzentrum (engl. Data Center) einstellen und von einem Dienstleister verwalten lassen. Stellt man nur die Hardware ein und verwaltet diese (remote) selbst, spricht man von *Server Housing*, *Server Homing* oder *Colocation*. Übernimmt der Dienstleister zusätzlich die Verwaltung der Software spricht man von *Server Hosting*. Der Dienstleister sorgt für die Stromversorgung, den Netzwerkanschluss und führt lokale Wartungsarbeiten durch. Die Mitarbeitenden des Anwenderunternehmens greifen über entsprechende Breitbandverbindungen auf die Applikationen des Servers zu.

Derart spezialisierte Rechenzentren (engl. Colocation Data Center) werden zum Beispiel von Internet Service Providern (ISP) betrieben, die ohnehin über die notwendige Infrastruktur verfügen. Dies umfasst die Fläche zum Aufstellen von Fremdservern auf sogenannten „Racks" sowie eine gesicherte Stromversorgung, eine angemessene Klimatisierung und einen stabilen Internetzugang.

Vor allem kleinere Unternehmen wählen häufig eine Form des IT-Outsourcings, bei der nicht nur die benötigte Infrastruktur bei einem spezialisierten Dienstleister steht und von diesem betreut wird, sondern auch die Anwendungssoftware vom Dienstleister betrieben wird, das sogenannte Application Service Providing.

Application Service Providing bezeichnet die Zurverfügungstellung einer Anwendungssoftware als Dienstleistung, die von einem spezialisierten IT-Dienstleister erbracht wird. Beinhaltete Leistungen sind die Aufrechterhaltung der Betriebsbereitschaft des Systems inklusive der Datensicherung, dem Einspielen von Patches und Updates sowie einer Hotline (Benutzerbetreuung).

Anbieter solcher Services heißen Application Service Provider (ASP).

Ein *Application Service Provider (ASP)* ist ein *IT-Dienstleister*, der einem Kunden eine Anwendung über eine Netzwerkverbindung (i. d. R. eine geschützte Internetverbindung) zur Verfügung stellt.

Die Konsequenzen eines Fremdbetriebs (off-premises) sind die folgenden:

Im Falle eines Fremdbetriebs ist es denkbar, dass die Hard- und Software des Anwendungssystems nicht von der Nutzerfirma gekauft, sondern lediglich für die Nutzung „angemietet" wird (Opex, vgl. Kapitel 2.5). Damit fallen für die Beschaffung von Informationstechnologie beim Kunden keine hohen Einmalkosten (Investitionskosten) an, sondern das Unternehmen hat regelmäßige, vertragsbasierte und damit fest kalkulierbare Aufwandskosten (Miet- oder Leasingkosten) während der Nutzungszeit. Der Dienstleister hat in diesem Fall die Verantwortung für das gesamte System und trägt das Risiko für Hardwaredefekte und unvorhergesehene Störungen. Die Reaktionszeiten im Fall eines Ausfalls *(down time)* werden in sogenannten Service Level Agreements (SLAs) geregelt (vgl. Kapitel 6.6). Der Fremdbetrieb bringt allerdings auch die typischen Nachteile des Outsourcings mit sich: Das Anwenderunternehmen (Outsourcingnehmer) begibt sich in eine Abhängigkeit vom Dienstleister (Outsourcinggeber). Es wird kein eigenes Know-how über

Betriebsmodelle 53

den Betrieb des Systems im Unternehmen vorgehalten. Ein Wechsel auf einen anderen Anbieter ist i. d. R. nicht ohne weiteres möglich.

Cloud Services

Das sogenannte Cloud Computing ist eine neuere Form des IT-Outsourcings, bei dem die Soft- und Hardwareinfrastruktur nicht explizit von einem Anwenderunternehmen angeschafft wird und auch nicht dediziert einem Kunden zugewiesen ist, sondern gemeinsam mit anderen Unternehmen genutzt wird (Multi-Tenancy, vgl. Kapitel 2.2). Abb. 2.10 zeigt einen Überblick über verschiedene Arten von Cloud Services, die sich abhängig von den Bedürfnissen des Anwenders in *Infrastruktur* (IaaS), *Plattform* (PaaS) und *Software* (SaaS) unterteilen lassen. Die drei Formen sind unabhängig voneinander nutzbar (d. h. sie bedingen sich nicht gegenseitig und bauen auch nicht aufeinander auf).

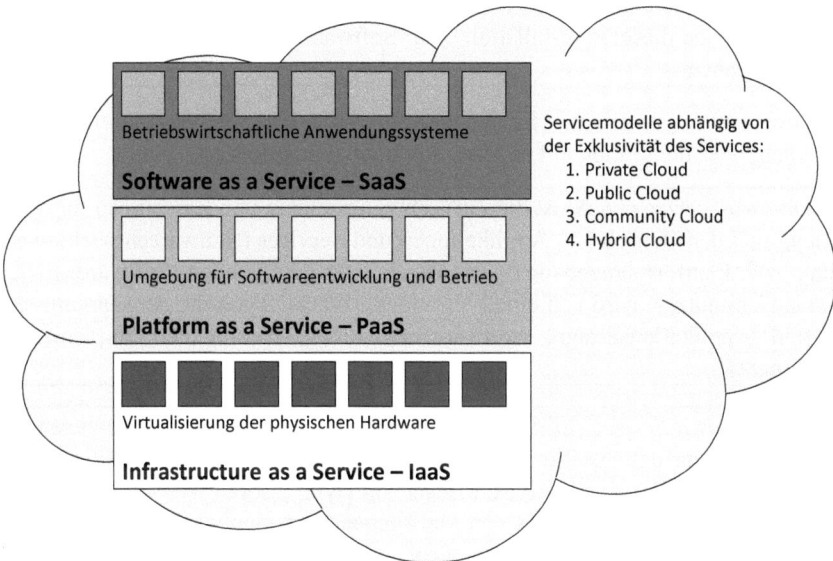

Abb. 2.10: Die drei Arten des Cloud Computing

Cloud Computing bezeichnet den Betrieb von Infrastruktur, Plattform und Anwendungssoftware in einer virtualisierten Umgebung, deren Komponenten über das Internet genutzt werden können. Das Wort „Cloud" (Wolke) signalisiert, dass die Leistung angeboten wird, ohne dass der Kunde weiß, auf welcher Infrastruktur diese Leistungen physisch erbracht werden.

Als *Virtualisierung* wird die Aufteilung eines oder mehrerer leistungsstarker Server in virtuelle Computer verstanden, um das Leistungspotenzial der physischen Hardware besser nutzen zu können. Diese Form der Nutzung ist unabhängig vom eingesetzten ERP-System – vorausgesetzt, dass dieses in der zur Verfügung gestellten, virtualisierten Umgebung lauffähig ist.

Der Begriff „Cloud" ist im Prinzip unglücklich gewählt, da die „nebulöse" Suggestion diese Leistungen nicht gerade vertrauenswürdig erscheinen lässt. Der physische Standort der Infrastruktur und die Übertragungswege werden in der Regel in Cloud-Service-Verträgen genau festgelegt. Gerade deutsche Unternehmen waren seit den frühen Formen von Cloud Computing darauf bedacht, dass ihre kritischen Unternehmensdaten das deutsche Hoheitsgebiet weder bei der Übertragung noch bei der Speicherung verlassen. Durch die Einführung der Datenschutz-Grundverordnung (DSGVO) und der damit einhergehenden Harmonisierung des Europäischen Datenschutzrechts ist inzwischen ein Europäischer Standort für viele Unternehmen ebenfalls legitim.

Die folgenden Cloud-Leistungen werden unterschieden:

Software-as-a-Service (SaaS) ist die Zurverfügungstellung einer Applikation, die von einem Provider (off-premises) gehostet wird und auf die der Kunde über das Internet zugreift. SaaS basiert immer auf einem Mehrmandantensystem (Multi-Tenancy), bei dem viele Kunden dieselbe Installation einer Software benutzen und ihre privaten Datenbereiche haben.

SaaS ist besonders gut geeignet für Standardsoftware, die keine umfangreiche Individualanpassung oder Integration mit anderen Applikationen erfordert.

Platform-as-a-Service (PaaS) ist die Zurverfügungstellung von Ressourcen für die Entwicklung und den Betrieb von Applikationen und Services (Softwareentwicklungsumgebung bzw. Plattformumgebung). Das Angebot für den Kunden (Softwareentwickler bzw. Plattformnutzer) wird von einem Provider erbracht. Typische Anwendungsszenarien sind Applikationsdesign, Softwareentwicklung, Testen und Implementation (Deployment).

Infrastructure-as-a-Service (IaaS) (auch synonym Hardware-as-a-Service genannt) bezeichnet die Zurverfügungstellung von *dedizierter Hardware* (Bare-Metal-Server), Infrastruktur für *virtuelle Maschinen* (auf Basis von Hypervisoren wie VMware oder Hyper-V) oder *Containern* (auf Basis von Managementsystemen wie Docker oder Kubernetes) von einem Provider für einen Kunden.

In diesem Modell ist es auch möglich, dass viele Kunden dieselbe Hardware (CPU- und Hauptspeicher, Festplattenspeicher, Netzwerkkomponenten) gemeinsam in der virtuellen Infrastruktur nutzen (Multi-Tenancy, vgl. Kapitel 2.2), was die Bereitstellung effizient und günstig macht.

Die Konsequenzen der Nutzung von Cloud Computing sind die folgenden:

Für den Bezug von ERP-Systemen eignen sich die erste und die dritte Form des Cloud Computing: Infrastructure-as-a-Service (IaaS) und Software-as-a-Service (SaaS).

Im Fall der Nutzung eines Infrastrukturservices *(IaaS)* nutzt ein Anwenderunternehmen lediglich die Hardware und die Virtualisierungslösung eines Cloud-Providers für den Betrieb des ERP-Systems. Die Kosten für die Cloud-Leistung fallen dann für die Nutzung von (flexibel skalierbaren) virtuellen Maschinen (VMs mit CPU, RAM und Festplattenspeicher), virtueller Netzwerktechnik, Betrieb, Backup und den Netzwerkverkehr an.

Bei der Variante eines Softwareservices *(SaaS)* wird das ERP-System spezifisch für den Cloud Service entwickelt und erlaubt die Einrichtung von unabhängigen Mandanten auf derselben Softwareinstanz (Multi-Tenant). In einem Multi-Tenant-SaaS-Modell teilen sich viele Anwender bzw. Anwenderunternehmen dieselbe physische Installation einer Software. SaaS-Systeme werden in der Regel über Webbrowser (Thin Clients, vgl. Kapitel 2) zur Verfügung gestellt. Dies führte in der Vergangenheit zu besonderen Herausforderungen bei der Ansteuerung lokaler Komponenten (z. B. lokaler Drucker) und bei der Integration mit Drittapplikationen (z. B. einem POS-Terminal oder einer Applikation zur Zeiterfassung). Für eine höhere Betriebsgebühr ist oft auch der Betrieb als Single-Tenant-SaaS möglich, wenn die Sicherheitsanforderungen des Anwenderunternehmens eine Vermischung von Daten verschiedener Kunden auf einem System ausschließen.

Für beide Formen ist eine ständig verfügbare, performante Verbindung (meist über das Internet) notwendig. Es gibt keine Möglichkeit, die SaaS-Applikation offline zu betreiben. Während beim ASP-Modell in der Regel bei einem Anbieterwechsel zumindest das „eigene" ERP-System und die darunter liegenden Datenbank zum neuen Provider portierbar sind, ist dies beim SaaS-Modell nicht möglich. Der Wechsel des Anbieters kommt einer Migration auf ein neues ERP-System gleich, was bedeutet, dass die Daten manuell exportiert und (nach Transformation in das Zielformat) in das neue System importiert werden müssen.

Faktoren für den Entscheid für eine bestimmte Betriebsform

Letztlich hängt der Entscheid für eine bestimmte Betriebsform von verschiedenen Faktoren ab. *Große Unternehmen* mit eigenen IT-Abteilungen sind in der Lage, das ERP-System selbst (on-premises) zu betreiben. Diesen Unternehmen stellt sich ggf. noch die Frage, ob die darunter liegende Hardware als Cloud Service „angemietet" werden soll, um den ständigen Technologieentwicklungen nicht durch permanente Investitionen begegnen zu müssen. Ein großes Unternehmen wird aber in der Regel bei einer solch zentralen Applikation wie dem ERP-System seine Unabhängigkeit von einem Provider wahren wollen.

Kleinere Unternehmen haben häufig keine andere Wahl als den Betrieb in die Hände eines Providers zu geben. Hier ist die Frage, ob sie sich vollkommen in die Hand eines SaaS-Anbieters begeben oder auf ein ASP-Angebot zurückgreifen, das zumindest noch die Möglichkeiten für einen Providerwechsel bietet. Ein Entscheid für SaaS ist auch gleichzeitig ein Entscheid für ein bestimmtes ERP-System. Aber auch im Bereich ASP muss der Provider Spezial-Know-how für das gewünschte ERP-System mitbringen. Insofern kauft man Provider und System in der Regel als untrennbares „Paket".

Aufgrund der Wichtigkeit und der Komplexität eines ERP-Systems sind die Betriebsmodelle „on-premises" (Eigenbetrieb) und „Server Hosting" stark verbreitet. Die Akzeptanz von IT-Outsourcing ist steigend, und es bleibt abzuwarten, ob sich das Outsourcing von ERP-Systemen zunehmend zu ASP entwickeln wird oder ob es sich (zumindest bei großen Unternehmen) auf ein reines Hardware-Outsourcing (IaaS) beschränken wird.

2.5 IT Service Delivery Model: (Weiter-)Entwicklung von BAS

ERP-Systeme sind der Kern moderner BAS-Landschaften. Sie enthalten in ihren Stamm- und Bewegungsdaten die wesentlichen Informationen zu den Geschäftsobjekten und Aktivitäten eines Unternehmens. Aber das ERP-System ist immer nur ein System unter vielen. Die komplexen Anwendungslandschaften großer Unternehmen umfassen meist *mehrere hundert* verschiedener Anwendungssysteme, von denen die wichtigsten Systeme über Schnittstellen miteinander verbunden sind. Die Anforderungen der Benutzer an die Funktionalität und Auskunftsfähigkeit der Systeme ändern sich laufend. Neue technologische Möglichkeiten ermöglichen laufend verbesserte Funktionalität. Neue Standardsoftware kommt auf den Markt, die in die existierende Landschaft eingebettet werden muss. Veränderte Abläufe in den Geschäftsprozessen führen zu neuen Anforderungen.

Die IT-Abteilung sieht sich in diesem Umfeld ständigen Wünschen nach Verbesserungen, Erweiterungen und Anpassungen ausgesetzt. Der Unternehmensbereich, der für die Bereitstellung der passenden IT-Lösungen verantwortlich ist, hat in der Praxis viele verschiedene Namen. Der einfachste davon ist *"die IT-Abteilung"*. Synonyme Begriffe für diese Abteilung sind Informationstechnologie (IT), Elektronische Datenverarbeitung (EDV), IT-Management, IT-Organisation, IT-Service-Management, u.v.m. Ähnlich wie bei der Wahl des richtigen Betriebsmodells, muss jedes Unternehmen für sich selbst definieren, wie groß die IT-Abteilung sein soll, oder anders gesagt, wie viel IT das Unternehmen „selbst macht" und wie viel über Dienstleister bezogen werden soll. Die meisten größeren Unternehmen verfolgen hybride Ansätze, bei denen eine Basiscrew die IT-Projekte intern verantwortet und Dienstleistungen (speziell Programmierung und Betrieb) fremdvergeben werden. Die internen Mitarbeitenden fungieren dann primär als Schnittstelle zwischen den Fachabteilungen und externen Dienstleistern und übernehmen hauptsächlich Aufgaben im Projektmanagement.

Im Zuge der zunehmenden Aufgabenteilung zwischen verschiedenen externen und internen Parteien entstanden Orientierungshilfen wie z. B. ITIL oder PRINCE2.

> *ITIL (Information Technology Infrastructure Library)* bietet eine Sammlung vordefinierter Prozesse, Funktionen und Rollen, wie sie typischerweise in jeder IT-Infrastruktur mittlerer und großer Unternehmen vorkommen. Dieser Referenzrahmen hilft Unternehmen, die Aufgabenbereiche zu identifizieren und klare Abgrenzungen und Definitionen für Verantwortlichkeiten von internen Mitarbeitenden und beauftragten Dienstleistern festzuhalten.

> Die *Projektmanagementmethode PRINCE2* (**Pr**ojects **in** **C**ontrolled **E**nvironments) liefert einen strukturierten Rahmen für Projekte und gibt den Mitgliedern des Projektmanagementteams anhand des Prozessmodells konkrete Handlungsempfehlungen für jede Projektphase.

Beide Methoden helfen, den komplexen Bereich des IT-Managements zu strukturieren und damit beherrschbar zu machen. Durch ihre Verbreitung in vielen Unternehmen erleichtern sie auch die Zusammenarbeit von unternehmensübergreifenden Projektteams (wie im Falle eines Auftraggebers und eines externen IT-Dienstleisters).

IT Service Delivery Model: (Weiter-)Entwicklung von BAS

Abb. 2.11 zeigt vier wesentliche Aufgabenbereiche der IT-Abteilung. Im *Anforderungsmanagement* identifizieren die internen IT-Mitarbeitenden neue oder geänderte Anforderungen an die IT in enger Zusammenarbeit mit den eigentlichen Anwendern in den Fachabteilungen. Diejenigen Anforderungen, die zur Umsetzung freigegeben werden, werden anschließend im Rahmen der *„Softwarebeschaffung"* entweder intern oder extern neu entwickelt, als existierendes Standardprodukt gekauft oder für den Betrieb gemietet. Jede neue Softwarekomponente durchläuft einen Prozess der *„Integration"*, im Zuge dessen sie in die bestehende IT-Landschaft eingebettet wird. Häufig müssen hierfür spezielle (technische) Schnittstellen zu bestehenden Systemen entwickelt oder angepasst werden (vgl. Kapitel 1.4.2 *Formen und Reichweite der Integration von BAS* und Kapitel 2.3 *Technische Integration*).

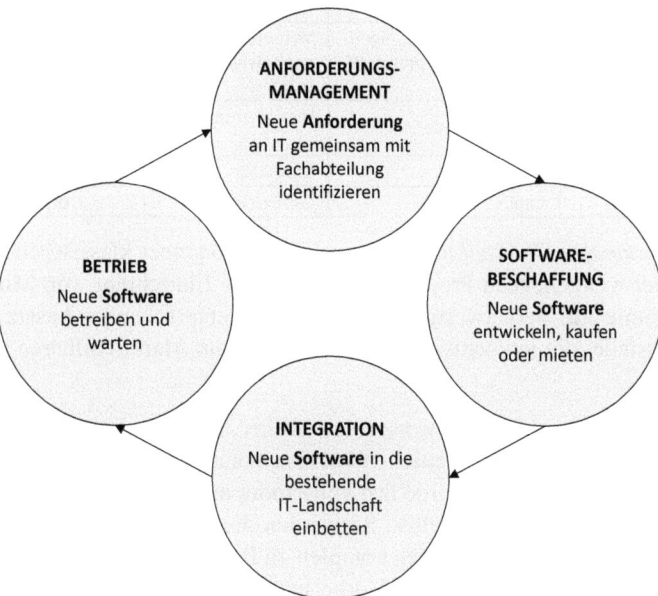

Abb. 2.11: Aufgaben der IT-Abteilung

Der eigentliche *„Betrieb"* kann entweder von internem Personal sichergestellt werden oder es kann ein sogenannter „Managed-Services-Ansatz" gewählt werden, bei dem bestimmte Aufgaben im IT-Management dauerhaft an ein externes Unternehmen (Managed Services Provider) vergeben werden.

> Ein *Managed Services Provider (MSP)* (deutsch: Betreiberlösungsanbieter oder Betreibermodellanbieter) ist ein IT-Dienstleister, der die Bereitstellung einer definierten Reihe von Dienstleistungen für seine Kunden übernimmt und verwaltet. Die Beauftragung von MSPs reduziert den Bedarf an internen Mitarbeitenden in der IT-Abteilung.

Um den wachsenden (technischen und funktionalen) Anforderungen gerecht zu werden, haben sich die Methoden und Prozesse im IT-Management in den letzten 20 Jahren deutlich verändert. Die organisationale Struktur der IT-Abteilung und ihrer Arbeitsweisen, die

Organisation des Entwicklungsprozesses von Software (Programmierung), die Architektur der Systemlandschaft, die Einstellung zur Quelle und zu Eigentumsverhältnissen von Software (Stichwort: Open Source), die Erneuerungszyklen und der letztliche Betrieb der Software haben sich fundamental gewandelt. Tab. 2.2 zeigt die genannten Aspekte mit ihren Veränderungen.

Tab. 2.2: IT Service Delivery Model: Veränderung im IT-Management über die Zeit

Aspekt	Von gestern…	… über heute …	… zu morgen
Organisation	Linienorganisation	Projektorganisation	Mini-Team-Organisation
Softwareentwicklungsprozess	Wasserfallmodell	Agile Entwicklung (SCRUM)	DevOps
Architektur von BAS	Monolithisch	N-Tier	Microservices
Betrieb	Physische Server, eigenbetrieben, on-premises	Virtualisierte Server, eigenbetrieben oder gehostet	Hybride Multi-Cloud
Eigentumsverhältnisse	Proprietär	Hybrid proprietär/FOSS	Abhängig vom Betriebsmodell
Erneuerungszyklen	Mehrjährig	Monatlich	Kontinuierlich
Finanzierungform	CapEx	CapEx/OpEx	OpEx

Die *Organisation der IT-Abteilung* entwickelte sich von einer klassischen Linienorganisation zu einer weitgehenden Projektorganisation. Die Einrichtung von Mini-Teams mit hoher Autonomie und Verantwortung sind ein erfolgversprechender Ansatz vor allem für Unternehmensteile, die innovative Geschäftsmodelle am Markt einführen (z. B. REWE-Digital).

Der *Entwicklungsprozess für Software* folgte früher dem klassischen Wasserfallmodell, bei dem Software in einem sequentiellen Prozess in aufeinanderfolgenden Phasen entwickelt wurde. Dieses Vorgehen wurde fast vollständig durch agile Vorgehensmodelle (das bekannteste davon SCRUM) abgelöst. So werden die Anforderungen nicht mehr in der Form von Lasten- und Pflichtenheften komplett zu Beginn des Projekts definiert, sondern es wird ein inkrementelles, iteratives Vorgehen gewählt, bei dem die Erkenntnisse aus jedem Zyklus in die Planung des nächsten einfließen. DevOps (**Deve**lopment + **Op**eration**s**) ist eine Weiterführung des agilen Ansatzes, der die Teams aus Entwicklung und Betrieb zusammenbringt, um die zu erstellende Software schon in der Konzeption bestmöglich auf die Zielumgebung abzustimmen.

Wie in Kapitel 2.1 zu *Architekturformen* ausgeführt, kann eine zunehmende Modularisierung von Software beobachtet werden. Technologische Innovationen erlauben inzwischen die Realisierung von Microservices, bei denen komplexe Anwendungssoftware aus unabhängigen Komponenten (Diensten) zusammengesetzt wird. Microservices kommunizieren über sprachunabhängige Programmierschnittstellen, wodurch verschiedene Technologien miteinander kombiniert werden können. Während die in Kapitel 2.1 beschriebenen Webservices ein Integrationsansatz sind und vor allem eingesetzt werden, um die Funktionalität einer Software für andere Systeme über eine Schnittstelle (API) zur Verfügung zu stellen, dienen Microservices der Modularisierung (Aufteilung) eines komplexen Softwaresystems in beherrschbare Komponenten. Beide Ansätze stellen kapselbare Geschäftsfunktionen zur Verfügung (z. B. *Rechnungsdaten anzeigen*).

Der *Betrieb* der ersten Standard-ERP-Systeme begann on-premises auf dedizierten physischen Servern. Die Virtualisierung erlaubt heute eine effiziente Nutzung von Hardware. Langfristig werden Unternehmen auf hybride Multi-Cloud-Umgebungen setzen, in denen Applikationen je nach Anforderungen (z. B. an Verfügbarkeit, Sicherheit, Vertraulichkeit) in-house oder extern von spezialisierten Anbietern betrieben werden.

Auch die *Eigentumsverhältnisse* von Software haben sich über die Jahrzehnte stark verändert. Kommerzielle Standardsoftware war zunächst proprietär (urheberrechtlich geschützt), d. h. sie gehörte einem bestimmten Anwenderunternehmen bzw. wurde von spezialisierten Softwareherstellern gegen Lizenzkosten für Kunden zur Verfügung gestellt. Demgegenüber propagiert die Freie-Software-Bewegung die Schaffung von kostenloser Software (engl. Open Source). Der Begriff FOSS (engl. Free and Open Source Software) beschreibt Softwareprogramme, Formate und Protokolle, die veröffentlicht werden und kostenlos genutzt werden können. Das bekannteste Produkt in diesem Bereich ist das modulare Betriebssystem Linux, dessen Kernel kostenlos nutzbar ist und das von Softwareentwicklern auf der ganzen Welt in ihre eigenen, kommerziellen Versionen weiterentwickelt wird. Hinter FOSS steckt ein ausgeklügeltes Lizenzierungskonzept, das es erlaubt, frei verfügbare Komponenten zu nutzen und in kommerzielle Produkte einzubauen. So haben auch die meisten ERP-Systeme heute FOSS-Komponenten in ihrem Softwarestack (z. B. im Hypervisor, Betriebssystem, Datenbank, Webserver, Mailserver oder Webclient). Im Hinblick auf die bereits beschriebenen IT-Trends in Richtung Mini-Teams, DevOps und Microservices ist zu erwarten, dass der Softwareentwicklungsprozess noch stärker in Richtung „kollaborative FOSS-Entwicklung" gehen wird, bei der verschiedene interne und externe Parteien Open- und Closed-Source-Software für die Gesamtlösung eines Unternehmens gemeinsam entwickeln werden. Das bedeutet nicht, dass Software gratis wird, sondern es wird eine Verlagerung auf *vergütete Aufträge und Dienstleistungen* stattfinden. Ja nach Kombination von Lizenztyp (proprietär/FOSS) und Betriebsmodell (on-premises/off-premises/Cloud) können sich komplexe Eigentumsverhältnisse und darauf abgestimmte Vergütungsmodelle ergeben.

Analog werden sich die *Erneuerungszyklen* für BAS weiter verkürzen. Um die Jahrtausendwende konnte man noch damit rechnen, dass ein ERP-System nach der Einführung für ca. 15-20 Jahre (mit kleineren Updates) in Betrieb sein würde. Inzwischen ändern sich die Anforderungen und die eingesetzten Technologien zu deren Erfüllung derart häufig, dass IT-Abteilungen monatliche und demnächst kontinuierliche Updates und Migrationen zu neuen Versionen unterstützen müssen. Dies ist durch den hohen Grad der Modularisierung (Microservices) und neue Virtualisierungslösungen (z. B. Docker) inzwischen technisch möglich.

Auch die *Finanzierungsform* hat sich über die Jahre gewandelt. Während Hard- und Software für große BAS in der Vergangenheit meist „gekauft" wurde und damit eine *Investition* (engl. Capital Expenditures, CapEx) darstellte, ist mit den neuen Betriebsformen ein Wandel zu „Mietmodellen" als *Betriebsausgaben* (Operating Expenses, OpEx) erfolgt.

2.6 Lernkontrollfragen

1. Aus welchen logischen Schichten besteht ein ERP-System? Wie lässt sich die Architektur eines ERP-Systems abstrakt darstellen?
2. Welche drei Architekturformen von ERP-Systemen kennen Sie?
3. Nennen Sie zwei Vorteile „neuerer" ERP-Systemarchitekturen.
4. Welche drei Typen von „Clients" kennen Sie und wie sind diese charakterisiert (Hinweis: Aufteilung zwischen den drei Schichten)?
5. Beschreiben Sie die generische Architektur eines ERP-Systems? Aus welchen Komponenten besteht eine solche Standardsoftware typischerweise?
6. Was ist ein Webservice? Was ist ein Microservice?
7. Erklären Sie verschiedene Möglichkeiten für den Betrieb eines ERP-Systems.
8. Erklären Sie das Akronym „ASP".
9. Welche drei Formen des Cloud Computing kennen Sie? Welche dieser Form(en) ist/sind, unter bestimmten Bedingungen, für den Betrieb eines ERP-Systems denkbar?
10. Welche Faktoren bestimmen den Entscheid für ein bestimmtes Betriebsmodell?
11. Identifizieren Sie Vor- und Nachteile von Betriebsformen für ERP-Systeme.
12. Welche Aspekte bestimmen das IT Service Delivery Model eines Unternehmens?
13. Was sind ITIL und PRINCE2 und welchen Nutzen haben diese Methoden?
14. Beschreiben Sie vier klassische Aufgaben der IT-Abteilung.
15. Wie hat sich die Organisation der IT-Abteilung über die Zeit verändert?
16. Wie hat sich der Softwareentwicklungsprozess über die Zeit verändert?
17. Wie hat sich die Architektur von BAS über die Zeit verändert?
18. Wie hat sich der Betrieb von BAS über die Zeit verändert?
19. Wie haben sich die Eigentumsverhältnisse von Software über die Zeit verändert?
20. Wie haben sich die Erneuerungszyklen von BAS über die Zeit verändert?

3 Prozessorientierte Betrachtung von BAS

Das folgende Kapitel gibt eine Einführung in die prozessorientierte Sichtweise auf ERP-Systeme. In der Organisationslehre wird klassischerweise zwischen Aufbau- und Ablauforganisation unterschieden. Die *Aufbauorganisation* eines Unternehmens beschreibt funktionale Bereiche und ihre Darstellung erfolgt typischerweise in Strukturdiagrammen (z. B. Organigramme) oder Matrizen. Die *Ablauforganisation* beschreibt Sequenzen von Aktivitäten oder Daten, die in der Form von Prozess- oder Flussdiagrammen illustriert werden.

Der folgende Abschnitt erläutert grundlegende Fragestellungen wie die Abbildung von Organisationsstrukturen (Aufbau und Ablauf) und verschiedene Arten von Daten und funktionalen Modulen. Der Auftragsabwicklungsprozess (das zentrale Thema von Kapitel 4) wird eingeführt. ERP-Systeme müssen Anforderungen an unterschiedlichste Formen der Auftragsabwicklung erfüllen. Ihr Funktionsumfang ist abhängig von der Art der Wertschöpfung (z. B. Fertigung, Handel oder Dienstleistung) und deren konkrete Ausgestaltung (beim Produktionsprozess z. B. Unterschiede zwischen diskreter und prozessorientierter Fertigung). Am Ende des Kapitels wird die Fallstudie Küchenland vorgestellt, die im Kapitel 4 zur Illustration der Prozessschritte dient.

3.1 Aufbauorganisation im ERP-System

Unternehmen sind je nach Ausrichtung und historischer Entwicklung unterschiedlich aufgebaut und strukturiert. Aus diesem Grund ist die Abbildung der unternehmensinternen und -übergreifenden Organisationsstrukturen ein wichtiger Aspekt und die korrekte Darstellung und Umsetzung dieser Vorgaben eine zentrale Funktion eines ERP-Systems. Ausgehend vom Gesamtunternehmen sind einzelne Tochtergesellschaften, Franchise- oder Partnerunternehmen, einzelne Organisationseinheiten und Logistikstrukturen und vieles mehr zu berücksichtigen.

Rechtlich gesehen lässt sich das Unternehmen durch die Rechtsform- und Inhaberstrukturen definieren. Die Strukturierung erfolgt u. a. nach rechtlichen Einheiten, einzelnen Betriebsstätten, Regionalgesellschaften oder Filialen. Zu dieser rechtlichen Organisationsperspektive kommen verschiedene funktionale Perspektiven: Aus *Logistik*-Perspektive werden u. a. Lager, Lagerorte oder Ladebereiche betrachtet. Es kann dabei eine einfache

Zuordnung von einem Lager (logistische Betrachtung) zu genau einem Unternehmen (rechtliche Betrachtung) geben. Häufig sind Zuordnungen jedoch deutlich komplexer, da z. B. Zentrallager *mehrere* Regionalgesellschaften bedienen. Die *Absatz*-Perspektive (Kundenseite) beschreibt Absatzorganisationen, Vertriebslinien oder Vertriebsgruppen. Hierzu existiert häufig eine spiegelbildliche *Beschaffungs*-Perspektive (Lieferantenseite) mit analogen Organisationseinheiten (vgl. Begriffssystematik Abb. 1.1 in Kapitel 1.2).

Neben der *funktionalen* und *rechtlichen* Perspektive kann es diverse *organisationale* Strukturen für einzelne Objektbereiche im ERP-System geben. Vor allem die Artikel-Perspektive sei an dieser Stelle zu nennen, da hierbei Artikel nach Sortiment, Warengruppen und Artikelgruppierungen strukturiert werden. Auf diese Weise stehen die Artikeldaten in variierenden Strukturierungsformen für unterschiedliche Einsatzzwecke zur Verfügung, z. B. für Einkaufsentscheidungen, Artikellistungen oder Deckungsbeitragsauswertungen.

3.1.1 Der zentrale Begriff des Mandanten

Unternehmensgruppen, die mehrere selbständige Unternehmen umfassen, benötigen eine Trennung der Daten, Prozesse und Zuständigkeiten innerhalb des Systems in mehrere unabhängige *Einheiten*, was eine *Mandantenfähigkeit* voraussetzt. Dieser von der Firma SAP geprägte Begriff hat sich unter den Herstellern von ERP-Software weitgehend durchgesetzt. *Mandanten* stellen jeweils ein logisches, abgeschlossenes System im Rahmen derselben Installation eines Softwaresystems dar. Wie in Kapitel 2.4 erläutert, wird die Möglichkeit verschiedener Mandanten auch von externen Rechenzentren genutzt, wenn voneinander unabhängige Firmen mit demselben BAS losgelöst voneinander arbeiten sollen (SaaS, Multi-Tenancy). Mit anderen Worten, mehrere Unternehmen können – ohne Einblick in die Daten und Strukturen der anderen Unternehmen zu erhalten – auf derselben Hardware in derselben Softwareinstallation arbeiten. Dabei sind die Einstellungen, Strukturen und Daten des jeweiligen Unternehmens, also der Mandanten, vollständig voneinander getrennt. Für das Cloud-basierte ERP-System SAP Business ByDesign oder das ERP-System weclapp setzten die Hersteller diese Multimandantenfähigkeit (engl. *multi-tenancy*) zum Beispiel gezielt für die Schaffung eines Angebots für mittelständische Unternehmen ein, bei der die Kosten für Hardware und Betrieb durch die *gemeinsame Nutzung* niedrig gehalten werden. Derartige Systeme sind in der Lage, die Daten, Prozesse und Einstellungen vieler Unternehmen gleichzeitig losgelöst voneinander zu verwalten. Als oberste Ordnungsinstanz strukturiert der Mandant (oder engl. *tenant*) damit die BAS-Nutzung für verschiedene, rechtlich unabhängige Organisationen.

Der *Mandant* ist das oberste Organisationselement in einem BAS. Aus betriebswirtschaftlicher Sicht repräsentiert ein Mandant ein juristisch und organisatorisch eigenständiges Unternehmen. Der Mandant verfügt über eigene Anwendungsdaten (z. B. Benutzer, Artikel, Konditionen, Kunden), die von anderen Mandanten aus nicht sichtbar sind. Bei einem Konzern ist es auf diese Weise möglich, Unternehmensteile, wie z. B. Tochtergesellschaften, in einem einzigen ERP-System abzubilden.

Aufbauorganisation im ERP-System 63

> Eine wichtige Anforderung an ERP-Systeme größerer Unternehmen ist daher die Unterstützung der *(Multi-)Mandantenfähigkeit* (engl. multi-tenancy). Ein (multi-)mandantenfähiges System erlaubt es, mehrere Mandanten als organisatorisch und datentechnisch abgeschlossene Einheiten auf einer einzigen Installation eines ERP-Systems zu betreiben.

Auch wenn der Begriff auf die Möglichkeit des Betriebs *vieler* (=multi) Mandanten auf einer Plattform hinweisen soll, wird das Präfix „multi" in der Praxis meist weggelassen.

Da alle Daten in einer einheitlichen Struktur auf demselben System liegen, erleichtern mandantenfähige ERP-Systeme die *Konzernkonsolidierung* (Zusammenzug von Daten aus verschiedenen Mandanten unter Aufrechnung konzerninterner Vorgänge zur Ermittlung des Konzernergebnisses sowie der Konzernbilanz). Beim Einsatz unterschiedlicher ERP-Systeme muss man den Umweg über einen Konsolidierungsmandanten gehen und mit Mapping-Tabellen arbeiten, die die unterschiedlichen Kontenpläne in eine einheitliche Struktur bringen und so die Grundlage für einen Konzernabschluss legen. In der Praxis werden in solchen Fällen zuweilen auch händische Lösungen mittels Excel eingesetzt.

> Im *Konzernabschluss* werden die Einzelanschlüsse der Mutter- und Tochtergesellschaften konsolidiert, um einen Abschluss für den wirtschaftlich als Einheit zu betrachtenden Konzernverbund zu erstellen. Der Abschluss stellt damit die Finanz-, Ertrags- und Vermögenslage so dar, als wäre der Konzern ein Unternehmen und nicht ein Verbund mehrerer Unternehmen. Er ist ein Dokumentations- und Entscheidungsinstrument sowohl für die Konzernleitung als auch für externe Parteien (Aktionäre, Geldgeber, Kunden, Lieferanten).

Unter einem Mandanten können wiederum verschiedene Organisationseinheiten eingerichtet werden (z. B. Standorte, Filialen oder Vertriebsgesellschaften). In SAP werden derartige Organisationeinheiten als Werke (z. B. für Fabriken) oder als Verkaufsorganisationen bezeichnet.

3.1.2 Übersicht Organisationselemente

Die Organisation im ERP-System ist in verschiedene Sichten unterteilt (Abb. 3.1). Das oberste Element ist der Mandant (engl. client), dem die darunter liegenden Elemente zugeordnet sind. Ein *Buchungskreis* (engl. company code) ist das Element für das *externe Rechnungswesen* und damit für die Erstellung der Bilanz sowie der Gewinn- und Verlustrechnung (GuV) für das gesetzlich vorgeschriebene Berichtswesen (engl. reporting). Dem Buchungskreis werden betriebswirtschaftliche Bereiche zugeordnet (z. B. Vertrieb, Einkauf, Produktion und Logistik). Die zur Verfügung stehende Systematik hängt letztlich vom ERP-System ab. Während konzernoptimierte Systeme wie SAP ERP eine sehr starke Strukturierung in verschiedene Ebenen (z. B. mit Elementen wie „Werk" oder „Sparte") erlauben, sehen Systeme für den Mittelstand eher flache Hierarchien vor. Abb. 3.1 skizziert die verschiedenen Sichtweisen und ihre Elemente, wie man sie typischerweise in ERP-Systemen findet. Diese Struktur muss während des in Kapitel 1.6 beschriebenen Customizings angelegt werden, da sie für die Arbeit mit dem System grundlegend ist.

Für den Mandanten und dem ihm zugeordneten Buchungskreis können verschiedene betriebswirtschaftliche Organisationsbereiche eingerichtet werden, wie *Kostenrechnungskreis* (engl. controlling area), *Firmensitz* oder *Produktionsstandort/Werk* (engl. plant) mit Lagerorten (engl. storage location) sowie *Verkaufsorganisation* (engl. sales organisation) mit Filialen (engl. subsidiary), die in den folgenden Abschnitten näher beschrieben werden.

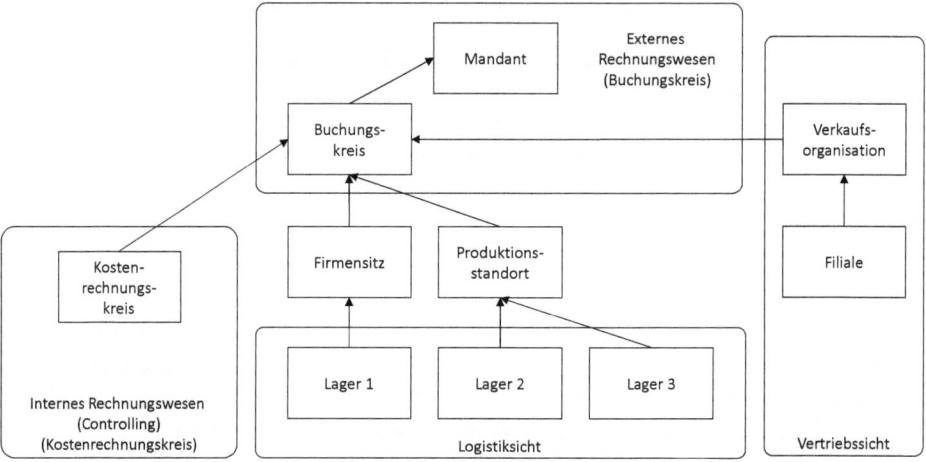

Abb. 3.1: Sichten der Organisation und ihre Organisationselemente

3.1.3 Externes Rechnungswesen (Finanzbuchhaltung)

Sollen die organisationalen Strukturen einer Unternehmensgruppe (eine Anzahl an *rechtlich zusammengehörigen* Tochterfirmen) abgebildet werden, so werden die Strukturen innerhalb *eines gemeinsamen* Mandanten angelegt. Damit können die zusammengehörenden Unternehmen Daten auch gemeinsam nutzen. Es kann sein, dass Firmen zwar in einer Gruppe zusammengehören, aber *rechtlich selbstständig* sind und buchhalterisch unabhängig operieren müssen. In diesem Fall können die Tochterunternehmen unterhalb der Mandantenebene in sogenannten *Buchungskreisen* voneinander abgegrenzt werden.

Buchungskreis
Ein Buchungskreis (engl. company code) definiert das kleinste Organisationselement des externen Rechnungswesens (Rechnungslegung). Die damit beschriebene Organisation kann als selbstständig bilanzierende Einheit eine vollständige in sich abgeschlossene Buchführung mit allen gesetzlich erforderlichen Nachweisen für den Periodenabschluss (etwa Jahresabschluss, Bilanz sowie Gewinn- und Verlustrechnung) innerhalb eines Mandanten durchführen. Jeder Buchungskreis hat spezifische Einstellungen wie z. B. die Währung oder andere landesspezifische Besonderheiten („Inland"). Sämtliche Geschäftsvorfälle im externen Rechnungswesen werden mit Bezug zu einem Buchungskreis erfasst. Jedem Buchungskreis ist ein Kontenplan zugeordnet, der die Konten für die Finanzbuchhaltung (FiBu) festlegt (vgl. Kapitel 4.7).

Aufbauorganisation im ERP-System

Eine weitere Strukturierungs- und Bilanzierungshilfe bietet neben der Abgrenzung von Mandanten und Buchungskreisen die Definition von Nummernkreisen.

> Als *Nummernkreis* (engl. number range) wird eine fix definierte Abfolge von Zahlen innerhalb einer Gruppe zu ordnender Elemente bezeichnet. Nummernkreise gibt es für die verschiedenen Typen von Geschäftsdokumenten, wie z. B. Angebote, Kundenaufträge, Lieferscheine, Rechnungen usw.

ERP-Systeme unterstützen das im Handelsgesetzbuch (HGB) vorgegebene Belegprinzip. Nach diesem gilt: „Keine Buchung ohne Beleg". Die Geschäftsvorfälle eines Unternehmens müssen anhand von Belegen lückenlos nachvollziehbar sein.

> Ein *Beleg* ist der Nachweis eines Geschäftsvorfalls, der das Vermögen und/oder das Kapital des Unternehmens betrifft. *Externe* Belege werden von Wirtschaftssubjekten erstellt, mit denen das Unternehmen geschäftliche Beziehungen unterhält, z. B. sendet der Lieferant eine Einkaufsrechnung und eine Bank stellt einen Kontoauszug zur Verfügung. *Interne* Belege werden durch das Unternehmen selbst erstellt, z. B. Kundenaufträge, Ausgangsrechnungen oder Lagerumbuchungen.

Die unterschiedlichen Belegtypen erhalten jeweils einen eindeutigen Nummernbereich zugewiesen. Beim Anlegen des nächsten Kundenauftrags wird z. B. die Auftragsnummer automatisch um einen vorgegebenen Wert (i. d. R. +1) erhöht, so dass jede Auftragsnummer nur einmal vergeben wird und fortlaufend ist. Auf diese Weise erhält jeder Kundenauftrag eine eindeutige Belegnummer, mit dessen Hilfe der jeweilige Auftrag identifiziert werden kann. Weitere typische Beispiele für die Nutzung von Nummernkreisen sind Kundennummern, interne Artikelnummern oder Rechnungsnummern. Nummernkreise können auf verschiedenen organisationalen Ebenen (z. B. bezogen auf Kunden, Mitarbeiter, Projekte) mit unterschiedlicher Zielsetzung definiert werden. Wichtig ist, dass jeder Beleg nur in Kombination von *Buchungskreis und Nummernkreis* eindeutig identifiziert werden kann, da alternative Buchungskreise im selben Mandanten durchaus identische Nummernkreise enthalten können. In einer Unternehmensgruppe mit mehreren Buchungskreisen muss man daher bei einem Kundenauftrag die Kombination von Buchungskreis und Belegnummer betrachten, um ihn eindeutig zuordnen zu können. Häufig wird das aktuelle Jahr als Komponente in die fortlaufende Nummer eingebaut (jahresabhängige Nummernkreise).

3.1.4 Internes Rechnungswesen (Controlling)

Zur Organisation des internen Rechnungswesens (auch als Controlling bezeichnet, vgl. Kapitel 4.7) kommen sogenannte Kostenrechnungskreise zum Einsatz, die der Unternehmensplanung und Steuerung dienen. Je nach Unternehmensstruktur, gibt es verschiedene Möglichkeiten der Zuordnung zwischen Kostenrechnungskreisen und Buchungskreisen. Der einfachste Fall liegt vor, wenn einem Kostenrechnungskreis genau ein Buchungskreis zugeordnet ist (vgl. Abb. 3.1). In diesem Fall sind die buchhalterische und die kostenrechnerische Sicht des Unternehmens identisch.

In Unternehmensgruppen kann es interessant sein, einem Kostenrechnungskreis *mehrere Buchungskreise* zuzuordnen. In diesem Fall wird eine buchungskreisübergreifende Kostenrechnung praktiziert. Alle kostenrechnerisch relevanten Daten werden in einem gemeinsamen Kostenrechnungskreis gesammelt und stehen dort für Verrechnungen und Auswertungen zur Verfügung. Auf diese Weise kann man ein gemeinsames Controlling für die oben angesprochenen, selbständig bilanzierenden Tochtergesellschaften durchführen. Die buchungskreisübergreifende Kostenrechnung bietet auch den Vorteil, dass buchungskreisübergreifend interne Verrechnungen durchgeführt werden können (vgl. auch den Abschnitt zu Inter-Company Integration in Kapitel 1.4.2).

3.1.5 Vertriebssicht

Auch das strukturelle Format des Vertriebs muss zunächst im ERP-System angelegt werden. Um wieder ein Beispiel aus SAP heranzuziehen, kann man für absatzorientierte Prozesse sogenannte Verkaufsorganisationen (engl. sales organisations) einrichten.

> Die *Verkaufsorganisation* ist eine organisatorische Einheit, die Unternehmensteile nach den Erfordernissen des Vertriebs gliedert. Eine Verkaufsorganisation repräsentiert eine verkaufende Einheit im rechtlichen Sinne.

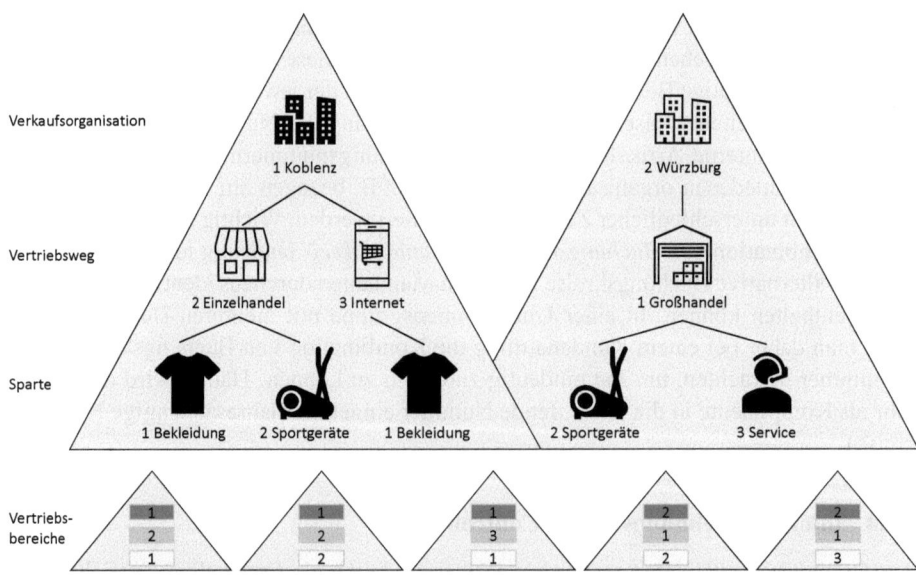

Abb. 3.2: Organisationsstrukturen im Vertrieb (Terminologie gemäß SAP TERP-10)

Die Ware erreicht den Kunden über sogenannte *Vertriebswege* oder Vertriebskanäle (engl. distribution channels). Typische Beispiele sind der Großhandel, der stationäre Einzelhandel (Verkaufsläden) oder, wie bereits im Abschnitt zu E-Commerce erläutert, über Online-Kanäle (Internet, vgl. Abb. 1.1). Die Produkte können typenabhängig nach verschiedenen *Sparten* (engl. divisions) gruppiert werden. Die entstehende Kombination aus Verkaufsorganisation, Vertriebsweg und Sparte (Abb. 3.2) ergibt einen eindeutigen *Vertriebsbereich* (engl. sales area).

Für eine regionale Unterteilung eines Marktes können im ERP-System unterschiedliche Verkaufsorganisationen eingerichtet werden (z. B. eine mögliche Unterteilung in Deutschland „Nord" und „Süd"). Sämtliche verkaufsorientierte Geschäftsvorfälle werden jeweils einer Verkaufsorganisation zugeordnet, d. h. deren Identifikationsnummer taucht in den Verkaufsbelegen auf. Auch verkaufsorientierte Regeln wie die Preisfindung können auf Ebene der Verkaufsorganisation definiert werden.

3.1.6 Logistik

In mandantenfähigen ERP-Systemen kann man in der Regel einem Buchungskreis weitere Organisationseinheiten wie Produktionsstätten oder Lager zuordnen (Abb. 3.1). Der Funktionsumfang und die Verwendung von Begriffen der Logistiksicht unterscheiden sich in den Produkten verschiedener Anbieter. Dies liegt daran, dass die funktionalen Anforderungen an die Lagerverwaltung je nach Branche (Produkteigenschaften) und Position in der Lieferkette (Hersteller/Handel) sehr unterschiedlich sind. Daher gibt es in diesem Bereich Spezialsoftwaresysteme (sogenannte Lagerverwaltungssysteme, LVS), die getrennt evaluiert und erworben werden und ggf. in die verwendeten ERP-Systeme integriert werden. LVS unterstützen Unternehmen auch bei der Befolgung rechtlicher Anforderungen, z. B. bei der Nachverfolgung von Chargen im Lebensmittelhandel (Chargenrückverfolgung). Der Basisumfang der meisten ERP-Standardsysteme enthält i. d. R. nur eine rudimentäre Lagerverwaltung.

Um ein Beispiel zu geben: Im *Basisumfang* von SAP ERP ist der Lagerort die *unterste Gliederungsebene*. Der Lagerort fungiert als Bindeglied zu einem spezialisierten SAP-Modul namens Warehouse-Management-System (WMS), welches optional bezogen werden kann und spezialisierte Funktionen im Bereich Lagerverwaltung bietet. Die Kombination von Werk+Lagerort entspricht der Lagernummer (engl. warehouse) in diesem Spezialmodul. Hier finden sich dann weitere Untergliederungen wie Lagertyp, Lagerbereich und Lagerplatz.

Ähnlich wie in SAP, ist in Microsoft Dynamics 365 Business Central (ehemals Navision) der *Lagerort* (engl. storage location) der physische Ort, an dem ein Artikel gelagert ist (z. B. Gebäude, Verkaufsraum, Verkaufsfahrzeug). Dieser ist näher spezifiziert in Lagerplatz (engl. storage bin) und Lagerplatzinhalt. Ein Lagerplatz ist ein Speicherbehälter, der dafür ausgelegt ist, diskrete Teile aufzunehmen und repräsentiert die kleinste Containereinheit in Navision. Artikelmengen in Lagerplätzen heißen in Navision „Lagerplatzinhalte", in SAP ERP „Quant".

Die uneinheitliche Verwendung von Begriffen und Strukturen in unterschiedlichen ERP-Standardsystemen erschwert die Definition von Anforderungskatalogen und die Evaluation eines passenden Systems für einen konkreten Anwendungsfall.

3.2 Ablauforganisation: Prozesslandkarte und Prozesse

Der folgende Abschnitt beschäftigt sich mit der Darstellung der Ablauforganisation von Unternehmen in der Form von Prozessen. Da ERP-Systeme annähernd alle Bereiche betrieblicher Tätigkeit unterstützen, bilden sie historisch gewachsen eine funktionale Sichtweise ab, die sich in der Form *funktionaler Module* zeigt. Mit dem Aufkommen einer vermehrt *prozessorientierten* Betrachtung in der Managementlehre wurden auch ERP-Systeme zunehmend prozessorientiert. Die wachsende Prozessorientierung führte sogar zur Entstehung einer spezialisierten Softwaregattung, den sogenannten Business Process Management Systemen (vgl. Abb. 1.2).

> *Wertschöpfungskette (Value Chain)*
> Der Begriff der Wertkette bzw. Wertschöpfungskette (engl. value chain) wurde vom amerikanischen Betriebswirt Michael Porter geprägt und stellt die notwendigen Aktivitäten der innerbetrieblichen Wertschöpfung in einem Ordnungsrahmen dar. Dabei wird zwischen Primäraktivitäten (interne Logistik, Produktion, externe Logistik, Marketing & Verkauf und Service) und Unterstützungsaktivitäten (Unternehmens-Infrastruktur, Human Resource Management, Technologie-Entwicklung und Beschaffung) unterschieden.

Die Systematik in Abb. 3.3 (*"Prozesslandkarte"*) zeigt den Auftragsabwicklungsprozess eines produzierenden Unternehmens in Anlehnung an Wölfle (2006, S. 10). Die Darstellung orientiert sich am Konzept der von Michael Porter geprägten Wertschöpfungskette. Das Modell enthält die folgenden *vier Prozesstypen*:

- *Managementprozesse*
- Primärprozesse, unterteilt in:
  Absatzprozesse und
  Leistungsprozesse
- *Unterstützungsprozesse*

Prozesslandkarten beschreiben die Abfolge von (Meta-)Prozessen auf einem hohen Abstraktionsniveau und unterstützen bei der Identifikation und Visualisierung des Zusammenhangs der Aktivitäten in einer Organisation.

Auf oberster Stufe der Systematik sind *Managementprozesse* aufgeführt. Dazu gehört die eigentliche *Unternehmensführung*, also die planenden, koordinierenden und kontrollierenden Tätigkeiten im Unternehmen mit Hilfe von Anreiz-, Planungs- und Kennzahlensystemen. Für die Unterstützung dieser Führungstätigkeiten existieren spezielle Softwarekomponenten, die entweder im Funktionsumfang eines ERP-Systems enthalten sein können oder als separate Anwendungen verfügbar sind, die die Daten im ERP-System analysieren und auswerten können. Ein solches *Management Informationssystem (MIS)* kann aus verschiedenen Formen analytischer Informationssysteme bestehen, z. B. Entscheidungsunterstützungssysteme (engl. Decision Support Systems, DSS), Führungsinformationssysteme (Executive Information Systems, EIS), Business Intelligence (BI) Software oder einfache Reporting-Lösungen. Managementprozesse sind den primären Prozessen, also den Kernprozessen des Unternehmens, übergeordnet und zu deren Durchführung notwendig.

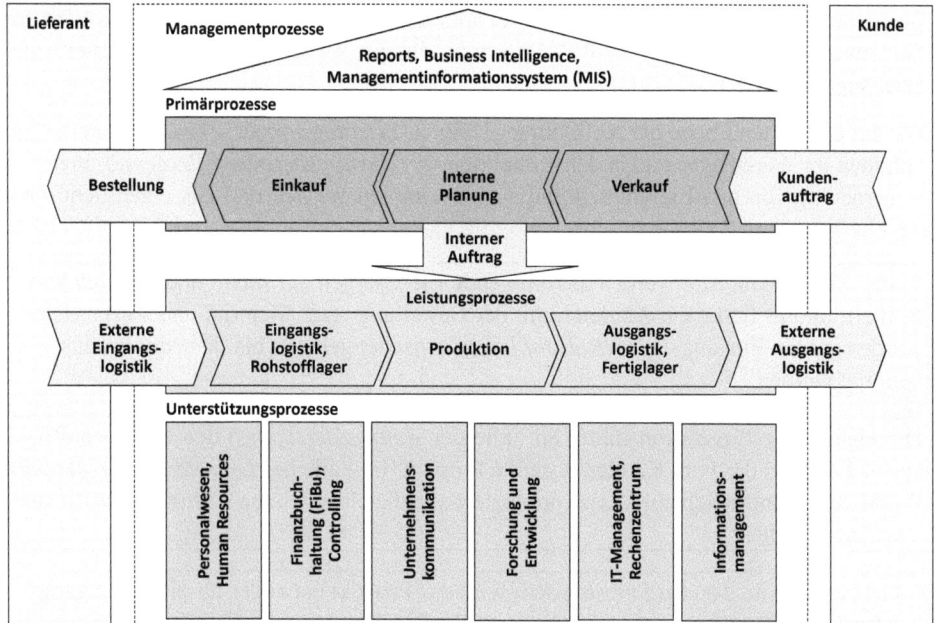

Abb. 3.3: Prozesslandkarte für den Auftragsabwicklungsprozess eines Auftragsfertigers

Die Abbildung unterteilt die *Primärprozesse* in Absatz- und Leistungsprozesse. *Absatzprozesse* finden vorwiegend im Backoffice statt und umfassen die auftragsbezogenen, *administrativen Prozesse* der Entgegennahme des Auftrags vom Kunden und der Beschaffung der notwendigen Materialien bei den Lieferanten.

Der *Verkauf* nimmt Kundenanfragen entgegen, erstellt Angebote und definiert den Auftrag in Abstimmung mit dem Kunden. Verkauf und Service sind im Rahmen des Vertriebs auch verantwortlich für die Pflege der Beziehungen zu den Kunden (engl. customer relationship management, CRM).

Der Prozess *Interne Planung* beinhaltet die interne Planung und Disposition der Leistungserstellung. Die benötigten Produktionskapazitäten und der Materialbedarf werden ermittelt, und diese Daten werden an die Abteilungen Einkauf und Produktion (in der Form des „*internen Auftrags*") weitergegeben.

Der *Einkauf* bildet die Schnittstelle zu den Lieferanten. Hier werden allgemeine und auftragsbezogene Produkte bestellt und der Kontakt zu Lieferanten gepflegt.

Im Rahmen der Systematik wird gezielt zwischen den Konzepten „Auftrag" und „Bestellung" unterschieden. Ein *Auftrag* (engl. customer order) wird vom Kunden erteilt und definiert die Leistung, die das Unternehmen erbringen muss (= was das Unternehmen liefern muss). Eine *Bestellung* (engl. supplier order) wird an einen Lieferanten übermittelt und enthält die benötigten Materialien und Vorprodukte (= was das Unternehmen geliefert bekommt). Was für das Unternehmen ein Auftrag ist, ist aus der Sicht seiner Kunden eine

Bestellung. Im Deutschen existieren zwei spezialisierte Wörter. Im Englischen wird für die Unterscheidung jeweils die Partei genannt, die die „Order" platziert (customer order bzw. supplier order).

Die auf der dritten Ebene der Abbildung gezeigten *Leistungsprozesse* beschreiben die Tätigkeiten im Warenlager und in der Produktion *(produktionsbezogene Prozesse)*, in denen Vorprodukte von den Lieferanten entgegengenommen werden und das eigentliche Produkt hergestellt und versandt wird.

In der *Eingangslogistik* werden ankommende Lieferungen auf Inhalt und Qualität kontrolliert, und es findet ein Abgleich mit der Bestellung statt. Material und Vorprodukte werden ggf. im Eingangslager *(Rohstofflager)* zwischengelagert bis sie in der Produktion benötigt werden.

Die eigentliche *Produktion* führt (im Falle der *Auftragsfertigung*) den Kundenauftrag aus und erzeugt das vom Kunden bestellte Produkt. Im Falle der *Lagerfertigung* werden Produkte kontinuierlich auf Vorrat produziert und die eingehenden Aufträge werden aus dem Lager bedient.

Im letzten Schritt, der *Ausgangslogistik*, wird das Produkt entweder für eine Übergangszeit im *Fertiglager* deponiert oder direkt an den Kunden ausgeliefert.

Die darunter dargestellten *Unterstützungsprozesse* laufen permanent ab, um die Geschäftstätigkeit des Unternehmens aufrecht zu erhalten. Einige davon, wie z. B. die Zeiterfassung oder die Rechnungsstellung, können auch auftragsbezogen sein.

Das *Personalwesen* kümmert sich um die Einstellung und Weiterqualifikation von Mitarbeitern sowie deren leistungsgerechte Entlohnung. In Fertigungs- und Dienstleistungsbetrieben erstellt das Personal Stundenaufschreibungen, mit denen die eingesetzten Stunden (als Teil der direkten Herstellungskosten) einzelnen Produkten und Dienstleistungen zugeordnet werden können.

Die *Finanzbuchhaltung (FiBu)* ist verantwortlich für das betriebliche Rechnungswesen (Financial Accounting). Diese Funktion ist für die meisten Unternehmen verpflichtend und unterliegt gesetzlichen Anforderungen (z. B. den Grundsätzen ordnungsgemäßer Buchführung, GoB). Der Bereich *Controlling* (Management Accounting) beschäftigt sich mit der Analyse der Unternehmenssituation und stellt der Geschäftsführung die notwendigen Informationen für Planung und Entscheidungen zur Verfügung. Die Abteilung *Debitoren* stellt die Rechnungen an Kunden und kontrolliert den Zahlungseingang (und initiiert ggf. das Mahnverfahren). Die Abteilung *Kreditoren* zahlt die Eingangsrechnungen von Lieferanten nach erfolgter Prüfung des Wareneingangs.

Kunden sind aus Sicht des Lieferanten ein Debitor (Schuldner), da die Bezahlung üblicherweise erst nach der Warenlieferung erfolgt und der Kunde bis zum Ausgleich des Rechnungsbetrags ein Schuldner ist. Spiegelbildlich wird für die Lieferanten das Wort Kreditor (Gläubiger) benutzt.

Ablauforganisation: Prozesslandkarte und Prozesse

Die *Unternehmenskommunikation* ist verantwortlich für gezielte Informationsverteilung sowohl an Kunden als auch an Mitarbeitende. Die *externe* Kommunikation hat zum Ziel, das Unternehmen gegenüber Kunden, Lieferanten und allgemein der interessierten Öffentlichkeit positiv darzustellen. Die *interne* Kommunikation informiert die Mitarbeitenden und dient der Schaffung eines Klimas des Vertrauens und der Glaubwürdigkeit.

Die *Forschung und Entwicklung (F&E)* beschäftigt sich mit der (Weiter-)Entwicklung von Produkten und Dienstleistungen.

Die Bereiche *IT-Management und Rechenzentrum* stellen die Planung und den Betrieb der IT-Infrastruktur (intern betriebene bzw. extern bezogene Computerressourcen und ggf. Räumlichkeiten) sicher. Sie sind verantwortlich für die Verfügbarkeit der Server, Applikationen und Peripheriegeräte und sorgen für die notwendigen Datensicherungen und die IT-Sicherheit.

Das *Informationsmanagement* umfasst die Prozesse zur Informationsspeicherung, Archivierung und der Sicherstellung der Compliance (Regelkonformität) für eine rechtlich einwandfreie und effiziente Speicherung und Zurverfügungstellung von Informationen und Dokumenten.

Alle hier aufgeführten Prozesse benötigen für ihre Abwicklung einen Zugriff auf das zentrale ERP-System. Für die meisten dieser Prozesse gibt es spezialisierte ERP-Module, die den Namen des unterstützten Prozesses bzw. der namensgleichen Abteilung tragen.

Der nächste Abschnitt beschreibt eine Methode zur systematischen, detaillierten Darstellung von Prozessen und deren Interaktionen mit dem ERP-System.

3.2.1 Geschäftsprozessmodellierung am Beispiel der erweiterten Ereignisgesteuerten Prozesskette (eEPK)

Die Ereignisgesteuerte Prozesskette (EPK) ist eine Methode zur Darstellung von Geschäftsprozessen im Zusammenspiel mit Informationssystemen. Sie wurde am Institut für Wirtschaftsinformatik der Universität des Saarlandes entwickelt (Scheer 1998).

Die EPK stellt eine Abfolge von Aufgaben (Funktionen) dar und repräsentiert damit die Steuerungssicht eines Systems. Die Anfangs- und Endzustände sowie Zwischenstationen eines Prozesses sind in der EPK als Ereignisse dargestellt. Sie entsprechen dem Status eines Prozesses zur Laufzeit.

Um für einen Prozessschritt die Interaktion mit Funktionsträgern und Informationssystemen zu verdeutlichen, kann eine solche Prozessabbildung um zusätzliche Sichten erweitert werden. Die *erweiterte* Ereignisgesteuerte Prozesskette (eEPK) zeigt weitere Aspekte der Datensicht, der Organisationssicht und der Systemsicht.

Abb. 3.4 zeigt die *Basiselemente* einer EPK und darunter die Möglichkeiten der *erweiterten* Darstellung in der eEPK (Abb. 3.5). Für die Darstellungen der Prozesse in diesem Buch wird die von Wölfle und Schubert vorgeschlagene, leicht geänderte Notation der EPK in der „eXperience Methodik" verwendet (Schubert und Wölfle 2006, S. 27).

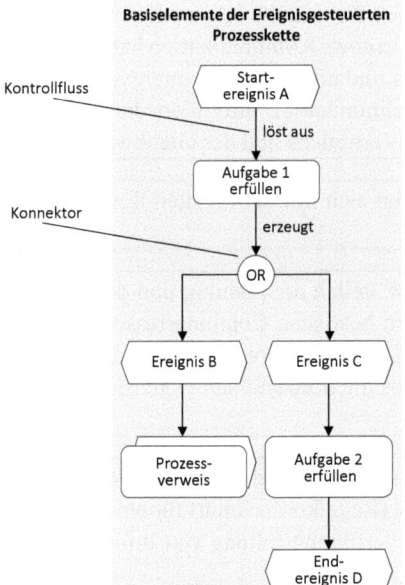

Abb. 3.4: Modellelemente der Ereignisgesteuerten Prozesskette (EPK)

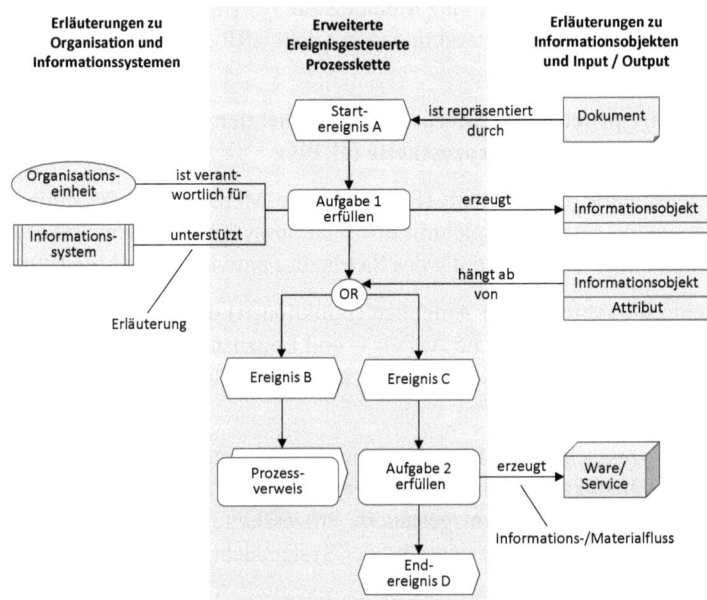

Abb. 3.5: Modellelemente der *erweiterten* Ereignisgesteuerten Prozesskette (eEPK)

Während die von Scheer (1998) definierte EPK in ihrer Ursprungsform eine ständige Wechselfolge zwischen Aufgabe und Ereignis zwingend vorschreibt, sieht die eXperience-Methode vor, Ereignisse wegzulassen, die sich aus dem Kontext der Aufgabe heraus erschließen. Die Darstellungsweise wurde für Lehrzwecke und für die Diskussion der Abfolge der Aufgaben entwickelt. Sie ist für die Interpretation durch Menschen und nicht für die automatisierte Umsetzung in Programmcode gedacht.

3.2.2 Geschäftsprozess und Workflow

Im Kontext der regelbasierten IT-Unterstützung von aufeinanderfolgenden Aufgaben wird neben dem *Prozess* auch häufig der Begriff *Workflow* als konkrete, automatisierte Instanz eines Prozesses verwendet. Workflows und Prozesse weisen einige Gemeinsamkeiten auf. Sie beschreiben beide Arbeitsabläufe und können grafisch modelliert werden.

Geschäftsprozesse beschreiben betriebliche Vorgänge im Unternehmen (Managementprozesse, Primärprozesse und Unterstützungsprozesse, Abb. 3.3). In sogenannten *Prozesslandkarten* zeigen sie die Abläufe aus einer abstrakten Sicht (Metasicht). Mithilfe von *Prozessdiagrammen* können Detailabläufe grafisch dargestellt werden. Prozessdiagramme beschreiben die Abläufe auf einer fachlich-konzeptionellen Ebene und zeigen die beteiligten Rollen, Dokumente und Informationssysteme (z. B. als eEPK oder Business Process Diagram).

Workflows beschreiben konkrete Instanzen eines Prozesses auf einer operativen Ebene. Sie werden mit konkreten zeitlichen, fachlichen und ressourcenbezogenen Spezifikationen (Algorithmus, Regeln, Parameter) in Workflow-Vorlagen hinterlegt, die zur Instanziierung neuer Instanzen parametrisiert herangezogen werden können. Auf diese Weise eignen sie sich ideal für eine IT-gestützte Automatisierung von wiederkehrenden Abläufen (Routinefälle).

Neben den Ähnlichkeiten beider Konzepte gibt es aber auch ein paar erkennbare Unterschiede. Tab. 3.1 zeigt einen Vergleich von Geschäftsprozess und Workflow.

Tab. 3.1: Geschäftsprozess und Workflow: Gemeinsamkeiten und Unterschiede

	Geschäftsprozess	**Workflow**
Gemeinsamkeiten	Beschreiben Arbeitsabläufe (Folgen von Aufgaben) Können grafisch modelliert werden	
Unterschiede	Betrachtet die Gesamtheit der betrieblichen Vorgänge im Unternehmen auf einer *Metaebene* (primäre, sekundäre und steuernde Tätigkeiten) Darstellung abstrakter Abläufe im Unternehmen Definiert Abläufe auf fachlich-konzeptioneller Ebene	Definiert Abläufe auf der *operativen* Ebene (operative Ausgestaltung) Ist mit konkreten zeitlichen, fachlichen und ressourcenbezogenen Spezifikationen hinterlegt (Regeln, Algorithmus, definierte Parameter) Ermöglicht systemgestützte Abläufe, die eine anwenderunabhängige Abarbeitung sicherstellen
Beispiele	Auftragsabwicklung Reklamationsabwicklung	Beschaffungsantrag Urlaubsantrag

Workflows werden aus den Vorgaben der Geschäftsprozessdefinition entworfen, um deren qualitätsgesicherte Abarbeitung im System anwenderunabhängig zu unterstützen. Die softwaretechnische Umsetzung erfolgt entweder im ERP-System (wenn dieses Workflowfunktionalität enthält) oder (wie in Kapitel 1.3 gezeigt) in spezialisierten Workflowmanagementsystemen (BPM-Systemen).

3.3 Daten im ERP-System

Der folgende Abschnitt klassifiziert und beschreibt verschiedene Arten von Daten, die in einem ERP-System gespeichert sind. Dabei wird speziell auf die Bedeutung von Geschäftsobjekten und Geschäftsdokumenten eingegangen.

3.3.1 Konfigurationsdaten (engl. configuration data)

Wie bereits im Kapitel 1.6.1 zum *Customizing* beschrieben, muss ein ERP-System während der initialen Einrichtung zunächst für die spezifischen Gegebenheiten eines konkreten Unternehmens eingestellt werden. Im Rahmen der Installation werden zunächst grundsätzliche Systemeinstellungen vorgenommen bevor anschließend die betriebswirtschaftlichen Einstellungen im Customizing ausgewählt werden.

Systemeinstellungen (aus der Softwareinstallationsphase)

Die *allgemeinen* Systemeinstellungen eines ERP-Systems werden in der Form von Konfigurationsdaten gespeichert. Dazu gehören z.B. Land, Region, Systemsprache, Domänenname, etc.

Konfigurationsdaten sind diejenigen Daten, die während einer Installation (oder eines Updates) für die Einrichtung einer Applikation eingegeben und dauerhaft gespeichert werden. Sie passen das grundsätzliche Systemverhalten auf die Systemumgebung und die Benutzergruppe an (z.B. durch Auswahl der Landessprache) und können i.d.R. bei Bedarf später geändert werden.

Grundeinstellungen (aus dem Customizing)

Im Rahmen des Customizings werden die *betriebswirtschaftlichen* Gegebenheiten des nutzenden Unternehmens (Mandant) eingestellt. Das Vornehmen der Customizing-Einstellung ist bei großen Unternehmen ein zeitintensives Unterfangen, für das i.d.R. die Unterstützung spezialisierter Berater in Anspruch genommen wird. In einem Selektionsprozess werden Einstellungen aus verschiedenen Auswahlmöglichkeiten vorgenommen, die abhängig sind von den angebotenen Möglichkeiten des jeweiligen ERP-Systems (z.B. Prozessvarianten für Branche und Position in der Lieferkette). Auch die logische Struktur für die Stamm- und Bewegungsdaten wird im Rahmen des Customizings angelegt.

Die gewählten Einstellungen haben Implikationen auf die Nutzung des Systems. Wird beispielsweise für die Lagereinrichtung eingestellt, dass unterschiedliche Lagerorte für einen Artikel geführt werden sollen, dann muss im späteren Betrieb für jede Lagerbewegung des Artikels ein expliziter Lagerort angegeben werden.

Die Einstellungen aus dem Customizing werden in *Customizing-Tabellen* gespeichert.

Die Parameter, die während des Customizings eingestellt werden, ändern sich i. d. R. später nicht mehr, solange keine Änderungen in den Geschäftsprozessen des Anwenderunternehmens eintreten (z. B. wenn ein spezialisiertes ERP-Modul (Warehouse) für die Lagerverwaltung angeschafft wird). Zum Thema Customizing vgl. auch Kapitel 1.6.1 und 6.5.3.

3.3.2 Geschäftsobjekte (engl. business objects)

Geschäftsobjekt ist ein Begriff für die Modellierung der „Dinge" in einem Unternehmen. Diese werden informationstechnisch umgesetzt in sogenannten Objektklassen (z. B. Mitarbeiter, Projekt, Kunde oder Rechnung). Die Struktur von Geschäftsobjekten wird im ERP-System auf der Datenbankebene in Entitäten beschrieben, deren Beziehungen und Attribute zum Beispiel in der Form von Entity-Relationship-Diagrammen dargestellt werden können.

Im Beispiel in Abb. 3.6 dargestellt in der erweiterten Chen-Notation hat ein *Projekt* genau einen Projektleiter (1). *Mitarbeiter* leiten beliebig viele Projekte (mc) und gehören zu genau einer Abteilung (1). Eine *Abteilung* hat mindestens einen bzw. beliebig viele Mitarbeiter (m). Die runden Symbole repräsentieren die Attribute der drei Entitäten. Ein Projekt hat z. B. eine ProjektID (<u>Primärschlüssel</u>), einen Namen (z. B. Produktentwicklung Produkt X) und einen Typ (z. B. Forschungsprojekt).

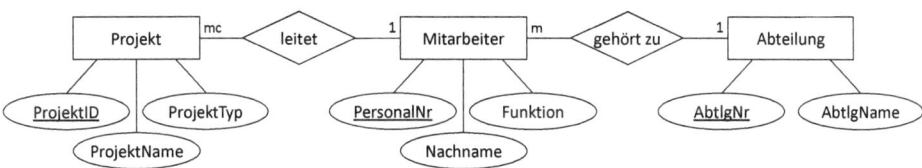

Abb. 3.6: Ausschnitt aus einem ER-Diagramm zu organisationalen Strukturen (Chen-Notation)

Standard-ERP-Systeme geben ihre eigenen Strukturen für Geschäftsobjekte vor, die i. d. R. an die Bedürfnisse eines spezifischen Unternehmens angepasst werden können, ohne „aus dem Standard auszubrechen". Zu diesem Zweck liefern ERP-Systeme einfache Adaptionswerkzeuge, die es zum Beispiel erlauben, Attribute von Geschäftsobjekten zu deaktivieren bzw. neue Attribute hinzuzufügen (siehe Abb. 3.7).

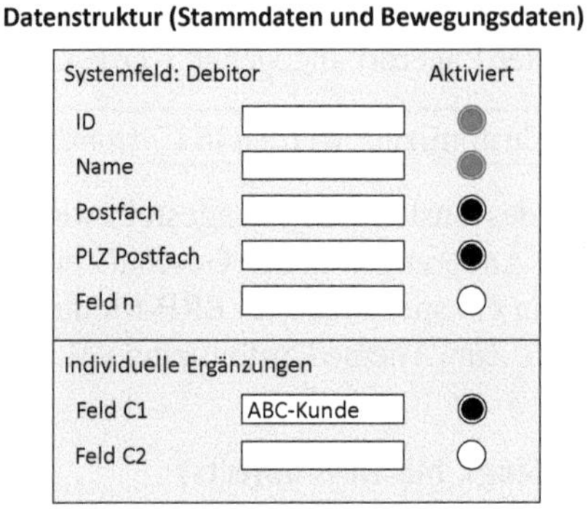

Datenstruktur (Stammdaten und Bewegungsdaten)

Systemfeld: Debitor		Aktiviert
ID		◐
Name		◐
Postfach		●
PLZ Postfach		●
Feld n		○

Individuelle Ergänzungen		
Feld C1	ABC-Kunde	●
Feld C2		○

Abb. 3.7: Modifikation von Datenstrukturen für Geschäftsobjekte (in „kundeneigenen" Feldern)

Geschäftsobjekte beschreiben zunächst nur die logische Struktur von Dingen im Unternehmen. Diese Struktur manifestiert sich in relationalen Datenbanken in Tabellen, die Objekte und deren Attribute in der Form von Datensätzen mit diversen Feldern enthalten können. Nach der Installation muss das System zunächst mit den tatsächlichen Instanzen der Objekte gefüllt werden.

3.3.3 Geschäftsdokumente (engl. business documents)

Geschäfts*dokumente* enthalten die Ergebnisse von betrieblichen Tätigkeiten (z. B. Beschreibung und Status einer Verkaufstransaktion oder den Inhalt einer Nachricht).

> Der Begriff des *Geschäftsdokuments* ist breit definiert und umschließt sowohl die Inhalte *strukturierter Geschäftsobjekte*, die ein ERP-System in Datensätzen speichert (z. B. Informationen zu Aufträgen oder Rechnungen), als auch *unstrukturierte Dokumente* (z. B. Textbeiträge oder Präsentationen), wie man sie in Kollaborationssystemen oder Content Management Systemen findet.

Geschäftsdokumente in der Form von Belegen spielen eine zentrale Rolle für die Dokumentation und Speicherung von Informationen im ERP-System. Wie in Kapitel 3.1.3 erläutert, ist der *Beleg* ist eine spezielle Form eines (physischen oder digitalen) Geschäftsdokuments, das alle relevanten Daten zu einem Geschäftsvorfall enthält (z. B. Art der Transaktion, Aussteller, Datum, Belegnummer, Betrag, etc.). Ein Beleg *dokumentiert* ein Ereignis, das eine finanzielle Auswirkung auf ein Unternehmen hat und daher in der Buchhaltung mit einem Buchungssatz erfasst werden muss.

Die *Auftragsabwicklung* wird dokumentiert durch eine Sequenz von Geschäftsdokumenten (Belegkette), die aus Datensätzen mit gleichbleibenden Feldern bestehen, zu denen in jedem Schritt weitere hinzukommen und deren Übergang durch eine Statusveränderung charakterisiert ist. So verfügt bereits das Geschäftsdokument *Kundenanfrage* über eine initiale Anzahl an Feldern, wie z. B. Kundennummer (Debitorennummer), Name, Kundenadresse, gewünschtes Produkt (ggf. bereits Produktnummer), Stückzahl, gewünschtes Lieferdatum, Anfragedatum, etc. Der zuständige Sachbearbeiter im Verkauf erfasst die Anfrage im ERP-System und erstellt dazu in der Folge ein *Angebot* für den Kunden. Das neue Dokument übernimmt die Felder des Vorgängers und wird um weitere angereichert, wie z. B. Produktnummer, Preis, voraussichtliches Lieferdatum, Gültigkeitsdatum, etc. Durch Statusänderung (von „angefragt" zu „angeboten") wird aus der Anfrage ein Angebot. Bestellt der Kunde die angebotenen Produkte, legt der Sachbearbeiter auf der Grundlage des Angebots einen *Auftrag* an und fügt weitere Felder hinzu, z. B. eine alternative Lieferadresse, Rechnungsadresse, bestätigtes Lieferdatum, etc.

Anhand der sogenannten *Belegkette* (einer Sequenz aufeinander aufbauender Geschäftsdokumente) kann man den Geschäftsvorgang vom Entstehen bis zum aktuellen Datum nachvollziehen und ggf. im Nachhinein ermitteln, wo ein Fehler oder eine Abweichung aufgetreten ist.

Abb. 3.8 zeigt einen modellhaften Austausch von Geschäftsdokumenten zwischen den involvierten Parteien für den Prozess der Auftragsabwicklung.

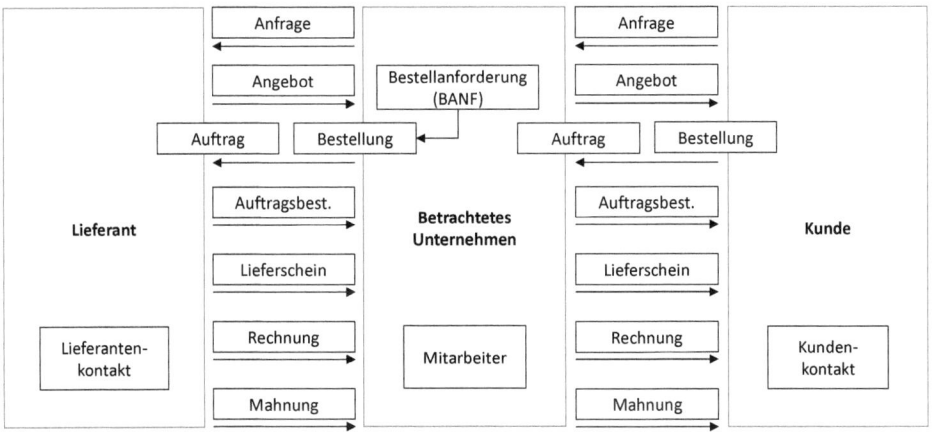

Abb. 3.8:   Auftragsabwicklung: Involvierte Parteien und Belegkette

Mit jedem weiteren Prozessschritt entsteht ein neues Geschäftsdokument mit einem geänderten Status und zusätzlichen Informationen. Im Falle, dass die gewünschten Produkte komplett auf Lager sind, kann geliefert werden. Wenn dies nicht der Fall ist, erstellt die *Einkaufsabteilung* eines Handelsunternehmens *Bestellungen* bei seinen Lieferanten und ein Produktionsunternehmen löst (neben Bestellungen für Rohstoffe, Vorprodukte oder Zulieferteile) zusätzlich einen *internen Produktionsauftrag* aus, um die vom Kunden in Auftrag gegebenen Produkte selbst zu erzeugen. Beim Versand wird im Lager ein *Lieferschein* erzeugt und der Lieferung in Papierform beigelegt. Anschließend wird im Rechnungswesen eine *Rechnung* (Faktura) erzeugt. Damit endet die Belegkette, und der Auftrag ist abgeschlossen. Wird vom Kunden eine fehlerhafte Lieferung (defekte oder fehlende Artikel) gemeldet, kann es ggf. zu einer Retoure kommen, die durch eine *Stornorechnung* korrigiert werden muss (d. h. der Rechnungsbetrag wird korrigiert, der Umsatzsteuerbetrag wird bereinigt und die Kosten der defekten oder nicht gelieferten Artikel werden dem Kunden zurückerstattet, wenn dieser bereits gezahlt hat). Auch Nachlieferungen sind möglich, falls zunächst nur eine Teillieferung des Auftrags erfolgen konnte bzw. um defekte Produkte zu ersetzen. Bei Verkäufen an private Endkunden sind Vorauszahlung oder Einmallastschrift (z. B. mit Hilfe eines POS-Terminals) zum Zahlungsausgleich üblich.

3.3.4 Stammdaten (engl. master data)

> *Stammdaten* sind *zustandsorientierte* Daten, die zur Identifikation, Klassifikation und Charakterisierung von Sachverhalten dienen. Sie enthalten Instanzen der grundsätzlichen Geschäftsobjekte im Unternehmen und bilden die Grunddaten für die Geschäftstätigkeit.

Wesentliche Stammdaten sind z. B. die eigentlichen Produkte des Unternehmens, auch bezeichnet als Materialstamm, Artikel oder Dienstleistung, mit den zugehörigen Erzeugnisstrukturen (Stücklisten) sowie wichtige Objekte der Finanzbuchhaltung wie Kunden (Debitoren), Lieferanten (Kreditoren) und der Kontenplan mit seinen Sachkonten.

Struktur von Stammdaten

Stammdaten werden auch als feste Daten bezeichnet, da sie nur bei konkreten Änderungen aktualisiert werden, z. B. wenn ein Kunde umzieht und eine neue Rechnungsadresse erfasst werden muss oder wenn sich eine Erzeugnisstruktur (bei einem komplexen Produkt wie z. B. einer vorkonfigurierten Küche) nach einiger Zeit ändert. Im Laufe der Geschäftstätigkeit eines Unternehmens werden Stammdaten laufend neu erfasst (z. B. neue Kunden, neue Lieferanten, neue Produkte). Abb. 3.9 zeigt eine exemplarische Erfassungsmaske zu einem Kunden (Debitor).

Das Anlegen eines neuen Stammdatums erfolgt, wenn neue Geschäftsobjekte auftreten und für einen Geschäftsvorfall relevant werden, beispielsweise wenn ein neues Produkt angeboten werden soll (Materialstamm) oder wenn ein potenzieller Kunde um ein Angebot bittet (Debitorenstammsatz).

> *Stammdatenmanagement* ist eine wichtige betriebliche Aufgabe und umfasst die Organisation sowie das Anlegen und die Pflege von Stammdaten im Unternehmen. Zur Organisation gehört neben dem Entscheid für eine Architektur (z. B. zentralisiert oder führendes System) auch das Festlegen der Verantwortung (engl. Data Governance) für die Datenbereiche in den Stammsätzen.

Wie in Abb. 3.9 zu sehen ist, sind Stammdaten in verschiedene Abschnitte untergliedert, die in der Verantwortung unterschiedlicher Abteilungen liegen können. Im Beispiel der Debitorenkarte wäre es z. B. naheliegend, dass die Felder (Attribute) in den Teilen „Allgemein" und „Kommunikation" vom Kundenberater (*Verkauf*) bei einer erstmaligen Kundenanfrage angelegt werden und die Fakturierungsinformationen zu einem späteren Zeitpunkt (spätestens, wenn eine Rechnung erzeugt wird) von der *Finanzbuchhaltung* ergänzt werden. Die *verkaufsseitigen* Materialstämme werden von der Abteilung Produktentwicklung (bei selbst gefertigten Produkten) oder vom Verkauf (bei Handelsprodukten) angelegt, die *einzukaufenden* Materialien (Rohmaterial) werden vom Einkauf erstellt. Weitere

Daten im ERP-System

Attribute werden anschließend im Prozessablauf sukzessive von den verantwortlichen Stellen ergänzt.

Debitorenkarte *(Müller)*			
Allgemein			
Nr.	D10227	Primäre Kontaktnr.	
Name *	Manfred Müller	Saldo (MW)	0,00
Adresse	Musterstraße 5	Kreditlimit (MW)	0,0
PLZ, Ort	54321, Musterstadt	Aktualisiert am	25.01.2022
Ländercode	DE		
Kommunikation			
Telefon	0656 5587632	Homepage	
Fax		E-Mail	
Fakturierung			
Anzahl Rechnungskopien	3	Debitorenbuchungsgruppe	INLAND
Rechnungsrabattcode		Debitorenrabattgruppe	STANDARD
Auftraggebertyp	Person	Positionsrabatt zulassen	✓
Geschäftsbuchungsgr.	IN	Vorauszahlung %	0

Abb. 3.9: Beispiel für Stammdaten: Debitorenkarte

Konten des betrieblichen Rechnungswesens

Wie in Kapitel 3.1.3 *Externes Rechnungswesen (Finanzbuchhaltung)* erläutert, ist die Finanzbuchhaltung (FiBu) eine zentrale Komponente im ERP-System. Bevor die erste Buchung im ERP-System erfolgen kann, muss im Rahmen der Systemeinrichtung zunächst ein Kontenplan angelegt werden. Konten*pläne* orientieren sich normalerweise an einem empfohlenen Konten*rahmen* für den entsprechenden Wirtschaftszweig (Branche) des Unternehmens.

> Ein *Kontenrahmen* ist ein systematisches Verzeichnis der Konten für die Buchführung. Er dient als Richtlinie und Empfehlung für die Aufstellung eines konkreten Kontenplans in einem Unternehmen.

Damit sollen einheitliche Buchungen von gleichen Geschäftsvorfällen erreicht und zwischenbetriebliche Vergleiche ermöglicht werden.

> Es gibt *spezialisierte Standardkontenrahmen* (SKR), die von Interessensvertretungen (Branchenverbänden) entwickelt werden und auf bestimmte Wirtschaftszweige bzw. Branchen (wie Handel, Banken, Versicherungen) zugeschnitten sind. Daneben gibt es auch *allgemeine Standardkontenrahmen*, die nicht auf eine bestimmte Branche ausgerichtet sind.

Für publizitätspflichtige Unternehmen sind in Deutschland die beiden allgemeinen Standardkontenrahmen SKR03 und SKR04 am weitesten verbreitet. Der IT-Dienstleister DATEV stellt diese beiden Kontenrahmen zum Download zur Verfügung.

> Der *Kontenplan* ist das zentrale Strukturierungsinstrument für das betriebliche Rechnungswesen. Im Kontenplan sind alle Konten in einer hierarchischen Struktur aufgeführt, die für die Erstellung der Bilanz und der Gewinn- und Verlustrechnung notwendig sind. Ein einzelner Geschäftsvorfall hat in der Regel Auswirkungen auf diverse Konten.

> Alle geschäftsrelevanten Vorfälle werden als Buchungen im sogenannten *Grundbuch* (engl. General Journal) chronologisch protokolliert und dort quasi wie in einem „Logbuch" *zeitlich geordnet* gespeichert. Im Hintergrund findet eine automatische Übertragung in das *Hauptbuch* (engl. General Ledger) statt, in welchem die Buchungen *sachlich geordnet* festgehalten werden.

Während der Installation der ERP-Software ist daher die Erstellung eines Kontenplans (meist nach Import eines Kontenrahmens) notwendig. Normalerweise entwickeln Unternehmen keine eigenen Kontenpläne, sondern nutzen die oben genannten Standardkontenrahmen als Vorlage (vgl. Kapitel 4.7.3). Für die Erstellung eines konkreten Kontenplans wird der Musterkontenrahmen elektronisch in das ERP-System importiert und überflüssige Konten werden anschließend gestrichen bzw. zusätzliche hinzugefügt.

3.3.5 Bewegungsdaten (engl. transaction data)

> *Bewegungsdaten*, auch als Transaktionsdaten bezeichnet, sind *abwicklungsorientierte* Daten und beschreiben die Aktivitäten, die im Rahmen der Geschäftsprozesse eines Unternehmens anfallen und kontinuierlich im Laufe der Geschäftstätigkeit erfasst werden. Sie halten die *Geschäftsvorfälle* im Unternehmen fest, wie z. B. den Eingang eines Kundenauftrags, einer Lieferantenrechnung oder einer Lagerbewegung und die damit verbundene Erzeugung des entsprechenden Belegs (Geschäftsdokument).

> Ein *Geschäftsvorfall* (oder Geschäftsfall) ist eine in der Buchführung erfasste Transaktion, die den Jahresabschluss eines Unternehmens beeinflusst und damit Auskunft über seine Geschäftstätigkeit gibt.

Zusammenhängende Bewegungsdaten (Belege) bilden eine Belegkette und erlauben Rückschluss auf den aktuellen Zustand eines Geschäftsprozesses. So zeigt z. B. die Belegkette Anfrage, Angebot, Auftrag, interner Auftrag, Bestellung, Lieferauftrag, Rechnung die Schritte einer kompletten Auftragsabwicklung.

Bewegungsdaten werden auch als OLTP-Daten bezeichnet und bilden die Basis für analytische Auswertungen (Data Mining) z. B. für Umsatz-/Gewinnanalysen.

> *OLTP* steht für *Online Transaction Processing* und charakterisiert die Gruppe der transaktionsorientierten betriebswirtschaftlichen Anwendungssysteme, zu denen ERP-Systeme gehören.

Die Speicherung und Archivierung von Bewegungsdaten unterliegt gesetzlichen Anforderungen, deren Einhaltung vom ERP-System bzw. von einem angeschlossenen Archivierungssystem sichergestellt werden muss.

Belege werden zunächst im System als Geschäftsobjekte angelegt und können im Status „ungebuchter Beleg" noch verändert und gelöscht werden. Erst ihre tatsächliche Verbuchung löst die Transaktion im System aus. Einmal explizit „gebucht" dient ein Datensatz (gebuchter Beleg) zur (rechtskonformen) Dokumentation eines Geschäftsvorfalls und kann anschließend nur noch angesehen aber nicht mehr verändert oder gelöscht werden.

Eine Buchung verändert in der Regel Posten in diversen Bereichen des ERP-Systems, z. B. Kreditorenposten (Lieferantenverbindlichkeiten), Artikelposten (Lagerbewegung) und Sachposten (Sachkontobuchung). Zur Korrektur eines falsch verbuchten Belegs muss ein zusätzlicher Beleg (Korrekturbuchung) angelegt und gebucht werden, der die Inhalte des fälschlich gebuchten Belegs neutralisiert. Eine Löschung bzw. Änderung fälschlich gebuchter Belege ist nicht möglich. Dieses vielleicht kompliziert erscheinende Vorgehen ist notwendig, um die Persistenz aller involvierten Konten sicherzustellen.

Existentielle Abhängigkeit von Stamm- und Bewegungsdaten

Stammdaten und Bewegungsdaten stehen in einer existentiellen Abhängigkeit, d. h. bestimmte Stammdaten müssen zunächst im System existieren bevor Bewegungsdaten erzeugt werden können.

Bevor z. B. ein Auftrag (bzw. sogar ein Angebot) erstellt werden kann, sind eine Reihe an Vorarbeiten in anderen Abteilungen bzw. Modulen des ERP-Systems notwendig. Abb. 3.10 zeigt Informationen aus verschiedenen Quellen, die in das Geschäftsdokument Auftrag einfließen.

Zunächst muss der Kunde in der FiBu als *Debitor* (Stammdatum) angelegt werden, damit es möglich ist, nach erfolgter Leistungserbringung eine Rechnung zu stellen. Zusätzlich muss ein Produktverantwortlicher im Verkauf das verkaufte Produkt bzw. die zu erbringende Leistung im Materialstamm (*Artikelstammdaten*) angelegt haben. An dieser Stelle werden Produktcharakteristika wie z. B. feste Stückmengen (Bündelungen), Mengeneinheiten und Verpackungsvorgaben hinterlegt. Im Artikelstamm werden einem Produkt typischerweise auch die zu buchenden Konten (aus dem Kontenplan) und der verantwortliche Mitarbeitende zugewiesen. Auch diese Tabellen müssen bereits vorliegen. Für die Berechnung des Preises müssen *Konditionsstammdaten* (Listenpreis, aktuelle Rabatte) hinterlegt sein. Die Grundeinstellungen aus dem *Customizing* stellen die korrekten Abläufe für die Auftragserstellung sicher. Die *Lagerdaten* geben Auskunft über den Lagerort, an dem das Produkt aufbewahrt wird (Stammdatum) und die auf Lager verfügbare Menge (Bestandsdatum).

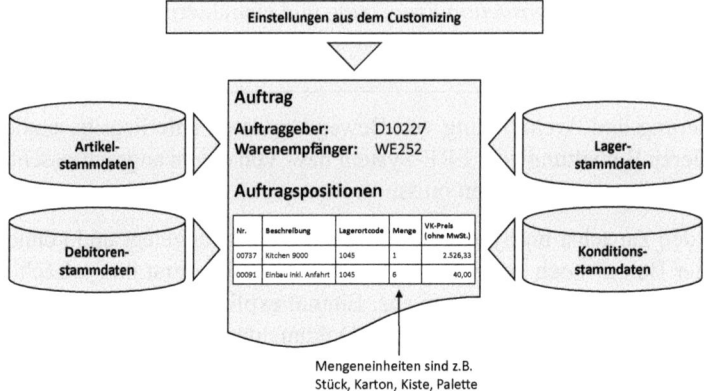

Abb. 3.10: Stammdaten, die für einen Auftrag (Bewegungsdatum) notwendig sind

3.3.6 Bestandsdaten (engl. inventory data)

Bestandsdaten sind (wie die Stammdaten) *zustandsorientierte* Daten, die betriebliche Mengen- und Wertestrukturen festhalten, die sich laufend verändern. Sie unterliegen durch das Betriebsgeschehen permanenten Aktualisierungen, welche durch die Verarbeitung von Transaktionsdaten (Bewegungsdaten) bewirkt wird.

Nr.	Beschreibung	Variante	Beschaffungsmethode	Einstandspreis	Lagerort	Einheit	Lagerbestand
00003	Ignatius H5-E-Herd	Weiß	Einkauf	599,00	Lager 1	STÜCK	992
00002	Soboru ZR25-Kühlschrank	Braun	Einkauf	749,00	Lager 1	STÜCK	312
00014	Mercura-Spülbecken	Stainless Steel	Einkauf	333,33	Lager 1	STÜCK	200
00019	Confuzius-Schrank	Beige	Einkauf	199,00	Warenannahme	STÜCK	456
00019	Confuzius-Schrank	Rot	Einkauf	199,00	Lager 2	STÜCK	12
00028	Zibra T05-Arbeitsplatte	Braun	Einkauf	149,00	Lager 2	METER	327
00737	Kitchen 9000	Rot	Montage	2.526,33	Warenausgabe	STÜCK	17
00666	Herdplatte-Pyromane	Schwarz	Einkauf	190,99	Lager 1	STÜCK	279
00874	Dampfgarer-Fernando	Keramikweiß	Einkauf	400,00	Lager 1	STÜCK	57
00896	Mikrowelle-Hafti	800 Watt	Einkauf	95,95	Lager 2	STÜCK	65
00960	Pollos H2O-Wasserhahn	Edelstahl	Einkauf	50,00	Lager 1	STÜCK	139
00975	Mixer KB-9-Alpha	500 Watt	Einkauf	69,00	Lager 2	STÜCK	98
00998	Pizzaofen-Luigi	Digital	Einkauf	310,59	Lager 2	STÜCK	222

Abb. 3.11: Beispiel für Bestandsdaten: Lagerbestände

Beispiele für Bestandsdaten sind der Wert im Sachkonto „Bank" (Kontosaldo) oder die im Lager verfügbare Menge eines bestimmten Artikels (Lagerbestand). Abb. 3.11 zeigt ein Beispiel für Bestandsdaten in der Form von Lagerbeständen (Lagerhaltungsdaten).

3.4 Module eines ERP-Systems

Ein ERP-System ist eine modular aufgebaute, integrierte, betriebswirtschaftliche Software. Standard-ERP-Systeme verfügen normalerweise über ein *Basisframework*, das für den Betrieb notwendig ist und über ergänzende *Erweiterungsmodule*, die bei Bedarf (ggf. auch noch zu einem späteren Zeitpunkt) hinzugefügt werden können.

Die Module eines ERP-Systems werden aufgrund ihrer funktionalen Ausrichtung oft nach den entsprechenden Abteilungen benannt, deren Arbeit sie schwerpunktmäßig unterstützen. Dabei haben sich der Funktionsumfang und das Modulverständnis über die Jahre immer stärker ausgeweitet. Wurde ursprünglich nur zwischen Abteilungsmodulen wie z. B. Finanzwesen, Controlling, Vertrieb, Materialwirtschaft und Produktionsplanung unterschieden, sind die funktionalen Unterteilungen in modernen Systemen viel feingliedriger. Allein in der Materialwirtschaft existieren mittlerweile Module für die Bedarfsprognose, das Multi-Site-Planning, die Lagerdisposition, Logistik, Auftragsabwicklung, Beschaffung, Mietmanagement und Lagerverwaltung.

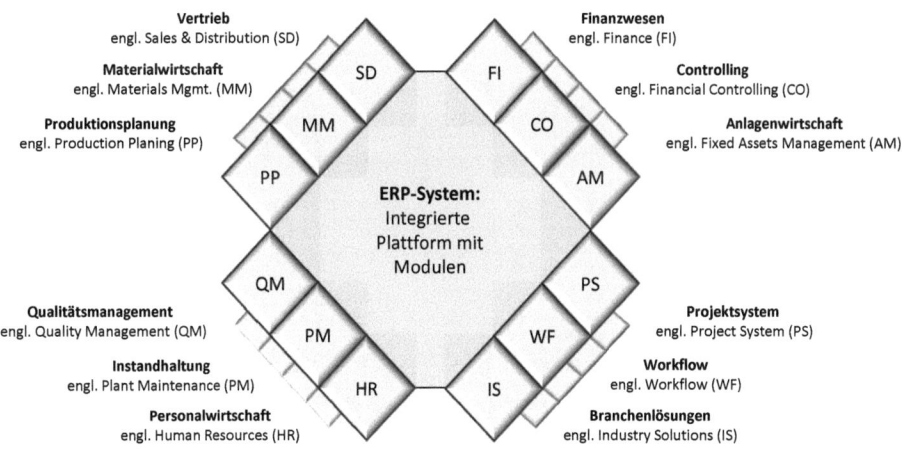

Abb. 3.12: Funktionsmodule SAP R/3 in den 90er Jahren (in Anlehnung an SAP)

Abb. 3.12 und Abb. 3.13 zeigen zwei Beispiele für die Darstellung des Funktionsumfangs von frühen Formen von ERP-Systemen in der Form von Modulen. Abb. 3.12 zeigt die 12 Funktionsmodule des Systems SAP R/3 in den 90er Jahren, Abb. 3.13 zeigt die Module von Microsoft Navision 4.0, einem für den Mittelstand entwickelten (und damit „kleineren") System. Die SAP-Darstellung betont die Integration der Module auf einer einzigen Plattform. Die Navision-Illustration deutet die Position der Module in der unternehmensinternen Wertschöpfungskette zwischen Lieferanten und Kunden an.

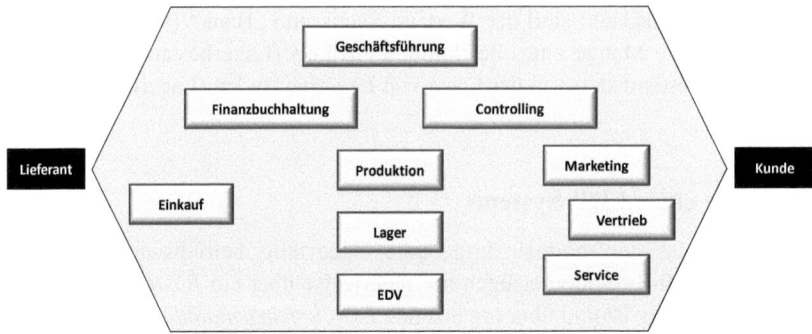

Abb. 3.13: Funktionsmodule MS Navision 4.0 in den 2000er Jahren (in Anlehnung an Microsoft)

Inzwischen umfassen große ERP-Systeme so viele Module, dass die entsprechenden Abbildungen sehr umfangreich geworden sind. Die meisten ERP-Systeme beinhalten ein *Basisframework*, das den Programmcode enthält, der notwendig ist, damit das System überhaupt lauffähig ist. Daneben bieten die meisten Systeme *funktionale Basismodule*, z. B. Finanzen, Personal, Beschaffung, Produktion & Lager (für Fertigungsunternehmen), Marketing/Vertrieb/Service. Daneben gibt es *funktionsbereichsübergreifende Komponenten* (engl. cross-functional components). Bei IFS Foundation1 (siehe Abb. 3.14) gehören dazu z. B. Buchungsregeln, Umweltmanagement, Lifecycle Management, Dokumenten Management, Business Intelligence, Qualitätsmanagement, Prozessmodelle, Konfiguration & Erweiterbarkeit (Abb. 3.14).

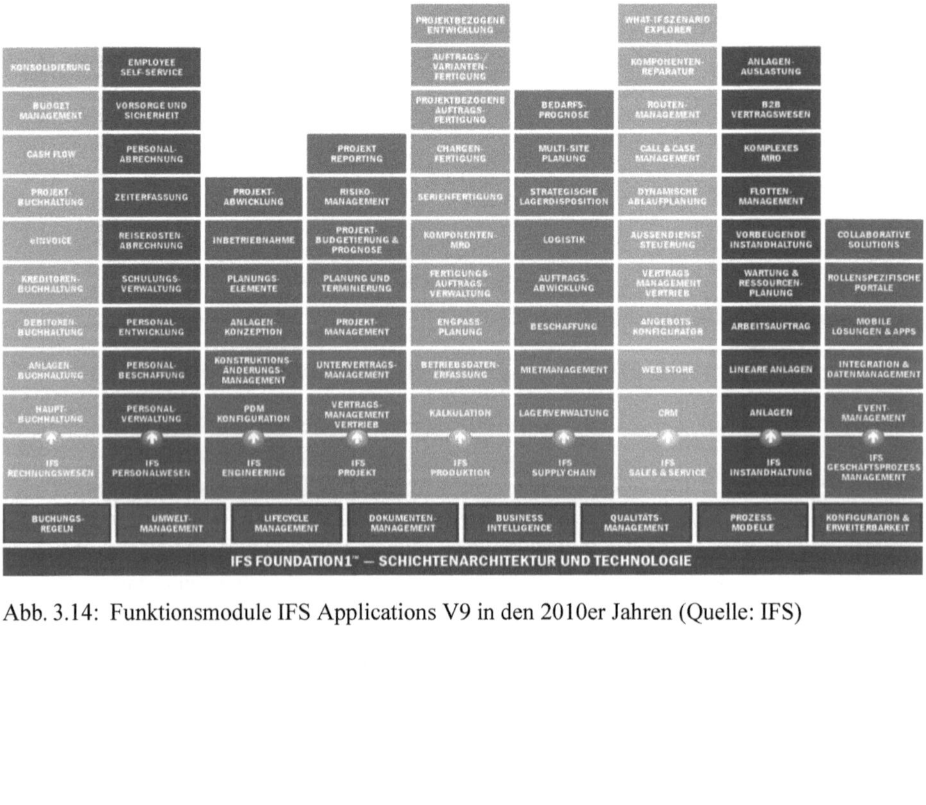

Abb. 3.14: Funktionsmodule IFS Applications V9 in den 2010er Jahren (Quelle: IFS)

3.5 Arten der Auftragsabwicklung: Vom Kundenbedürfnis zur Bezahlung

Der Auftragsabwicklungsprozess ist abhängig vom Wirtschaftssektor, dem ein Unternehmen bzw. eine Organisation zugehörig ist. In den Wirtschaftswissenschaften unterscheidet man zwischen den folgenden vier Sektoren:

1. Primärsektor (Urproduktion)
2. Sekundärsektor (industrieller Sektor)
3. Tertiärer Sektor (Dienstleistungssektor)
4. Quartärsektor (Informationssektor)

Unternehmen des *Primärsektors* stellen Grund- bzw. Rohstoffe her. Hierzu gehören vor allem die Land- und Forstwirtschaft sowie die Fischerei. Der *Sekundärsektor* (auch industrieller Sektor genannt) umfasst produzierende (herstellende) Unternehmen, d. h. diejenigen Unternehmen, die Grund- und Rohstoffe in nutzbare Produkte weiterverarbeiten. Dazu zählen z. B. Maschinen- und Fahrzeugbau, Chemie, Pharma, Möbelindustrie, Handwerk (handwerkliche Produktion), Energiewirtschaft und meist auch das Baugewerbe. Der *tertiäre Sektor* (Dienstleistungssektor) umfasst alle Dienstleistungen, die in eigenständigen Unternehmen oder durch den Staat sowie in anderen öffentlichen Einrichtungen erbracht werden. Auch Handel, Verkehr und öffentliche Haushalte gehören zu diesem Sektor, werden allerdings aufgrund ihrer volkswirtschaftlich hohen Bedeutung oft separat aufgeführt. In neuerer Zeit werden diejenigen Branchen, die durch eine hohe intellektuelle Tätigkeit charakterisiert sind, alternativ in den *Quartärsektor* (auch Informationssektor) eingeordnet. Hierunter fallen insbesondere Beratung (z. B. Ingenieure, Rechtsanwälte, Wirtschaftsberater), IT-Dienstleistungen, High-Tech-Industrie (z. B. Nanotechnologie, Biotechnologie) sowie Kommunikationstechnik.

Die Zugehörigkeit zu einem Wirtschaftssektor und die Position in der Wertschöpfungskette einer Branche haben einen entscheidenden Einfluss auf die Anforderungen an ein Standard-ERP-System. Aus diesem Grund gibt es zwar durchaus *branchenneutrale* ERP-Systeme für kleine Unternehmen, die meisten mittelgroßen und großen Unternehmen benötigen aber eine *spezifische Branchenlösung*, die sehr spezifisch auf die Produkteigenschaften und die Geschäftsprozesse einer bestimmten Branche ausgerichtet ist. In einer sehr groben Einteilung kann man ERP-Systeme in die folgenden Klassen einteilen:

1. Fertigung (Synonyme: Industrie, produzierende Unternehmen)
2. Handel (z. B. Konsumgüter, Lebensmittel, Möbel)
3. Dienstleistungen (z. B. Beratung, Banken, Versicherungen)

Grundsätzliche Geschäftstätigkeiten wie das betriebliche Rechnungswesen, Personalmanagement oder das Management der Informationstechnologie sind relativ generisch und unterscheiden sich nicht wesentlich zwischen den Wirtschaftszweigen. Der eigentliche Leistungsprozess sieht allerdings sogar innerhalb dieser Gruppen sehr unterschiedlich aus, wodurch es zu einer hohen Spezialisierung bei ERP-Systemen kommt. Die Art der

Auftragsauslösung und die Eigenschaften des Produkts haben einen wesentlichen Einfluss auf die Anforderungen an das ERP-System.

Produktionstyp: Absatzorientiert vs. auftragsorientiert

Je nach Auftragsauslösung, kann man verschiedene Typen unterscheiden, z. B.

- *Auftragsorientierte Produktion (Synonyme: Bestellproduktion, Kundenproduktion)*
  (speziell für einen Kundenauftrag, z. B. Schiffbau, Handwerk, Dienstleistungen)
- *Produktion auf Lager (Marktproduktion)*
  (Produktion orientiert sich an Absatzprognosen, z. B. Pharma, Nahrungsmittel, Kleidung, Unterhaltungselektronik)
  Das ERP-System muss in diesem Fall die Erstellung eines *Absatzplans* unterstützen.

Fertigungsart in Abhängigkeit von den Eigenschaften des Produkts

Die Produkteigenschaften erfordern darauf ausgerichtete Fertigungsprozesse, z. B.

- *Diskrete Fertigung*
  Als diskrete Fertigung bezeichnet man die Produktion von abzählbaren Einheiten, z. B. Konsumgüter oder Autos
- *Prozessorientierte Fertigung*
  Bei der prozessorientierten Fertigung ist das Ergebnis nicht zählbar, z. B. Flüssigkeiten, Arzneimittel

Merkmal	Merkmalsausprägung			
Art der Auftragsauslösung	Produktion auf Bestellung mit Einzelaufträgen	Produktion auf Bestellung mit Rahmenaufträgen	Anonyme/auftragsbezogene Endproduktion	Produktion auf Lager
Erzeugnisspektrum	Erzeugnisse nach Kundenspezifikation	Typisierte Erzeugnisse mit kundenspezifischen Varianten	Standarderzeugnisse mit Varianten	Standarderzeugnisse ohne Varianten
Erzeugnisstruktur	Mehrteilige Erzeugnisse mit komplexer Struktur	Mehrteilige Erzeugnisse mit einfacher Struktur	Geringteilige Erzeugnisse	
Beschaffungsart	Weitgehender Fremdbezug	Fremdbezug in größerem Umfang	Fremdbezug unbedeutend	
Fertigungsart	Einmalfertigung	Einzel- und Kleinserienfertigung	Serienfertigung	Massenfertigung
Ablaufart Teilefertigung	Werkstattfertigung	Inselfertigung	Reihenfertigung	Fließfertigung
Ablaufart Montage	Baustellenmontage	Gruppenmontage	Reihenmontage	Fließmontage

Abb. 3.15: Ausschnitt aus dem morphologischen Merkmalschema in Anlehnung an das Aachener PPS-Modell (Schuh 2006)

Fertigungsarten

Verschiedene Fertigungsarten haben unterschiedliche Anforderungen an die unterstützenden betrieblichen Anwendungssysteme. BAS, die hochgradig auf die Produktion fokussiert sind, werden auch als *Produktionsplanungs- und Steuerungssysteme (PPS)* bezeichnet. Abb. 3.15 zeigt einen Ausschnitt möglicher Ausprägungen. Aufgrund der hohen Anzahl an Kombinationsmöglichkeiten spezialisieren sich die Anbieter für PPS- und ERP-Systeme in der Regel auf bestimmte Merkmalskombinationen.

3.6 Auftragsabwicklungsprozess im Fallstudienunternehmen Küchenland

Das Hauptkapitel in diesem Buch behandelt die einzelnen Schritte des *Auftragsabwicklungsprozesses* (engl. *purchase-to-pay*) am Beispiel eines Fallstudienunternehmens (Küchenland), dessen Hintergründe im Folgenden vorgestellt werden.

3.6.1 Fallstudienunternehmen Küchenland

Die Firma Küchenland ist ein Küchenstudio, das an seinem Stammsitz in Koblenz eine Ausstellungsfläche von 400 qm betreibt. Kunden, die auf der Suche nach einer neuen Küche sind, können ohne vorherige Terminvereinbarung in die Ausstellung kommen und werden dort durch fachkundiges Personal in der Auswahl und Planung unterstützt.

Steckbrief Küchenland GmbH
Branche: Küchenstudio mit Ausstellungsfläche
Anzahl der Mitarbeiter: 30, davon Küchenplaner: 10
Umsatz im letzten Jahr: 3 Mio. (durchschnittlich ca. 8.000 Euro / Küche)
Verkaufsregion: Koblenz und Umgebung
Kerngeschäft: Beratung, Verkauf, Montage

In der Küchenbranche herrscht ein starker Preis- und Wettbewerbsdruck. Die Lieferanten von Küchenbauteilen (z. B. Nolte, Nobilia, Alno) und Elektrogeräten (z. B. Bosch, Miele, AEG) liefern prinzipiell an alle Küchenstudios zu denselben Konditionen. Es ist daher für Küchenstudios schwierig, eine Produktdifferenzierung gegenüber dem Kunden vorzunehmen. Im Prinzip kann man die gleiche Küche in einem beliebigen Küchenstudio kaufen. Dies führt dazu, dass Kunden häufig in mehrere Küchenstudios gehen, um die Preise zu vergleichen.

Das große Problem dabei ist, dass dem Küchenverkauf i. d. R. ein zeitintensiver *Planungsprozess* vorausgeht. Die Komponenten für eine hochwertige Küche werden individuell für die Wünsche und Gegebenheiten (Raummaße) des Kunden angefertigt und von entsprechendem Fachpersonal vor Ort installiert. Für die Planung einer Küche sitzt ein Küchenplaner daher mehrere Stunden mit dem Kunden zusammen, um die für den verfügbaren Raum optimale Position der Komponenten zu bestimmen und die gewünschten Farben, Oberflächen und Designs zu ermitteln.

Für diesen Planungsprozess gibt es spezialisierte Küchenplanungssoftware (KPS), die am Ende eine 3D-Zeichnung, eine technische Zeichnung und eine Liste aller ausgewählten Komponenten mit Preisen ausgibt. Dies bildet die Basis des *Angebots* an den Kunden. Aufgrund des aufwändigen Verkaufsprozesses hat der Küchenverkäufer ein großes Interesse, dass der Kunde das Angebot auch wirklich annimmt.

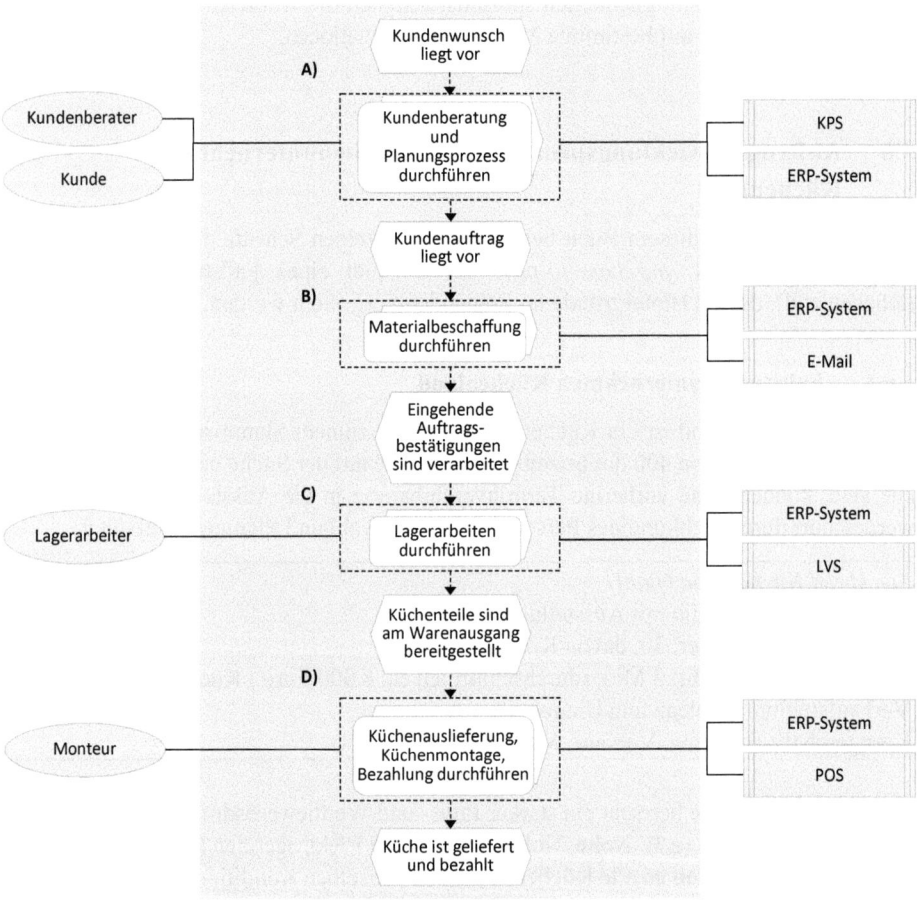

A) Verkauf und interne Planung,
B) Einkauf,
C) Eingangs-/Ausgangslogistik,
D) Lieferung und Montage

Abb. 3.16: Prozesslandkarte Auftragsabwicklung Küchenland mit den Unterprozessen: A) Verkauf und interne Planung, B) Einkauf, C) Eingangs-/Ausgangslogistik, D) Lieferung und Montage

Entscheidet sich der Kunde für die Küche, werden der *Auftrag* und seine Komponenten im ERP-System angelegt. Im nächsten Schritt wird hier die Beschaffung der auftragsspezifisch gefertigten Komponenten sowie der Elektrogeräte angestoßen. Die Bestellungen werden an die Lieferanten übermittelt mit der Bitte um ein verbindliches Lieferdatum.

Erst wenn alle *Auftragsbestätigungen* der zu verbauenden Komponenten vorliegen, kann mit dem Kunden ein verbindlicher Installationstermin *(Lieferdatum)* vereinbart werden. Da die Komponenten in der Regel nicht alle am selben Tag angeliefert werden, werden sie eingelagert und für das Lieferdatum auftragsspezifisch auf einem LKW zusammengestellt. Am vereinbarten Liefertermin baut das Monteurteam die Küche beim Kunden auf und der Kunde bezahlt nach Übergabe (entweder bar oder mit einem POS-Terminal).

Abb. 3.16 zeigt den Prozess der Auftragsabwicklung in einer Prozesslandkarte. Die gestrichelten Kästen verweisen auf die Unterprozesse der Auftragsabwicklung, die in Kapitel 4 detailliert erklärt werden.

3.6.2 Anwendungslandschaft Küchenland

Abb. 3.17 zeigt die Anwendungslandschaft von Küchenland. Tab. 3.2 gibt einen Überblick über die involvierten Anwendungssysteme mit ihren Namen, den wichtigsten Funktionen sowie die im Rahmen der Fallstudie relevanten Stamm- und Bewegungsdaten.

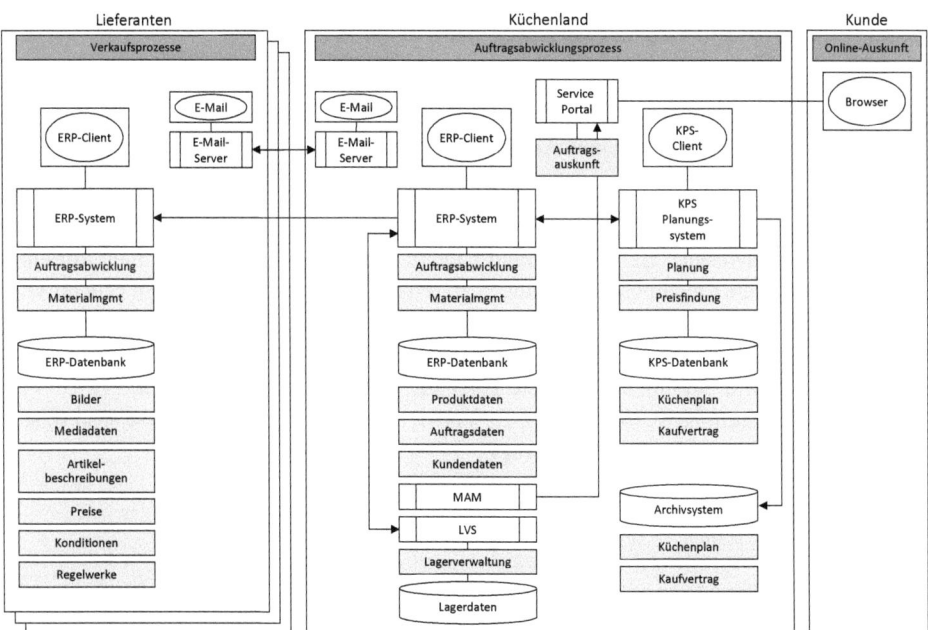

Abb. 3.17: Anwendungssicht Küchenland

Tab. 3.2: Betriebswirtschaftliche Anwendungssysteme bei Küchenland

BAS	Funktionsmodule	Daten
Küchenplanungssystem (KPS)	Konfiguration der Küche Erstellung Küchenzeichnung Angebotsberechnung	Materialstammdaten der Anbieter (kaufmännische und grafische Daten) geplante Küchen (Stücklisten) Fotorealistische Küchenzeichnungen Angebote
Dokumentenarchivierungssystem	Archivierung	Küchenplan
Service-Portal (Küchenland Website)	Kundenservice	Auftragsstatus
Mobiler Auslieferungs-Manager (MAM)	Tourenplanung Dokumentation der Montage	Tourendaten Bilder der aufgebauten Küchen
ERP-System	Verkauf Einkauf Materialmanagement FiBu	Materialstammdaten Kundenstammdaten Aufträge (Kaufverträge) Bestellungen Rechnungen
E-Mail-Server	E-Mail-Client Kalender	E-Mails Tourenplanung
Lagerverwaltungssystem (LVS)	Lagerverwaltung Lageroptimierung	Lagerdaten

3.6.3 Absatz- und Leistungsprozesse bei Küchenland

Abb. 3.18 zeigt die Prozessschritte der Auftragsabwicklung im Fallstudienunternehmen Küchenland in der grafischen Darstellung, die im Kapitel 3.2 als *Prozesslandkarte für den Auftragsabwicklungsprozess* eines Auftragsfertigers (Abb. 3.3) eingeführt wurde.

In den oberen zwei Ebenen sind die Schritte der Absatz- und Leistungsprozesse aufgeführt. Die untere Ebene zeigt die komplementären Prozesse der Finanzbuchhaltung (FiBu) und des Personalwesens. Bei Küchenland handelt es sich um ein Unternehmen mit einer auftragsbezogenen Leistungserbringung, d. h. jeder Kundenauftrag für eine Küche wird individuell angestoßen. Dementsprechend beginnt der Prozess mit dem Verkauf. Bei einem Lagerfertiger würde der Prozess mit der Absatzplanung und dem Einkauf der Rohstoffe/Vorprodukte beginnen. Die Liste zeigt die Namen der *Prozessschritte* (z. B. Verkauf) mit der zuständigen *Abteilung* (z. B. Vertrieb) und dem in dieser Phase wichtigsten *Geschäftsdokument* (z. B. Kundenauftrag).

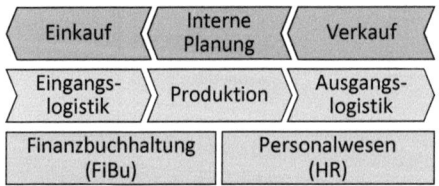

Abb. 3.18: Prozessphasen bei Küchenland

Absatz- und Leistungsprozesse:
1. Verkauf (Vertrieb/Kaufvertrag)
2. Interne Planung (Disposition/interner Auftrag)
3. Einkauf (Operativer Einkauf/Bestellung)
4. Eingangslogistik (Lager/Lieferschein)
5. Produktion (ggf. Vormontage/Montageauftrag)
6. Ausgangslogistik (Lager/Lieferschein) und Montage (Monteure/Montageauftrag)

Unterstützende Prozesse:
1. Finanzbuchhaltung (FiBu/Rechnung)
2. Personalmanagement (HR/Time Sheets)

Im folgenden Kapitel werden die einzelnen Phasen des Auftragsabwicklungsprozesses genauer betrachtet. Die Abschnitte des Kapitels 4 orientieren sich an den einzelnen Prozessphasen des Fallstudienunternehmens, vom Entstehen eines Kundenwunschs bis zur finalen Zahlung der Rechnung.

3.7 Lernkontrollfragen

1. Was ist ein Mandant in einem ERP-System?
2. Erläutern Sie die Unterschiede zwischen Buchungskreis und Nummernkreis.
3. Was ist ein Belegt? Nennen Sie Beispiele.
4. Welche Teilprozesse umfasst die Auftragsabwicklung?
5. Aus welchen Phasen besteht der Auftragsabwicklungsprozess bei produzierenden Unternehmen?
6. Das Vertriebsmodul ist abhängig von der Art der Auftragsauslösung und dem daraus folgenden Produktionstyp. Welche zwei unterschiedlichen Typen kennen Sie?
7. Was sind Stammdaten? Nennen Sie Beispiele.
8. Was sind Bewegungsdaten? Nennen Sie Beispiele.
9. Was sind Bestanddaten? Nennen Sie Beispiele.
10. Beschreiben Sie den Belegfluss in der Auftragsabwicklung.

3.8 Literatur

Scheer, A.-W. (1998). ARIS-Modellierungsmethoden, Metamodelle, Anwendungen. 3. Aufl. Berlin; Heidelberg: Springer.

Schubert, P., Wölfle, R. (2006). eXperience-Methodik zur Dokumentation von Fallstudien. In: Prozessexzellenz mit Business Software, Hrsg. Wölfle, R., Schubert, P., 19–30. München, Wien: Hanser Verlag.

Schuh, G. (Hrsg., 2006). Produktionsplanung und -steuerung: Grundlagen, Gestaltung und Konzepte. Berlin, Heidelberg: Springer.

Wölfle, R. (2005). Prozessexzellenz mit Business Software. In: Prozessexzellenz mit Business Software, Hrsg. Wölfle, R., Schubert, P., 5–18. München, Wien: Hanser Verlag.

4 Der Auftragsabwicklungsprozess

In diesem Kapitel werden die einzelnen Phasen des Auftragsabwicklungsprozesses behandelt. Die insgesamt acht Unterkapitel folgen alle einer einheitlichen Struktur: Im Abschnitt „*Betriebswirtschaftliche Sicht*" werden zuerst allgemeine Fragestellungen für die jeweilige Phase erläutert. Im nächsten Abschnitt ist die *Prozesssicht* für die *Fallstudie Küchenland* in Form einer erweiterten Ereignisgesteuerten Prozesskette (eEPK) gemäß der eXperience-Methode dargestellt. Der dritte Abschnitt enthält die *DV-Sicht*, welche die notwendigen Aktivitäten (z. B. die anzulegenden Geschäftsobjekte) im ERP-System zeigt.

4.1 Verkauf

Das erste Unterkapitel behandelt den Prozess des *Verkaufs*, also die Aktivitäten, die vom Kundenkontakt zum Vertragsabschluss führen (Abb. 4.1). Ein Kaufvertrag kommt durch zwei übereinstimmende Willenserklärungen (Antrag und Annahme) zustande. Die rechtlichen Grundlagen dazu sind im Bürgerlichen Gesetzbuch (BGB) geregelt. Dabei ist es unerheblich, wer die erste verbindliche Erklärung abgibt. Typische Abfolgen sind Verkäufer*angebot*/Käufer*annahme* oder Käufer*bestellung*/Verkäufer*auftragsbestätigung*. Die Abteilung, die mit den verkaufsorientierten Tätigkeiten betraut ist, trägt in Organigrammen meist den Namen „Vertrieb". Der Begriff *Vertrieb* ist breit definiert und beschreibt alle absatzorientierten Maßnahmen eines Unternehmens zur Vorbereitung (Vertriebsplanung) und Durchführung (Verkaufsorganisation) der Verkaufsaktivitäten und der Verteilung (Logistik) der angebotenen Produkte und Dienstleistungen am Markt.

4.1.1 Betriebswirtschaftliche Sicht: Aktivitäten im Verkauf

Der Verkaufsprozess ist abhängig vom Produkt bzw. vom Herstellungsprozess und kann in unterschiedlichen Branchen sehr unterschiedlich ablaufen. Bei der rein *auftragsorientierten Fertigung* (make-to-order) startet der Prozess mit einer Kundenanfrage, die alle weiteren Prozesse anstößt. Anders verhält

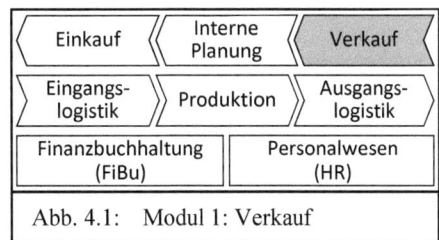

Abb. 4.1: Modul 1: Verkauf

sich dies bei der *Lagerfertigung* (make-to-stock), bei der absatzorientiert produziert wird und die eingehenden Aufträge aus dem Lager bedient werden (vgl. Kapitel 3.5 zu Arten der Auftragsfertigung).

Die Mitarbeiter der Vertriebsabteilung sind meist in Innen- und Außendienst organisiert. Der *Innendienst* nimmt Aufträge über die angebotenen Kanäle (z. B. Ladenlokal, Online-Shop, E-Mail, Telefon, Fax) entgegen, während der Außendienst den Kunden an seinem Firmensitz aufsucht. Dies kann nötig sein für erklärungsintensive Produkte bzw. in denjenigen Fällen, wo eine Demonstration der Funktionalität vor Ort sinnvoll ist.

Da die Verkaufsmitarbeiter den (Erst-)Kontakt mit dem Kunden herstellen, sind sie auch dafür zuständig, die Kontaktdaten (Unternehmen, Ansprechpartner, Kontaktdaten, Adresse, etc.) im Kundenstamm anzulegen. Dies kann bei einem Interessenten, der noch nie bestellt hat und zu dem man die Beziehung ggf. noch aufbauen muss, zunächst in einem gesonderten CRM-Modul erfolgen. Ein spezialisiertes CRM-Modul unterstützt die Erfassung und Verfolgung von Leads (prospektive Kunden), sowie die Eingabe von Marketinginformationen für die gezielte Kundenbearbeitung. Hier können auch Ergebnisse von Telefongesprächen, Kundenbesuchen, abgegebenes Informationsmaterial und Wiedervorlagen (Erinnerung an erneuten Besuch) hinterlegt werden. Mailingaktionen können nach ausgewählten Parametern (Selektion) vorgenommen werden. Manche Systeme unterstützen den Außendienst sogar bei einer optimierten Tourenplanung. Spätestens für die Erzeugung eines konkreten Angebots muss der Kontakt dann im Kundenstamm des ERP-Systems angelegt werden.

Preisfindung

Eine besondere Bedeutung kommt der Preisfindung zu. In einigen Branchen wird mit ausgeklügelten Rabatt- und/oder Bonussystemen gearbeitet. Rabatte sind (meist prozentuale) Nachlässe auf den Preis eines Produktes. Der Verkaufspreis eines Materials setzt sich aus mehreren Elementen zusammen und seine Einflussgrößen sind an unterschiedlichen Stellen im ERP-System gespeichert. Abb. 4.2 zeigt auf der linken Seite eine generische Beispielrechnung für einen Versandhändler und auf der rechten Seite ein spezifisches Beispiel für die Fallstudie Küchenland, bei der aufgrund der Lieferung der Küche durch die Monteure keine Versandkosten anfallen.

Versandhändler	
Listenpreis:	110,00 EUR
Frühlingsaktion Rabatt 10%:	- 11,00 EUR
Verkaufspreis:	99,00 EUR
Mehrwertsteuer 19%:	+ 18,81 EUR
Versandkosten:	+ 4,99 EUR
Zahlungsbetrag (Summe inkl. MwSt.):	**122,80 EUR**

Küchenland	
Listenpreis:	19.208,16 EUR
Kundenrabatt 30%:	- 5.762,45 EUR
Kundenspezifischer Preis:	13.445,71 EUR
Montagekosten:	+ 840,00 EUR
Verkaufspreis (Summe exkl. MwSt.):	14.285,71 EUR
Mehrwertsteuer 19%:	+ 2.714,29 EUR
~~Versandkosten:~~	0,00 EUR
Zahlungsbetrag (Summe inkl. MwSt.):	**17.000,00 EUR**

Abb. 4.2: Beispielrechnungen: Preisfindung für einen Versandhändler bzw. für Küchenland

Verkauf 95

Der Basispreis für ein Produkt wird im Allgemeinen als *Listenpreis* bezeichnet. Für konfigurierbare Produkte zahlen Kunden selten diesen Preis, da während der Auftragserstellung meist spezielle Rabatte eingeräumt werden. Aus dem Listenpreis abzüglich dieses Rabatts ergibt sich der Verkaufspreis. Zusammen mit den geltenden Steuern und ggf. Versandkosten ergibt sich daraus der zu zahlende Betrag (Zahlungsbetrag). ERP-Systeme unterstützen i. d. R. die Eingabe von Preislisten, die für bestimmte Perioden gültig sind. Diese geben Preise vor, die für alle Kunden während dieses Zeitraums gelten und welche während ihrer Gültigkeit anstelle der Listenpreise herangezogen werden. Grundsätzlich wird bei der Preisermittlung vom System automatisch immer der *spezifischere* Preis gewählt.

4.1.2 Prozesssicht: Vom Kundenbedürfnis zum Kaufvertrag

Der Verkaufsprozess von Küchenland ist *auftragsorientiert* und startet mit einem konkreten Kundenbedürfnis (Abb. 4.3).

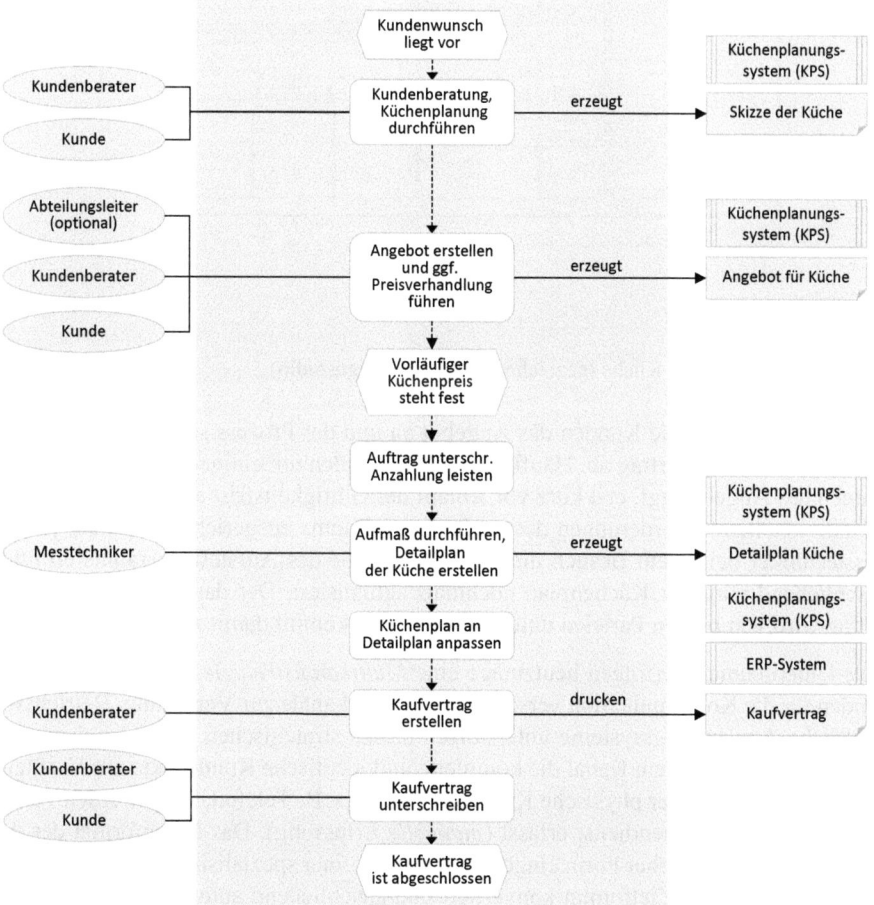

Abb. 4.3: Verkaufsprozess bei Küchenland

Der Kunde (z. B. ein Pärchen, das eine neu gekaufte Eigentumswohnung bezieht) kommt mit dem Wunsch nach einer neuen Küche in das Ladenlokal mit Ausstellungsfläche und trifft dort auf eine Verkaufsberaterin. Die Beraterin eruiert die Wünsche und Bedürfnisse der Kunden und plant mit ihnen gemeinsam die Küche. Dieser Vorgang (der in Kapitel 4.2.3 zur internen Planung näher beschrieben wird) erfolgt direkt in der Küchenplanungssoftware (KPS). Abb. 4.4 zeigt einen exemplarischen Aufriss einer Küche. Die Preiskalkulation erfolgt aufgrund der hinterlegten Preise der ausgewählten Komponenten. Am Ende des Planungsprozesses legt die Beraterin den Kunden ein Angebot für die konfigurierte Küche vor.

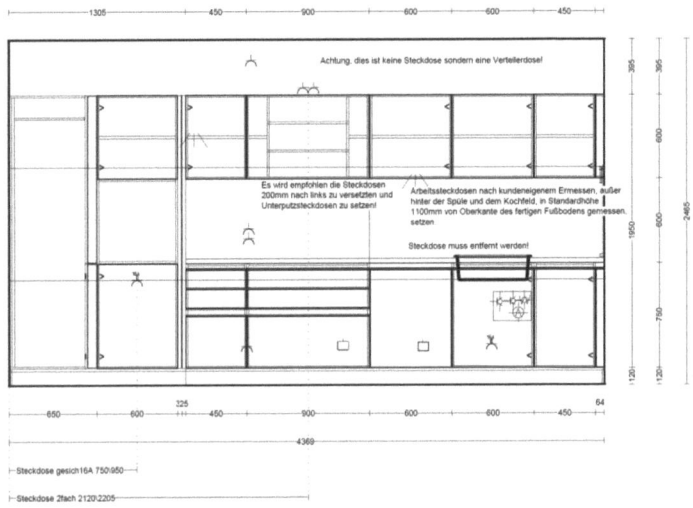

Abb. 4.4: Aufriss einer Küche (gezeichnet mit KPS designstudio)

Im Idealfall nehmen die Kunden das Angebot an und der Prozess schließt mit einem unterschriebenen Kaufvertrag ab. Häufig bitten die Kunden um einige Tage Bedenkzeit und nehmen das Angebot ggf. erst kurz vor Ablauf der Gültigkeitsfrist an. Da eine Küche auf die individuellen Anforderungen des verfügbaren Raums ausgerichtet ist, muss jetzt ein Messtechniker bei einem Besuch die konkreten Maße des Aufstellungsraums ermitteln. Anschließend wird der Küchenplan nochmals aktualisiert. Der darauf basierende Kaufvertrag wird von beiden Parteien unterschrieben und kommt damit zustande.

Viele Unternehmen verfolgen heutzutage eine *Multikanalstrategie*, d. h. sie stellen ihren Kunden für die Kommunikation verschiedene Absatzkanäle zur Verfügung. Betriebswirtschaftliche Anwendungssysteme unterstützen diesen strategischen Ansatz, indem sie sicherstellen, dass in jedem Kanal die komplette und identische Kundenakte zur Verfügung steht. Aufträge, die über physische Kanäle eingehen (z. B. Telefon, Fax), werden von den Mitarbeitenden im Innendienst erfasst (*manuelle* Erfassung). Das Datenformat der Aufträge, die in elektronischer Form eingehen, wird von einer spezialisierten Software (Integrationslösung) in das Zielformat konvertiert und anschließend automatisiert in das ERP-System eingelesen (*maschinelle* Erfassung).

Verkauf

Abb. 4.5 zeigt einen exemplarischen Prozessabschnitt, in dem drei typische *elektronische* Kanäle (Webshop, Intermediär, EDI) und zwei *physische* Kanäle (Telefon, Fax) dargestellt sind. Viele Unternehmen bieten heute Bestellmöglichkeiten über eigene Webshops oder eigene Kundenportale an. Zudem haben sich spezialisierte Online-Anbieter wie Amazon als Intermediäre etabliert. Diese nehmen die Produkte anderer Unternehmen in ihren elektronischen Produktkatalog auf und leiten die eingehenden Bestellungen an diese (die eigentlichen Lieferanten) weiter. Im B2B-Geschäft werden Bestellungen seit vielen Jahren mit EDI (Electronic Data Interchange) im weltweit standardisierten UN/EDIFACT-Format übertragen. Da dies ein etabliertes Verfahren ist, sind für die gängigen ERP-Systeme spezielle EDI-Konverter verfügbar, die man bei Bedarf als Integrationslösung installieren kann.

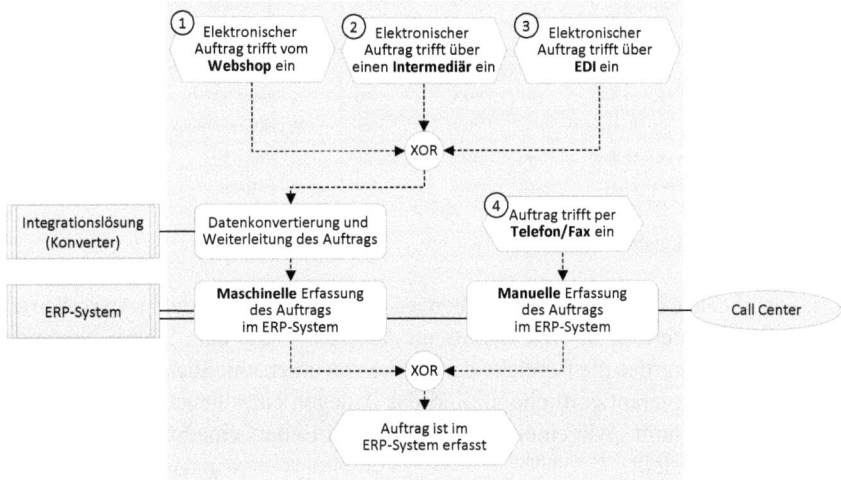

Abb. 4.5: Teilprozess „Auftragseingang" bei einem Multikanalunternehmen

4.1.3 DV-Sicht: Anlegen eines Kundenauftrags im ERP-System

Bevor ein Kundenauftrag (Bewegungsdatum) im System angelegt werden kann, müssen diverse Stammdaten vorliegen, die für die Erzeugung des Kundenauftrags notwendig sind (vgl. Kapitel 3.3.5). Dies sind in erster Linie die zu verkaufenden Artikel, der bestellende Kunde, die Konditionen (für die Preisfindung) und die Lagerdaten (für die Überprüfung der Verfügbarkeit eines Artikels).

Artikelstammdaten

ERP-Systeme verwenden unterschiedliche Namen für die eigentlichen Produkte oder Dienstleistungen eines Unternehmens. Begriffe, die in der Praxis verwendet werden, sind z. B. Materialstamm, Artikelstamm oder Produktstamm. Abb. 4.6 zeigt eine Liste mit existierenden Artikelstammdaten.

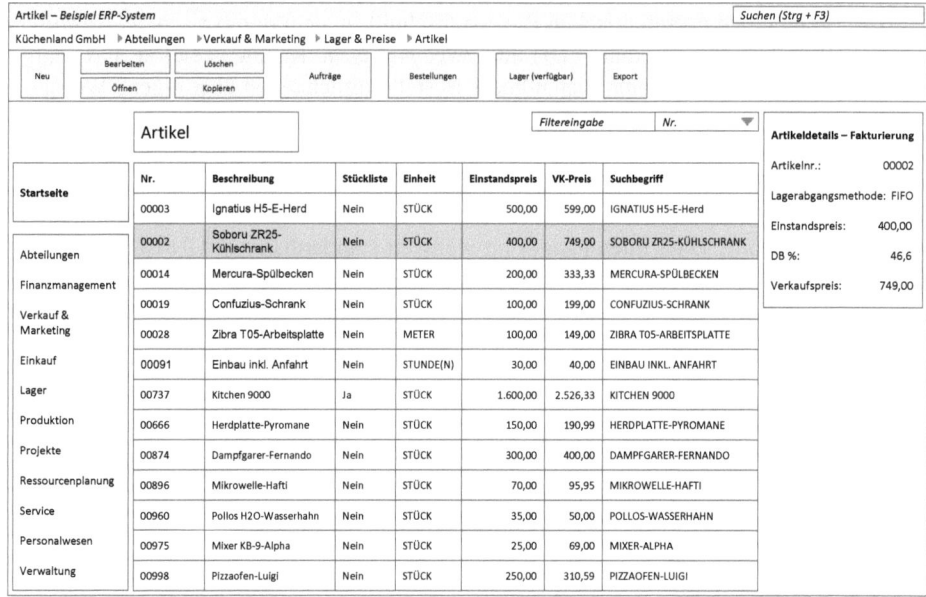

Abb. 4.6: Liste Artikelstammdaten

Abb. 4.7 zeigt eine exemplarische Eingabemaske für ein neues Produkt (Artikelkarte), die in drei Bereiche unterteilt ist. Wie bereits im Abschnitt 3.3.4 zum Stammdatenmanagement beschrieben, werden die Bereiche der Maske von unterschiedlichen Abteilungen ausgefüllt. Der Produktverantwortliche initiiert das Anlegen eines neuen Produkts, indem er die Felder im Abschnitt „Allgemein" eingibt und bei Bedarf eine Stückliste in einer gesonderten Maske erstellt.

> *Stücklisten* enthalten eine Auflistung aller Komponenten (inklusive Mengenangaben), die in einem Artikel enthalten sind. In der Produktion beschreiben sie die notwendigen Einzelteile für die Herstellung (Montage-/Produktionsstückliste). Im Handel können sie eingesetzt werden, um ein Set aus Artikeln zu definieren (Verkaufs-/Handelsstückliste), die zusammen verkauft werden sollen und somit quasi ein neues Produkt ergeben (z. B. eine vorkonfigurierte Küche).

Die Abteilung Finanzbuchhaltung ist durchgängig für den Abschnitt zur „Fakturierung" zuständig (für alle Stammdaten, die in diesem Abschnitt enthalten sind). Ein Mitarbeiter im Einkauf ergänzt die Informationen im Abschnitt „Beschaffung" für Artikel vom Typ „Einkauf" spätestens in dem Moment, wenn der neue Artikel zum ersten Mal bei einem Lieferanten bestellt werden soll. Existiert dieser Lieferant bereits in den Stammdaten kann im Feld „Kreditorennr." die zugehörige Nummer ausgewählt werden. Handelt es sich um einen neuen Lieferanten, muss zunächst ein neuer Kreditor angelegt werden (siehe Abschnitt 4.3).

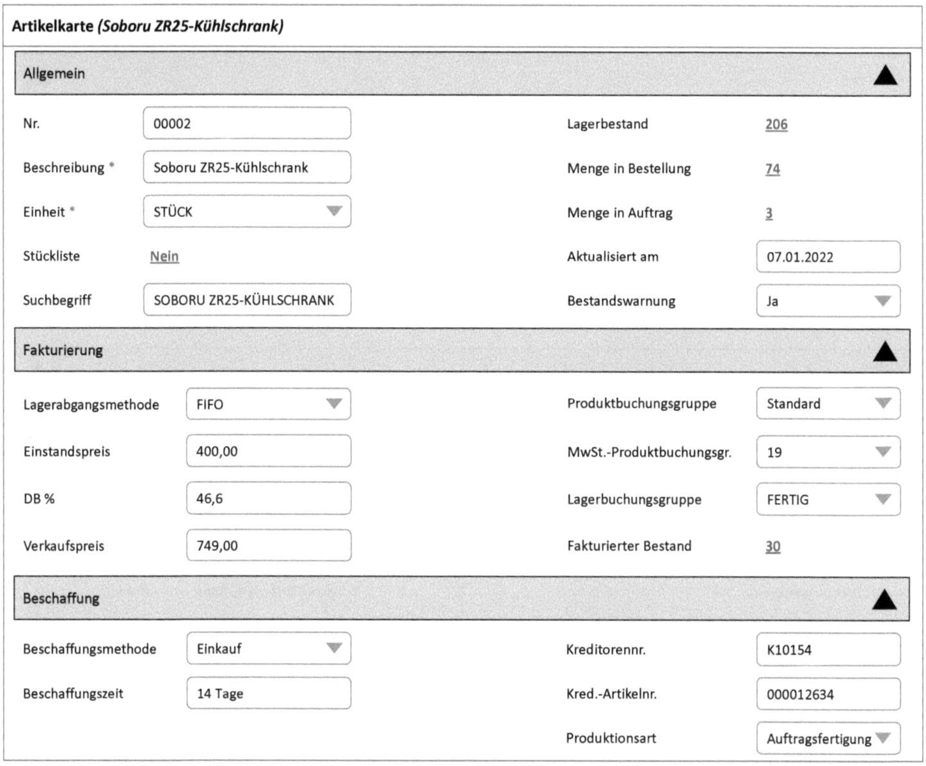

Verkauf

Artikelkarte *(Soboru ZR25-Kühlschrank)*			
Allgemein			▲
Nr.	00002	Lagerbestand	206
Beschreibung *	Soboru ZR25-Kühlschrank	Menge in Bestellung	74
Einheit *	STÜCK	Menge in Auftrag	3
Stückliste	Nein	Aktualisiert am	07.01.2022
Suchbegriff	SOBORU ZR25-KÜHLSCHRANK	Bestandswarnung	Ja
Fakturierung			▲
Lagerabgangsmethode	FIFO	Produktbuchungsgruppe	Standard
Einstandspreis	400,00	MwSt.-Produktbuchungsgr.	19
DB %	46,6	Lagerbuchungsgruppe	FERTIG
Verkaufspreis	749,00	Fakturierter Bestand	30
Beschaffung			▲
Beschaffungsmethode	Einkauf	Kreditorennr.	K10154
Beschaffungszeit	14 Tage	Kred.-Artikelnr.	000012634
		Produktionsart	Auftragsfertigung

Abb. 4.7:   Erfassungsmaske für einen Artikel

Kundenstammdaten

Auch für die Kundendaten werden in ERP-Systemen unterschiedliche Bezeichnungen verwendet, darunter z. B. Kundendaten, Debitorenstamm oder Kundenstamm. Abb. 4.8 zeigt eine exemplarische Eingabemaske für einen neuen Kunden (Debitor), die ebenfalls in drei Bereiche unterteilt ist. Der Vertriebsmitarbeiter ist für das Anlegen eines neuen Kunden und das Füllen der ersten beiden Bereiche „Allgemein" und „Kommunikation" zuständig. Die Finanzbuchhaltung ergänzt den Abschnitt „Fakturierung" spätestens zu dem Zeitpunkt, wenn eine Rechnung an diesen Kunden gestellt werden soll.

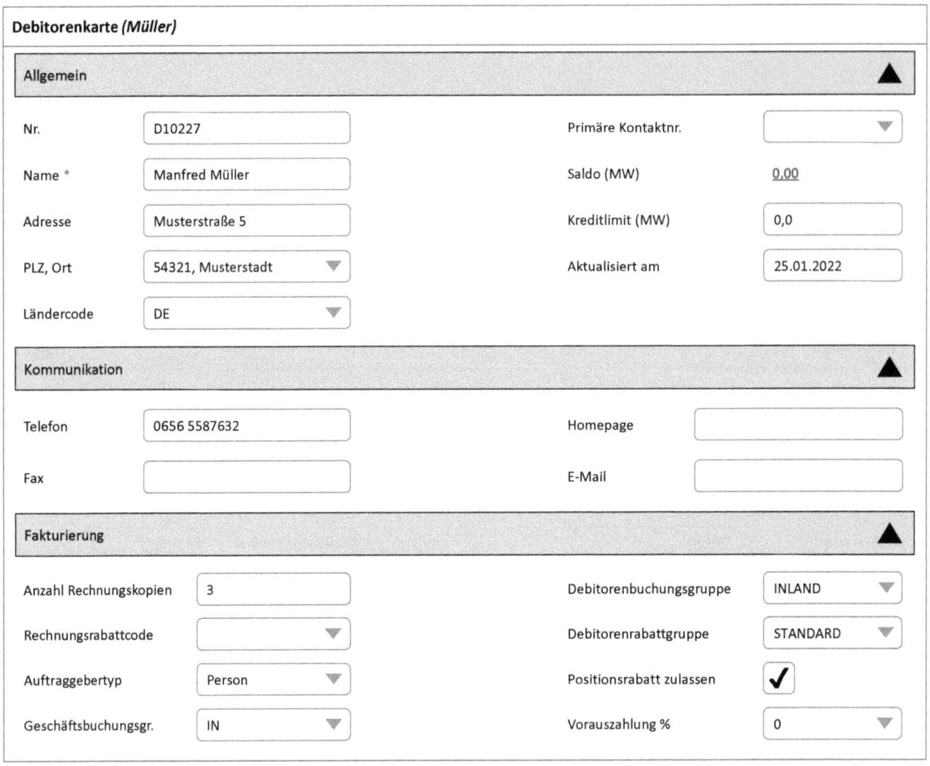

Debitorenkarte *(Müller)*			
Allgemein			
Nr.	D10227	Primäre Kontaktnr.	
Name *	Manfred Müller	Saldo (MW)	0,00
Adresse	Musterstraße 5	Kreditlimit (MW)	0,0
PLZ, Ort	54321, Musterstadt	Aktualisiert am	25.01.2022
Ländercode	DE		
Kommunikation			
Telefon	0656 5587632	Homepage	
Fax		E-Mail	
Fakturierung			
Anzahl Rechnungskopien	3	Debitorenbuchungsgruppe	INLAND
Rechnungsrabattcode		Debitorenrabattgruppe	STANDARD
Auftraggebertyp	Person	Positionsrabatt zulassen	✓
Geschäftsbuchungsgr.	IN	Vorauszahlung %	0

Abb. 4.8:   Erfassungsmaske für einen Kunden (Debitor)

Konditionsstammdaten

Die Daten für die Lieferkonditionen und die Preisfindung können in ERP-Systemen über verschiedene Stammdaten verteilt sein. Preisinformationen finden sich z. B. im eigentlichen Artikel (Materialstamm), im Kundenstamm bzw. in expliziten *Konditionsstammsätzen* (Preislisten). Abb. 4.7 zeigt in der Artikelkarte z. B. ein Feld für den Verkaufspreis (749,- EUR für einen Kühlschrank). Hierbei handelt es sich um den Listenpreis. Der Kundenstammsatz in Abb. 4.8 zeigt im Abschnitt zur „Fakturierung" eine Debitorenrabattgruppe (mit dem Eintrag „Standard"), über welche die Höhe des Standardrabatts für diesen Kunden gesteuert werden kann.

Lagerstammdaten und Bestandsdaten

Die Lagerstammdaten werden bei der Einrichtung des Lagers angelegt. Lager sind typischerweise in verschiedene Zonen unterteilt, die in verschiedenen ERP-Systemen unterschiedliche Namen haben. Der eigentliche Ort, wo der Artikel liegt, wird häufig Lagerplatz genannt. Die heute gängige Lagerführungsmethode ist das *chaotische Lager*, welches die Steuerung dem Computer überlässt und freiwerdende Lagerplätze flexibel an neu hereinkommende Artikel zuweist (vgl. Kapitel 4.4.1). Lagerplätze und Bestände sind

Verkauf

jederzeit im Lagerverwaltungssystem bzw. in dem entsprechenden ERP-Modul sichtbar. Es ist wichtig, dass die *Verfügbarkeitsprüfung* zu einem Artikel zum Zeitpunkt der Angebotserstellung möglich ist, so dass dem Kunden eine verbindliche Aussage zu einem Lieferdatum gemacht werden kann.

Angebot und Auftrag

Bei komplexen Produkten geht der Auftragserteilung meist ein Angebot voraus. Wie in Abb. 4.9 zu sehen, haben Angebote ein Fälligkeitsdatum bis zu dem sie gültig sind.

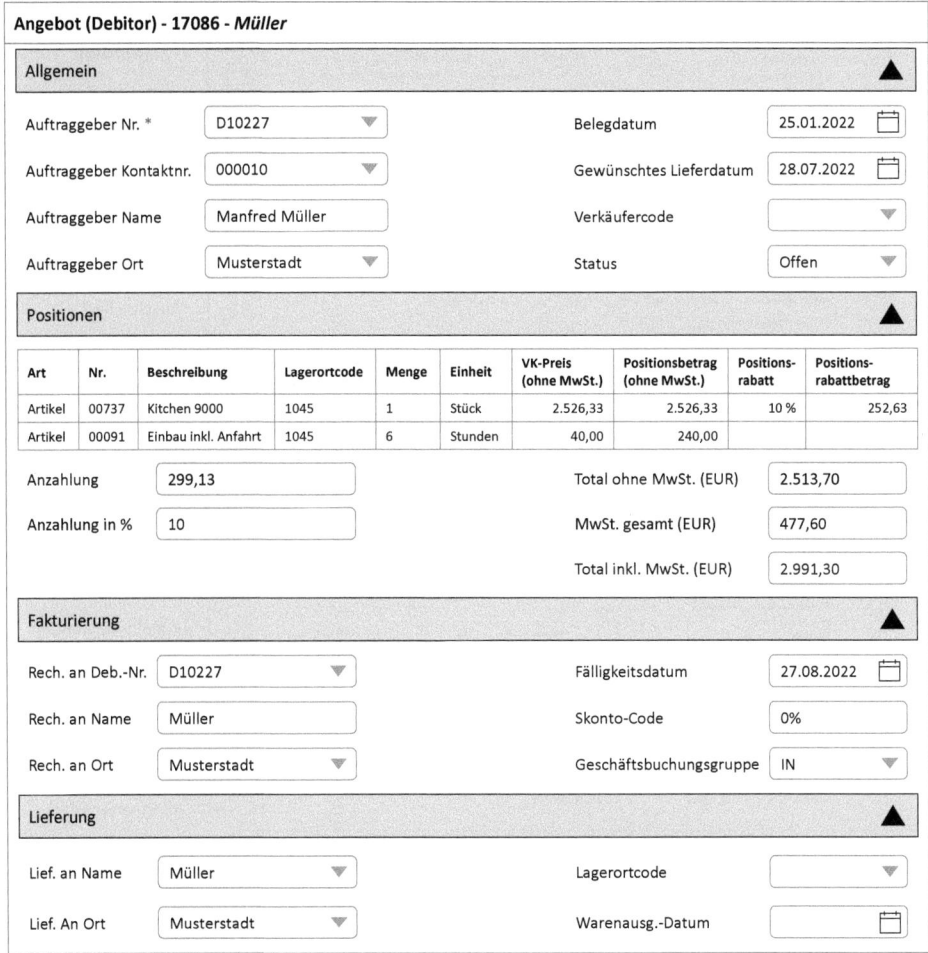

Abb. 4.9: Angebot für eine Küche

Im Falle der Annahme des Angebots werden die Daten in den Auftrag übernommen und ggf. mit weiteren Informationen angereichert. Abb. 4.10 zeigt die Informationen, die ein Auftrag im Idealfall enthält: Verkäuferbezogene Kontaktdaten, kundenbezogene Daten,

Referenzzeile, Belegtyp und -nummer, Anschreiben, Positionen, Konditionen und Verkaufspreis, sowie Informationen zu den rechtlichen Vertretern, Bankinformationen und Umsatzsteueridentifikationsnummer des Verkäufers.

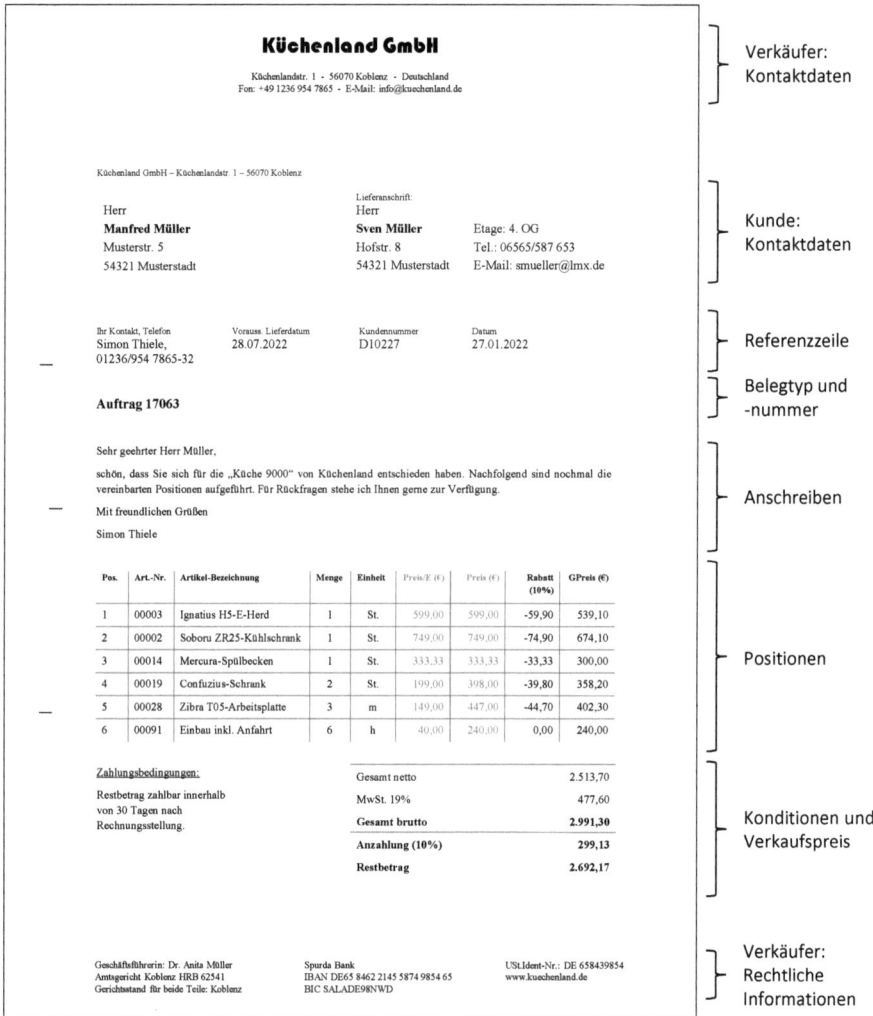

Abb. 4.10: Typische Informationen in einem Auftrag

4.2 Interne Planung (Materialbedarfsplanung)

Das folgende Unterkapitel behandelt die *interne Planung*, welche die vorbereitenden Aktivitäten im Unternehmen zur Erfüllung von Kundenaufträgen umfasst (Abb. 4.11). Bei der auftragsorientierten Fertigung wird diese Planung von einem zustande gekommen

Kaufvertrag angestoßen. Ergebnisse dieser Phase sind die Beauftragung der konkreten „Herstellung" (Produktion, Montage) in Form eines „internen Auftrags" sowie die Beschaffung notwendiger Vorprodukte und komplementärer Dienstleistungen.

4.2.1 Betriebswirtschaftliche Sicht: Interne Planung des Auftrags

Schwerpunkt dieser Phase der Auftragsverarbeitung sind die Fertigungs- und *Materialbedarfsplanung*. Abhängig vom Auftrag bzw. der gewünschten Produktionsmenge (bei der Lagerfertigung), wird zunächst die Dispositionssituation überprüft. Hierbei wird ermittelt, wie viel Material aktuell auf Lager ist (Lagerbestandsprüfung). Die zur Verfügung stehenden Mengen werden bei der Planung mit einbezogen.

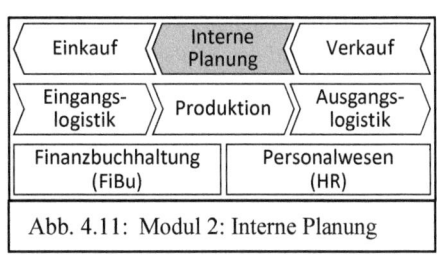

Abb. 4.11: Modul 2: Interne Planung

An dieser Stelle kommen die im System hinterlegten Stücklisten zum Einsatz, die Auskunft darüber geben, wie viele Komponenten für ein bestimmtes Produkt benötigt werden (Abb. 4.12).

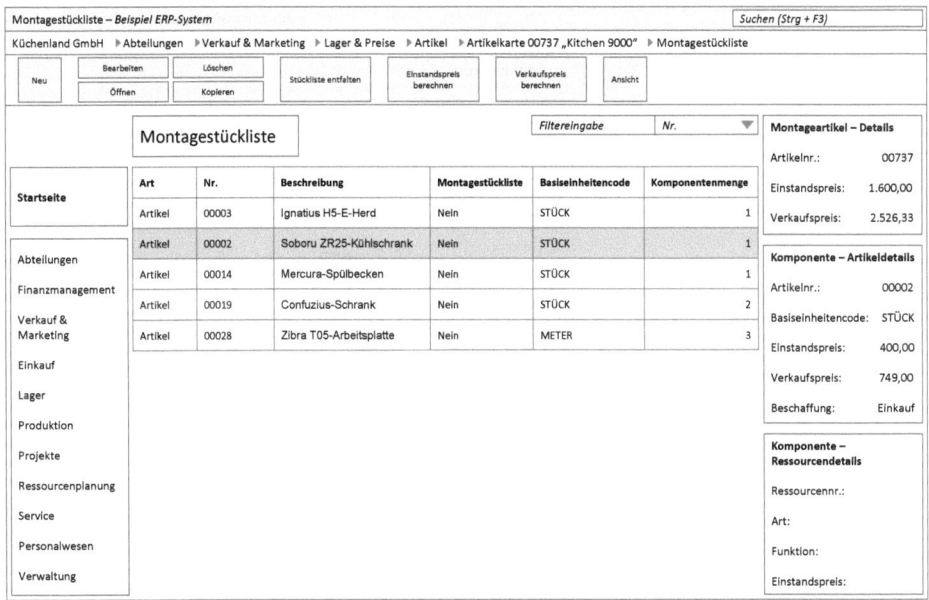

Abb. 4.12: Beispiel für eine einfache Montagestückliste (Mengenstückliste)

Das Ergebnis der internen Planung wird primär an zwei Abteilungen weitergegeben. Der Einkauf ist im nächsten Schritt zuständig für die Bestellung der notwendigen Materialmengen. Die Fertigungsabteilung erhält einen internen Auftrag über die Fertigung der benötigten Produkte.

4.2.2 Prozesssicht: Vom Auftragsabschluss zur Bestellanforderung

Der Prozess der internen Planung bei Küchenland (Abb. 4.13) wird angestoßen durch den Abschluss des Kaufvertrags. Da individuell geplante Küchen im gehobenen Standard bei fünfstelligen Eurobeträgen liegen können, wird in der Regel eine Anzahlung vereinbart, um die Ernsthaftigkeit und die Bonität des Kunden sicherzustellen. Eine alternative Finanzierung ist der Abschluss eines Ratenkreditvertrags mit einer Bank. Der Auftrag wird intern erst freigegeben, wenn die Anzahlung in der vereinbarten Höhe eingegangen und im Finanzmodul des ERP-Systems verbucht ist.

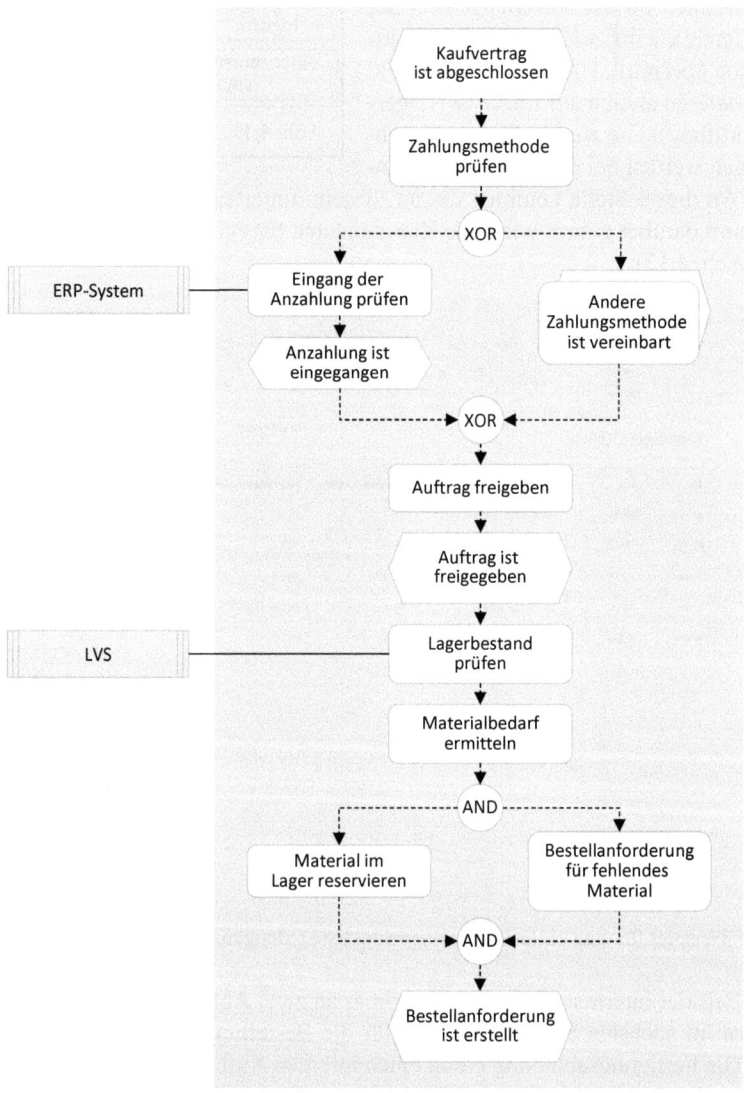

Abb. 4.13: Prozess der internen Planung bei Küchenland

Interne Planung (Materialbedarfsplanung)

Für die Materialbedarfsplanung wird anhand der konfigurierten Komponentenliste zunächst ermittelt, ob ggf. notwendige Materialien bereits im Lager vorrätig sind. Diese Abfrage erfolgt im Lagerverwaltungssystem (LVS), in dem die Materialbestände ersichtlich sind. Falls dies der Fall ist, werden diese für diesen Auftrag reserviert. Die anderen Teile werden als Bestellanforderung an den Einkauf übermittelt.

4.2.3 DV-Sicht: Funktionen zur Unterstützung der internen Planung

Die Planung der Küche und die Zusammenstellung der Komponenten erfolgt während der in Kapitel 4.1.2 beschriebenen Verkaufsphase zunächst im Küchenplanungssystem (KPS). Das KPS ist eine Branchensoftware, die speziell auf die Anforderungen des Planungsprozesses ausgerichtet ist. Derartige Speziallösungen finden sich in vielen Branchen an genau den Stellen, die das eigentliche Geschäft ausmachen. Bei Versicherungen können dies z. B. spezielle Risikokalkulationsprogramme sein, bei Banken ist eine spezialisierte Softwarelösung für die Kreditvergabe denkbar. Im Küchenhandel liegt die Kernleistung in der Konfiguration und Preiskalkulation der Küche.

Das Küchenplanungssystem hat spezielle Schnittstellen für den Import der Katalogdaten der Lieferanten (vgl. Abb. 4.20 im Kapitel 4.3.1 zum Austausch von Katalogdaten), da der Kundenberater während des Konfigurationsprozesses detaillierte Informationen zu den Eigenschaften der Komponenten benötigt (z. B. Materialart, Formen, Farben, Oberflächen, Preise). Für Hersteller von Küchen ist es essenziell, dass sie die Daten ihrer Produkte für den Planungsprozess zur Verfügung stellen, da sie in der Angebotsgestaltung nur berücksichtigt werden, wenn diese Informationen im KPS hinterlegt sind. Dasselbe gilt für die komplementären Elektrogeräte.

Abb. 4.14: 3D-Zeichnung einer geplanten Küche (gezeichnet mit KPS designstudio)

Die übermittelten Kataloge enthalten ggf. vergünstigte Preise für bestimmte Perioden. Abb. 4.14 zeigt das Ergebnis des Konfigurationsprozesses in der Form einer 3D-Zeichnung. Zu dieser 3D-Zeichnung legt das System eine entsprechende Komponentenliste (Abb. 4.15) an.

Kaufvertrag

Katalogname	Nolte 2016				
Katalogname	Graf. Elemente				
Katalogname	Lechner 2016				
Katalogname	Villmar Naturstein 01/2011				
Programm	N12	Nova Lack	Sockelausführung	D02	Kunststoff glänzend
Front-Kombination	731	Lack, Weiß Hochglanz	Sockelfarbe	G79	Weiß glänzend
Griff Kombination	595	Matrix Art	Glastürrahmen-A	GT	Glastür, Aluminium/Mdf Rahmen
Griff-Lage	H	Waagerecht / waagerecht	Glasart	SAG	Glas satiniert
Sichtseiten-Ausführung	D02	Kunststoff glänzend	Wangenausführung	W25	Wange 25 mm
Sichtseitenfarbe	G78	Weiß glänzend	Wangenfarbe	LGW	Lack, weiß glänzend
Korpus-Kombination	PWG	Prem.weiß / Prem.weiß glänzend			
APL-Ausführung	AP	Natursteinplatte 30 mm	APL-Kanten	APK	Kante 30 mm stark
APL-Farbe	DG	Dark Grey			

Pos.	Anz.	Anschlag	Kurzbez.	Beschreibung	Bestellmaße
1	1		Y16000W0000000N	Werteverrechnung	0mm x 0mm x 0mm
1.1	1		YPC195	Vertikales Griffmulden C-Profil *30mm x 52mm x 1950mm*	30mm x 52mm x 1950mm
1.2	1	R	GK195179	Geräteschrank	600mm x 560mm x 1950mm
1.3	1		SPE65195	Eck-Passstück, frontbezogen *650mm x 650mm x 1950mm*	650mm x 650mm x 1950mm
1.4	1	L	GBI1953	Geräteschrank	600mm x 560mm x 1950mm
1.5	1	L	YPL195	Vertikales Griffmulden L-Profil *30mm x 52mm x 1950mm*	30mm x 52mm x 1950mm
1.6	1		WAZE19560	Wange, in Korpushöhe *25mm x 600mm x 1950mm*	25mm x 600mm x 1950mm
1.7	1		YUAS50	Schubkastenschrank	500mm x 560mm x 750mm
1.8	1		YUAS90	Schubkastenschrank	900mm x 560mm x 750mm
1.9	1		YGSBD6001	Türfront für voll integrierbare Geschirrspüler *600mm x 20mm x 750mm*	600mm x 20mm x 750mm
1.10	1	R	YSOD60	Spülenunterschrank	600mm x 560mm x 750mm
1.11	1	R	YUIDD40	Unterschrank	400mm x 560mm x 750mm
1.12	1	L	YUP1	Unterschrank Passstück, frontbezogen *100mm x 16mm x 750mm*	100mm x 16mm x 750mm
1.13	1		WAZE7560	Wange, in Korpushöhe *25mm x 485mm x 750mm*	25mm x 485mm x 750mm
1.14	1		YUAS907550	Schubkastenschrank	900mm x 460mm x 750mm
1.15	1		YUAS907550	Schubkastenschrank	900mm x 460mm x 750mm
1.16	1		WAZE7560	Wange, in Korpushöhe *25mm x 485mm x 750mm*	25mm x 485mm x 750mm
1.17	1		WAZE19560	Wange, in Korpushöhe *25mm x 585mm x 1950mm*	25mm x 585mm x 1950mm
1.18	1	L	VI60195	Vorratsschrank	600mm x 560mm x 1950mm
1.19	1	L	YH5060	Hängeschrank	500mm x 350mm x 600mm
				Y31686	Seite 2 von 6

Abb. 4.15: Ausschnitt aus der Komponentenliste im Kaufvertrag

Am Ende der Verkaufsphase bzw. sobald der Vertrag zustande gekommen ist, muss diese Komponentenliste in das ERP-System übertragen werden, um dort die notwendigen Bestellungen für die Komponenten zu erzeugen. Im ERP-System wird dann die im Lager verfügbare Menge für die einzelnen Artikel abgefragt (Abb. 4.16). Die fehlenden Artikel werden als Bestellanforderung an den Einkauf übermittelt, der auf dieser Basis den Bestellprozess anstößt.

Nr.	Beschreibung	Warnung	Flaschenhals	Basis-einheitencode	Menge pro übergeordnetem Element	Beschaffungs-methode	Verfügbare Menge	Benötigt am
00737	Kitchen 9000	⚠		STÜCK	1	Montage	3	31.07.2022
00003	Ignatius H5-E-Herd			STÜCK	1	Einkauf	425	31.07.2022
00002	Soboru ZR25-Kühlschrank			STÜCK	1	Einkauf	298	31.07.2022
00014	Mercura-Spülbecken		✓	STÜCK	1	Einkauf	76	31.07.2022
00019	Confuzius-Schrank			STÜCK	2	Einkauf	275	31.07.2022
00028	Zibra T05-Arbeitsplatte			METER	3	Einkauf	327	31.07.2022

Abb. 4.16: Abfrage Lagerbestand der Küchenkomponenten

4.3 Einkauf

Das folgende Unterkapitel behandelt den Prozess des *Einkaufs*, also die Aktivitäten, die vom Eingang einer internen Bestellanforderung zur Bestellung bei einem Lieferanten führen (Abb. 4.17). In Organigrammen trägt die zugehörige Abteilung meist den Namen „Einkauf".

4.3.1 Betriebswirtschaftliche Sicht: Beschaffung von Vorprodukten

In der Betriebswirtschaftslehre versteht man unter dem Begriff *Einkauf* (engl. purchasing) die strategischen und operativen Tätigkeiten zur Versorgung eines Unternehmens mit Gütern und Dienstleistungen, die (bei produzierenden Unternehmen) in den Produktionsprozess einfließen oder (bei Handelsunternehmen) weiterveräußert und von diesem Unternehmen nicht selbst hergestellt werden.

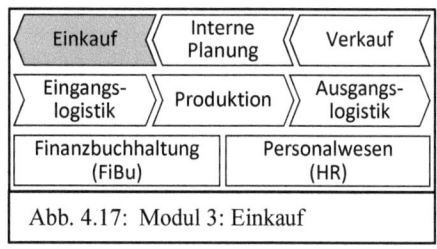

Abb. 4.17: Modul 3: Einkauf

Sehr ähnlich geartet ist der etwas breiter gefasste Begriff der Beschaffung, der den Einkauf einschließt. Der Begriff *Beschaffung* (engl. procurement) bezeichnet die betriebswirtschaftliche Funktion im Unternehmen, die sich mit dem Einkauf und der Beschaffungslogistik von Waren und Dienstleistungen zur Weiterverarbeitung (Produktion), zum Weiterverkauf (Handel) bzw. zur Aufrechterhaltung des Betriebs befasst.

Kleinere ERP-Systeme haben spezialisierte Module mit dem Namen „Einkauf" oder „Beschaffung". Eine zentrale Funktionalität ist das *Materialmanagement* (engl. material management), welches die Verwaltung der Stammdaten zu Produkten (Material) beinhaltet und Voraussetzung für die Abteilungen Einkauf, Verkauf und Lagerverwaltung ist. So unterstützen ERP-Systeme interne und externe Beschaffungsprozesse von Materialien und Dienstleistungen inklusive Bedarfsermittlung, Verwaltung der Bezugsquelle sowie Abwicklung und Zahlungsabwicklung. Hier werden die qualitative, zeitliche und mengenmäßige Planung und Steuerung aller Materialbewegungen eines Unternehmens vorgenommen.

Einkauf bzw. Beschaffung sind Funktionen im Rahmen der sogenannten *Materialwirtschaft* (oder auch *Warenwirtschaft*). Sie ist wichtig für produzierende Unternehmen, da sie die Versorgung der produzierenden Bereiche mit *direkten* Gütern wie Roh-, Hilfs- und Betriebsstoffen, Zulieferteilen und Halbfabrikaten umfasst. Zu ihr gehört aber auch die Versorgung mit *indirekten* Gütern wie Büroartikeln, Ersatzteilen oder Serviceleistungen, die für Unternehmen jeglicher Branche relevant ist.

Bei größeren Unternehmen ist die Abteilung Einkauf unterteilt in den strategischen und den operativen Einkauf. Typische Aufgaben des *strategischen Einkaufs* sind das Abschließen von Rahmenverträgen, das Aushandeln von Preisen sowie die Pflege von Lieferantenbeziehungen. Der *operative Einkauf* ist zuständig für das eigentliche Tagesgeschäft. Dazu gehören Mengenabrufe (geregelt in Rahmenvereinbarungen), Kleinbestellungen und projektbezogene Bestellungen im Projektgeschäft.

In vielen Fällen werden Rahmenverträge zwischen Unternehmen abgeschlossen, deren Konditionen die Sequenz und den Umfang der kontinuierlich erfolgenden (Abruf-)Bestellungen bestimmen.

Rahmenverträge sind längerfristige Vereinbarungen zwischen einem Abnehmer (Einkäufer) und einem Lieferanten (Verkäufer) über die Lieferung von Material oder die Erbringung von Dienstleistungen zu festgelegten Konditionen (Qualität, Preise). Rahmenverträge gelten für einen definierten Zeitraum und ggf. für eine bestimmte Gesamtabnahmemenge.

Kontrakt und Lieferplan sind zwei typische Ausprägungen von Rahmenverträgen: Beim *Kontrakt* wird die Lieferung durch eine bedarfsorientierte Abrufbestellung angestoßen, bei dem Menge und Lieferdatum jedes Mal situativ vom Kunden festgelegt werden. Beim *Lieferplan* werden die Mengen und Liefertermine im Vorhinein festgelegt.

Die Organisation des Einkaufsprozesses im ERP-System ist abhängig von der Art des zu beschaffenden Materials. Es wird unterschieden zwischen direkten und indirekten Gütern.

> Unter *direkten Gütern* versteht man Handelsware oder Vorleistungen, die direkt *in die Eigenleistung* (als in die verkauften Produkte des Unternehmens) einfließen. Dagegen sind *indirekte Güter* all diejenigen Produkte und Leistungen, die das Unternehmen für die allgemeine *Aufrechterhaltung des Betriebs* braucht, von Investitionsgütern über Verbrauchsmaterialien bis hin zu Unterhaltsbedarf. Für indirekte Güter (ausgenommen Investitionsgüter) wird auch der Begriff *MRO-Produkte* (Maintenance, Repair, Operations) verwendet.

Einkaufs- und Verkaufsbeziehungen zwischen Wirtschaftspartnern erfordern den Austausch einer Vielzahl an Geschäftsdokumenten (vgl. Belegkette in Kapitel 3.3). Da die manuelle Übermittlung und anschließende (Wieder-)Erfassung der Beleginformationen durch Mitarbeitende aufwändig und fehleranfällig ist, etablieren viele Unternehmen elektronische Austauschkanäle. In der Praxis findet man unterschiedliche Lösungen für den elektronischen Datenaustausch im Bereich *direkter* und *indirekter* Güter. Da sich der Einkauf von direkten Gütern in der Regel durch langfristige Lieferantenbeziehungen und hohe Umsätze auszeichnet, kommen hier speziell zwischen den Partnern abgestimmte Schnittstellen für den elektronischen Datenaustausch (sogenannte EDI-Schnittstellen) zum Einsatz, die den direkten Austausch zwischen ERP-Systemen über Unternehmensgrenzen hinweg ermöglichen.

Elektronischer Datenaustausch für direkte Güter

EDI (Electronic Data Interchange) ist der Begriff, der den elektronischen Austausch *strukturierter Geschäftsdokumente* zwischen verschiedenen Geschäftspartnern beschreibt (z. B. Bestellung, Rechnung). Diese werden für den Austausch in ein standardisiertes Format gebracht, das allen beteiligten Parteien bekannt ist. Ziel ist es, Daten *einmal* in elektronischer Form zu erfassen und allen Beteiligten ohne vorherige Neuerfassung zur Weiterverarbeitung zur Verfügung zu stellen. Obwohl der Begriff „Electronic Data Interchange" für jegliche Form der Datenübertragung stehen könnte, werden die drei Buchstaben EDI meist assoziiert mit standardisierten Dokumentenaustauschformaten.

> EDI steht für *Electronic Data Interchange* und basiert auf zwischen den Parteien vereinbarten Formatstandards für Geschäftsdokumente (z. B. UN/EDIFACT, United Nations/Electronic Data Interchange for Administration, Commerce and Transport).

Über die Zeit haben sich Branchenstandards für den überbetrieblichen Dokumentenaustausch entwickelt (z. B. VDA für die deutsche Automobilindustrie und EANCOM im europäischen Einzelhandel). Abb. 4.18 zeigt die Idee von EDI. Die Übermittlung der elektronischen Geschäftsdokumente erfolgt über den (kostenpflichtigen) Service eines Intermediärs, einem sogenannten VAN-Anbieter (Value Added Network). Dieser Serviceanbieter stellt den Parteien die Infrastruktur zur Verfügung, die für eine zuverlässige, vertrauensvolle und nachvollziehbare Übermittlung notwendig ist.

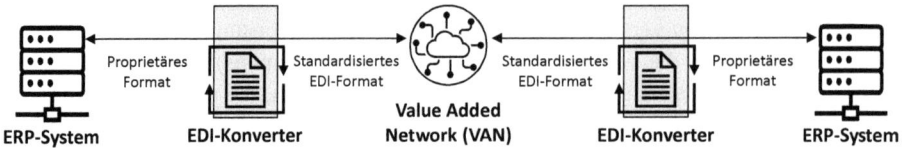

Abb. 4.18: EDI-Architektur

Elektronischer Datenaustausch für indirekte Güter (MRO)

Das Anlegen eines Materialstamms (im Rahmen des Materialmanagements) ist eine zentrale Voraussetzung für den Einkauf, Verkauf und die Lagerverwaltung. Da das Anlegen und Pflegen dieser Materialstammdaten einen nicht unerheblichen Aufwand darstellt, beschränken sich die meisten Unternehmen in ihren ERP-Systemen auf die Pflege *direkter* Materialien, die in größeren Mengen von gleichbleibenden Lieferanten bezogen werden. Aber auch der Einkauf von *indirekten* Materialien verursacht Aufwand. Bei größeren Unternehmen mit großer Anzahl an Einkaufsvorgängen kann sich daher auch hier eine elektronische Unterstützung dieser überbetrieblichen Transaktionen lohnen.

Für die elektronische Beschaffung von Büro- und Verbrauchsmaterial *(MRO-Procurement)* haben sich verschiedene Lösungen etabliert. Man unterscheidet in Abhängigkeit von der Partei, welche die *Software betreibt* und den *Materialstamm pflegt*, in Buy-Side, Sell-Side und Elektronischer Marktplatz (siehe Abb. 4.19).

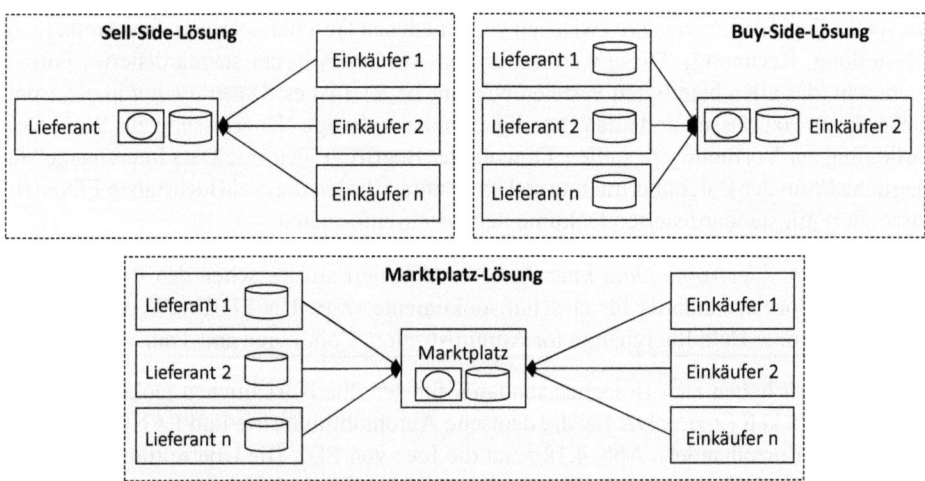

Abb. 4.19: Grundtypen von Lösungen für das MRO-Procurement

Buy-Side-Lösungen (z. B. in der Form von *Desktop Purchasing Systemen*) findet man in größeren Unternehmen mit einem hohen Bedarf an MRO-Material. Ziel dieser Systeme ist es unter anderem, mittels einer Webapplikation den *dezentralen* Einkauf am Arbeitsplatz der Mitarbeitenden zu ermöglichen (sogenanntes „self-service procurement"). Bei einer *Buy-Side-Lösung* werden die Einkaufssoftware (die Programmlogik) und der überwiegende Teil des Katalogs vom einkaufenden Unternehmen betrieben. Der Einsatz einer *eigenen* Einkaufssoftware bringt vor allem die zwei folgenden Vorteile mit sich: In den selbst definierten Katalogen können die Artikel verschiedener Lieferanten zu einem sogenannten *Multilieferantenkatalog* zusammengeführt werden, was die Auswahl der gewünschten Produkte für die Mitarbeitenden vereinfacht. Der Hauptvorteil von Buy-Side-Lösungen besteht darin, dass die Regeln für den Beschaffungsprozess (z. B. die Einhaltung von Rahmenvereinbarungen, von Kompetenzen und Genehmigungsabläufen) einmalig und lieferantenunabhängig abgebildet werden und im eigenen System verfügbar sind.

Bei *Sell-Side-Lösungen* werden sowohl die Einkaufssoftware als auch der Katalog vom Verkäufer zur Verfügung gestellt. Dieser Ansatz entspricht dem klassischen Online-Shop. Bei diesen Lösungen muss sich ein Besteller bei jedem Lieferanten neu einloggen und sich mit den unterschiedlichen Designs und Navigationsstrukturen auseinandersetzen. Die Transaktionsdaten fallen beim Lieferanten an und es bedarf zusätzlicher Instrumente (Import-/Exportschnittstellen, manuelle Eingaben), um sie in den Systemen der beschaffenden Organisation verfügbar zu machen. Einige Lieferanten bieten auf ihren Sell-Side-Lösungen umfangreiche Personalisierungsfunktionen an (z. B. Abbildung kundenindividueller Regeln für den Beschaffungsprozess), die einen Teil der Nachteile dieser Lösungen für den Kunden wettmachen sollen. Der Vorteil von Sell-Side-Lösungen liegt vor allem darin, dass der Lieferant seine Produkte optimal präsentieren und spezifische Funktionen (z. B. eine geführte Produktkonfiguration oder Kompatibilitätsprüfung) anbieten kann.

Werden die für die Bestellabwicklung erforderlichen Funktionen und Kataloge durch einen Dienstleister betrieben und wird dessen Plattform von mehreren kaufenden und verkaufenden Organisationen genutzt, so spricht man von einem *elektronischen Marktplatz*. Es gibt allgemein offene und gemeinschaftlich betriebene Marktplätze, bei denen eine Gruppe einkaufender oder verkaufender Unternehmen federführend ist.

In einer idealen Welt würden die notwendigen Daten zwischen den Informationssystemen der Akteure entlang der Lieferkette nahtlos (und automatisiert) in elektronischer Form ausgetauscht werden. Dabei ist es (wie in Kapitel 3.3 zu Daten im ERP-System erläutert) zweckmäßig, zwischen *Stammdaten* (Material mit seinen Eigenschaften und Konditionen) und *Bewegungsdaten* (Geschäftstransaktionen ausgedrückt in Belegen) zu unterscheiden. Für diese beiden Datentypen haben sich über die Jahre unterschiedliche Format- und Austauschstandards entwickelt. MRO-Procurement adressiert vor allem den Austausch von sogenannten *Katalogdaten* (Produktinformationen mit Preisen und Konditionen). Das oben erläuterte EDI fokussiert auf den Austausch von Geschäftsdokumenten (vgl. Belegkette in Abb. 3.8). Abb. 4.20 zeigt die Austauschbeziehungen für diese beiden Datentypen.

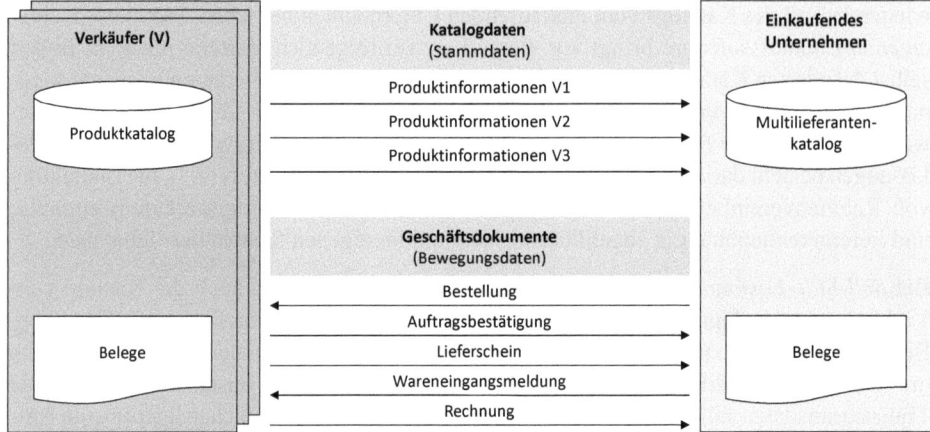

Abb. 4.20: Austausch von Katalogdaten und Geschäftsdokumenten

Der elektronische Austausch von *Bestandsdaten* (z. B. verfügbare Menge eines Produkts) wird aufgrund der Notwendigkeit der Aktualität der Information in der Regel synchron während des Bestellvorgangs vorgenommen. Die führenden Lösungsanbieter haben diese Verfahren *Round Trip* (Reise ins Quellsystem, Information nachschauen und Rückreise) bzw. *PunchOut* (Information im Quellsystem nachschauen und quasi „ausstechen") genannt. Der Zugriff kann hierbei über das Open Catalog Interface (OCI-Schnittstelle) erfolgen. Round Trip bzw. PunchOut sollen die Vorteile einer Buy-Side-Lösung mit denen einer Sell-Side-Lösung kombinieren. Die OCI-Schnittstelle kann auch genutzt werden, um Artikeldaten aus dem elektronischen Katalogsystem des Lieferanten in das ERP-System des Kunden zu importieren.

4.3.2 Prozesssicht: Von der Bestellanforderung zur Bestellung

Der auftragsbezogene Einkaufsprozess bei Küchenland (Abb. 4.21) folgt im Anschluss an die interne Planung. Küchen sind Multikomponenten-Artikel, die aus den eigentlichen Küchenteilen (Schränke, Schubladen, Arbeitsplatten, etc.) und komplementären Elektrogeräten bestehen. Daher gehören zu einem Küchenauftrag immer mehrere Bestellungen, nämlich bei den Lieferanten der eigentlichen Küchenkomponenten der *Küchenhersteller* (z. B. nolte, Nobilia, Bulthaupt, ALNO) und zusätzlich bei Lieferanten für die Produkte von *Elektrogeräteherstellern* (z. B. Siemens, Bosch, AEG, Miele, Bauknecht), die in die Küchen eingebaut werden. Die Marken werden meist bereits bei Auftragserteilung bestimmt, denn es gibt Kunden, für die der Herstellername kaufentscheidend ist.

Einkauf 113

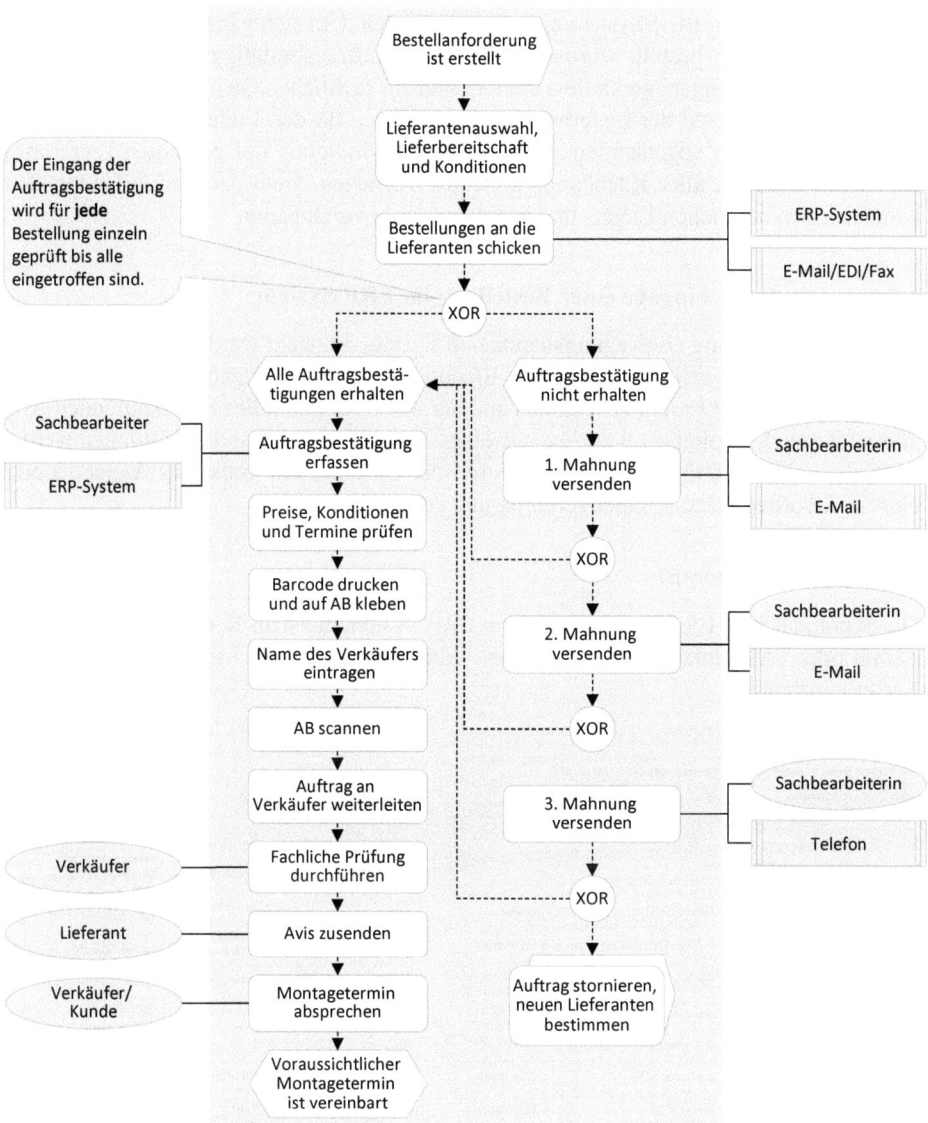

Abb. 4.21: Einkaufsprozess bei Küchenland

Die Sachbearbeiterin im Einkauf ermittelt Lieferbereitschaft und Konditionen bei den in Frage kommenden Lieferanten, legt die Bestellungen im ERP-System an und versendet sie (i. d. R.) per EDI, E-Mail oder Fax. Die Lieferanten sind aufgefordert, Auftragsbestätigungen mit den voraussichtlichen Lieferterminen zu schicken, was aber nicht immer zeitnah geschieht. So müssen häufig mehrere Nachfragen verschickt werden; die dritte Anfrage erfolgt dann telefonisch. Sobald die Auftragsbestätigungen vorliegen, können die bestätigten Preise, Konditionen und Liefertermine von der Sachbearbeiterin kontrolliert und anschließend im ERP-System eingegeben werden. Um sicherzustellen, dass die richtigen Komponenten bestellt wurden, werden die Auftragsbestätigungen (AB) mit dem Barcode des zuständigen Verkäufers beklebt und zur fachlichen Qualitätskontrolle an diesen übermittelt. Sobald der Lieferant eine Zusicherung für den Liefertermin geben kann, schickt dieser einen sogenannten „Avis" (eine Ankündigung der geplanten Lieferung). Erst wenn die Avis aller Küchenkomponenten vorliegen, kann der Verkäufer mit dem Kunden einen möglichen Liefer- und Montagetermin vereinbaren.

4.3.3 DV-Sicht: Eingabe einer Bestellung im ERP-System

Bevor eine Bestellung (Bewegungsdatum) im System angelegt werden kann, müssen diverse Stammdaten vorliegen, die für die Erzeugung der Lieferantenbestellung notwendig sind. Dies sind der *Kreditor* (Lieferant) und der *Materialstamm* des einzukaufenden Artikels (siehe auch Kapitel 4.1.3 zur Anlage eines Auftrags). Preise und Konditionen werden entweder beim Lieferanten angefragt (durch die Bitte um ein konkretes Angebot) oder einer ggf. vorliegenden Rahmenvereinbarung entnommen.

Lieferanten (Kreditoren)

Die Stammdaten zu Lieferanten werden im ERP-System meist als Kreditoren, Kreditorenstamm oder Lieferantenstamm bezeichnet. Abb. 4.22 zeigt eine Liste des existierenden Kreditorenstamms.

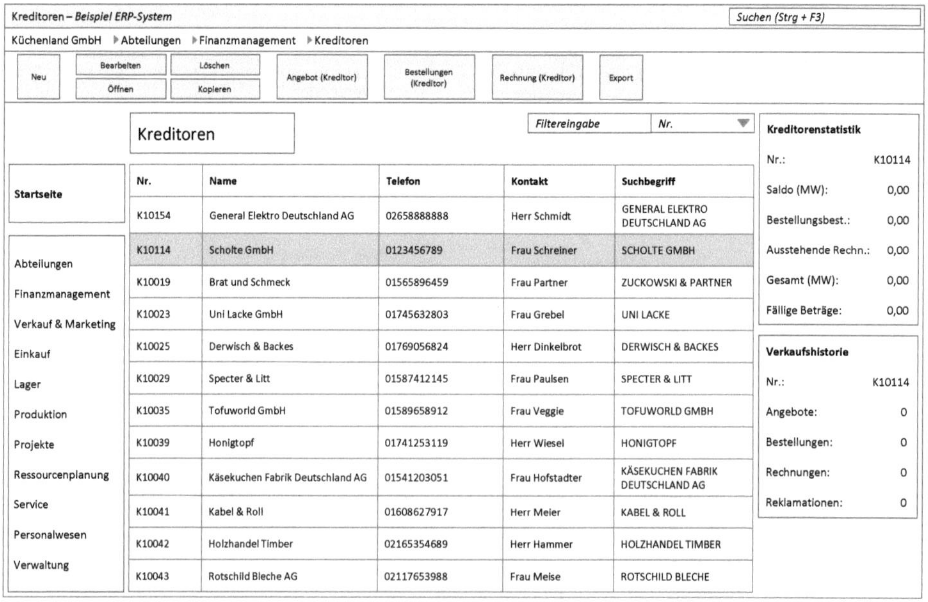
Kreditoren – Beispiel ERP-System
Suchen (Strg + F3)
Küchenland GmbH ▸ Abteilungen ▸ Finanzmanagement ▸ Kreditoren
Neu
Bearbeiten
Öffnen
Löschen
Kopieren
Angebot (Kreditor)
Bestellungen (Kreditor)
Rechnung (Kreditor)
Export
Kreditoren
Filtereingabe
Nr.
Startseite
Abteilungen
Finanzmanagement
Verkauf & Marketing
Einkauf
Lager
Produktion
Projekte
Ressourcenplanung
Service
Personalwesen
Verwaltung
Nr. | Name | Telefon | Kontakt | Suchbegriff
K10154 | General Elektro Deutschland AG | 02658888888 | Herr Schmidt | GENERAL ELEKTRO DEUTSCHLAND AG
K10114 | Scholte GmbH | 0123456789 | Frau Schreiner | SCHOLTE GMBH
K10019 | Brat und Schmeck | 01565896459 | Frau Partner | ZUCKOWSKI & PARTNER
K10023 | Uni Lacke GmbH | 01745632803 | Frau Grebel | UNI LACKE
K10025 | Derwisch & Backes | 01769056824 | Herr Dinkelbrot | DERWISCH & BACKES
K10029 | Specter & Litt | 01587412145 | Frau Paulsen | SPECTER & LITT
K10035 | Tofuworld GmbH | 01589658912 | Frau Veggie | TOFUWORLD GMBH
K10039 | Honigtopf | 01741253119 | Herr Wiesel | HONIGTOPF
K10040 | Käsekuchen Fabrik Deutschland AG | 01541203051 | Frau Hofstadter | KÄSEKUCHEN FABRIK DEUTSCHLAND AG
K10041 | Kabel & Roll | 01608627917 | Herr Meier | KABEL & ROLL
K10042 | Holzhandel Timber | 02165354689 | Herr Hammer | HOLZHANDEL TIMBER
K10043 | Rotschild Bleche AG | 02117653988 | Frau Meise | ROTSCHILD BLECHE
Kreditorenstatistik
Nr.: K10114
Saldo (MW): 0,00
Bestellungsbest.: 0,00
Ausstehende Rechn.: 0,00
Gesamt (MW): 0,00
Fällige Beträge: 0,00
Verkaufshistorie
Nr.: K10114
Angebote: 0
Bestellungen: 0
Rechnungen: 0
Reklamationen: 0

Abb. 4.22: Liste Kreditoren

Einkauf 115

Abb. 4.23 zeigt eine exemplarische Eingabemaske für einen neuen Lieferanten (Kreditor), die in drei Bereiche unterteilt ist. Ein Einkaufsmitarbeitender ist für das Anlegen eines neuen Lieferanten und das Füllen der ersten beiden Bereiche „Allgemein" und „Kommunikation" zuständig. Die Finanzbuchhaltung ergänzt den Abschnitt „Fakturierung" spätestens zu dem Zeitpunkt, wenn eine Rechnung von diesem Lieferanten eingeht.

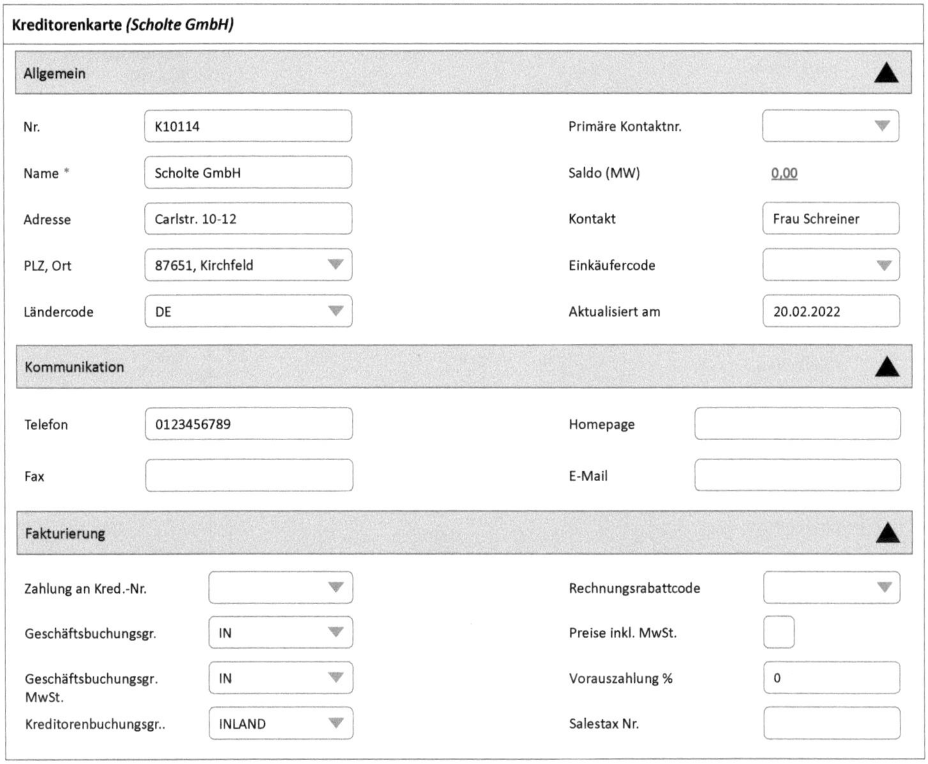

Kreditorenkarte *(Scholte GmbH)*			
Allgemein			
Nr.	K10114	Primäre Kontaktnr.	
Name *	Scholte GmbH	Saldo (MW)	0,00
Adresse	Carlstr. 10-12	Kontakt	Frau Schreiner
PLZ, Ort	87651, Kirchfeld	Einkäufercode	
Ländercode	DE	Aktualisiert am	20.02.2022
Kommunikation			
Telefon	0123456789	Homepage	
Fax		E-Mail	
Fakturierung			
Zahlung an Kred.-Nr.		Rechnungsrabattcode	
Geschäftsbuchungsgr.	IN	Preise inkl. MwSt.	
Geschäftsbuchungsgr. MwSt.	IN	Vorauszahlung %	0
Kreditorenbuchungsgr.	INLAND	Salestax Nr.	

Abb. 4.23: Erfassungsmaske für einen Lieferanten (Kreditor)

Die Bestellung ist ähnlich aufgebaut wie der Auftrag (vgl. Kapitel 4.1.3). Beim Anlegen der Bestellung werden die Artikeldaten und Mengen zunächst als Auftragspositionen angelegt. Die Angebotsdaten des Lieferanten für Preise und Konditionen werden übernommen und ggf. mit weiteren Informationen angereichert. Abb. 4.24 zeigt die Informationen, die eine Bestellung im Idealfall enthält: Einkäuferbezogene Kontaktdaten, Kontaktdaten des Lieferanten, Referenzzeile, Belegtyp und -nummer, Anschreiben, Positionen, Verkaufspreis und Konditionen sowie Informationen zu den rechtlichen Vertretern, Bankinformationen und Umsatzsteueridentifikationsnummer des Einkäufers.

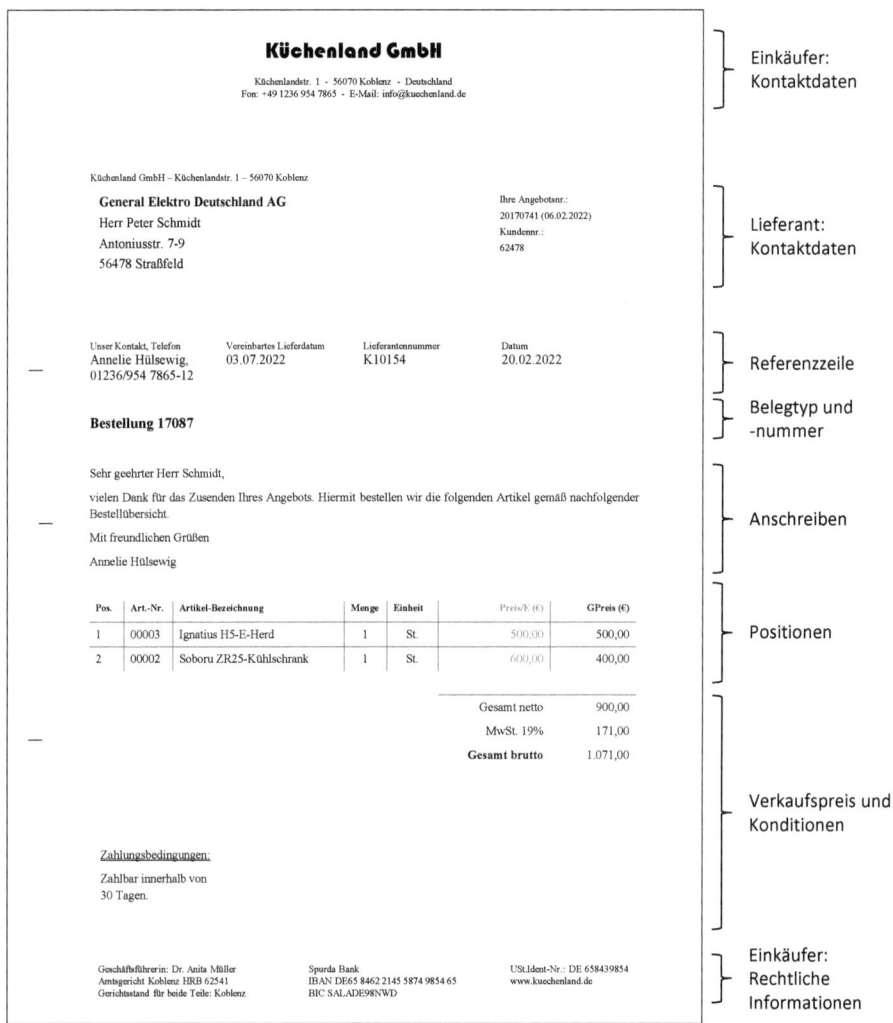

Abb. 4.24: Typische Informationen in einer Bestellung

4.4 Eingangslogistik

Das folgende Unterkapitel behandelt den Prozess der *Eingangslogistik,* der Entgegennahme und Einlagerung von gelieferten Artikeln (Abb. 4.25). Die hier beschriebenen Tätigkeiten werden von der Abteilung „Lager" (oder Lagerverwaltung) verantwortet.

4.4.1 Betriebswirtschaftliche Sicht: Aktivitäten im Eingangslager

Bei der Materialanlieferung erfolgt zunächst eine Eingangskontrolle, bei der Menge und Zustand (und in einigen Fällen auch die Qualität) der Produkte überprüft werden. Die Person, die die Bestellanforderung erzeugt hat (z. B. die Kundenbetreuerin bei einer auftragsbezogenen Lieferung), wird über den Eingang informiert. Wenn die Ware nicht unmittelbar benötigt wird, wird sie an den zugewiesenen Lagerplatz transportiert und dort abgelegt. In hochautomatisierten Lagern erfolgen die Einlagerung und die Materialentnahme mit Hilfe automatischer Regalbediengeräte. Die Zuordnung des Artikels zum Lagerplatz wird im System gespeichert und der Artikel ist damit *eingelagert*. Erfasst werden Informationen wie Warenart, Artikelnummer, Menge und Gewicht. Für die digitale Erfassung der Artikelinformationen kommen spezielle Geräte zum Einsatz, wie z. B. Sensoren für das Auslesen von RFID-Tags oder Scanner zum Ablesen von Barcodes (Strichcodes). Die Zuweisung von Lagerplätzen ist abhängig von der gewählten Lagerform.

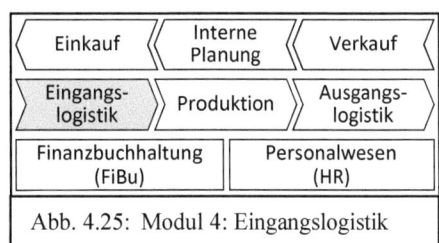

Abb. 4.25: Modul 4: Eingangslogistik

Beim sogenannten *chaotischen Lager* (auch als dynamische Lagerhaltung oder Freiplatzsystem bezeichnet) werden freie Lagerplätze vom Computer zugewiesen. Gleichartige Artikel werden dann nicht in gemeinsamen Zonen gelagert, sondern sind überall im Lager verteilt.

Bei der Vergabe des Lagerplatzes müssen verschiedene Aspekte beachtet werden, wie zum Beispiel physische Anforderungen des Lagerguts (z. B. aufgrund des Gewichts oder einer notwendigen Kühlung), sicherheitstechnische und rechtliche Vorgaben bzw. betriebliche Vorgaben für die Lageroptimierung. Eine wichtige Voraussetzung im ERP-System ist die *Einrichtung des Lagerorts*.

Ein *Lagerort* kann ein Gebäude mit Regalen sein, es kann sich dabei aber auch um Produktionsstätten, Ausstellungshallen oder LKWs handeln, prinzipiell alle Orte, an denen Material aufbewahrt wird.

Ein *Lagerplatz* ist der eigentliche Ort, an dem Artikel gelagert werden. Lagerplätze drücken oft indirekt den Durchlauffortschritt des Artikels aus. Typische Lagerplätze sind Wareneingang (nach der Anlieferung), Warenausgang (vor der Auslieferung) und bestimmte nummerierte Lagerplätze in einer Lagerhalle (während Wartezeiten).

Artikel werden typischerweise im Laufe ihres Aufenthalts im Unternehmen mehrfach bewegt. Jede derartige Bewegung erfordert einen *Umlagerungsauftrag*. Der *Lagerplatzinhalt* gibt Auskunft über das „Was" (Artikel) und das „Wieviel" (Menge) der Belegung eines Lagerplatzes. Die Prinzipien der hier beschriebenen Lagereinrichtung sind ähnlich in allen ERP-Systemen, aber die verwendete Terminologie unterscheidet sich von System zu System (vgl. Kapitel 3.1.6).

4.4.2 Prozesssicht: Vom Wareneingang zur Einlagerung

Abb. 4.26 zeigt den Wareneinlagerungsprozess bei Küchenland. Da der Kundenauftrag aus mehreren Bestellungen bei unterschiedlichen Lieferanten besteht, müssen die Materialien zunächst an einem gemeinsamen Ort gesammelt werden.

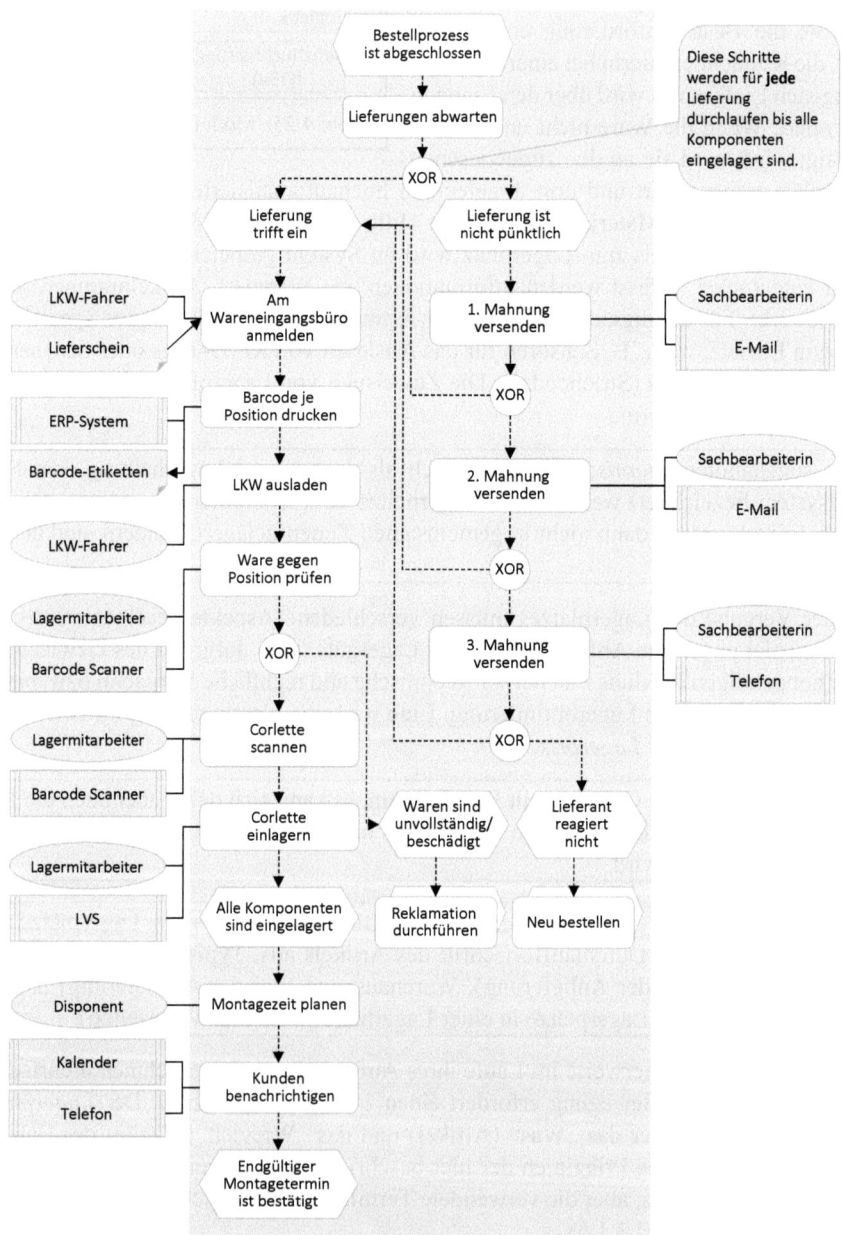

Abb. 4.26: Wareneinlagerungsprozess bei Küchenland

Da sich die Anlieferungen über mehrere Wochen erstrecken und in dieser Branche mit verspäteten Lieferungen gerechnet werden muss, werden die Materialien zunächst eingelagert und erst am Tag vor der Auslieferung für den Transport zum Kunden bereitgestellt. Die Anmahnung noch ausstehender (unpünktlicher) Lieferungen erfolgt nach demselben Prinzip wie im Bestellprozess: Es wird zwei Mal per E-Mail angefragt bevor dann schließlich der Kontakt per Telefon gesucht wird.

Die Anlieferungen erfolgen am Warenlager, dessen Adresse in den Bestellungen als Lieferort angegeben ist. Nach der Ankunft meldet sich der LKW-Fahrer am Wareneingangsbüro und gibt den Lieferschein ab. Der Lagermitarbeiter druckt Barcode-Aufkleber für die angelieferten Bestellpositionen anhand der Komponentenliste der Bestellung im ERP-System aus. Anschließend prüft er anhand der Positionen auf dem Lieferschein, ob die Ware vollständig und unbeschädigt ist. Bei nicht korrekter oder unvollständiger Ware wird eine Reklamation angestoßen.

Die Barcode-Aufkleber werden an den Packungseinheiten angebracht und auf Ladeeinheiten, sogenannten Corletten, platziert. Die Ware auf der Corlette wird gescannt und dabei im ERP-System auf den Status „geliefert und vorhanden" geändert. Anschließend wird der Barcode der Corlette gescannt, was die darauf enthaltenen Auftragspositionen mit der Corlette verknüpft. Ein Regalbediengerät (RBG) transportiert die Corlette an ihren Platz im Hochregallager. Da es sich um ein *chaotisches Lager* handelt (vgl. Kapitel 4.4.1), weist das Lagerverwaltungssystem (LVS) dem RBG (unter Berücksichtigung des Ausliefertermins und des Gewichts) automatisiert einen Platz zu und schickt es über Induktionsschleifen zum Zielort.

Nachdem die letzte Teilelieferung eingegangen ist, plant und bewertet der Disponent den Auftrag und schätzt die benötigte Montagezeit der Küche ein. Anschließend wird der Kunde via E-Mail oder telefonisch kontaktiert, um den Montagetermin zu bestätigen.

4.4.3 DV-Sicht: Warenannahme und Einlagerung

Die Anlieferung bestellter Artikel erfolgt i. d. R. per LKW an die in der Bestellung angegebene Lieferadresse (Lagerort).

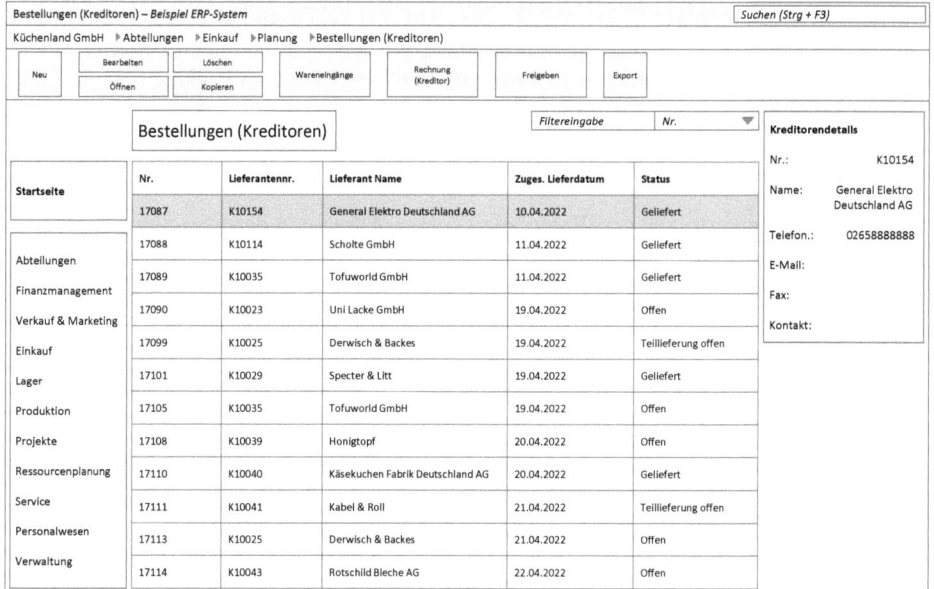

Abb. 4.27: Liste Bestellungen sortiert nach zugesagtem Lieferdatum

Das ERP-System stellt dem Mitarbeiter im Wareneingangsbüro eine Liste der ausstehenden Bestellungen sortiert nach dem Lieferdatum (bzw. dem spätesten Datum von Teillieferungen) zur Verfügung (vgl. Abb. 4.27). Dadurch ist er informiert, was planmäßig am aktuellen Tag angeliefert werden sollte.

Die Erfassung der eingehenden Artikel wird wie oben beschrieben vorgenommen (siehe Prozesssicht in Abschnitt 4.4.2). Nach dem Eintreffen werden die Artikel ausgeladen, im Eingangsbereich abgestellt und im LVS unter Wareneingang (WE) gebucht. Nachdem der physische Transport zu ihren designierten Lagerplätzen stattgefunden hat, werden sie im System mit einem Umlagerungsauftrag (Abb. 4.28) in die neuen Lagerplätze umgebucht.

Eingangslogistik

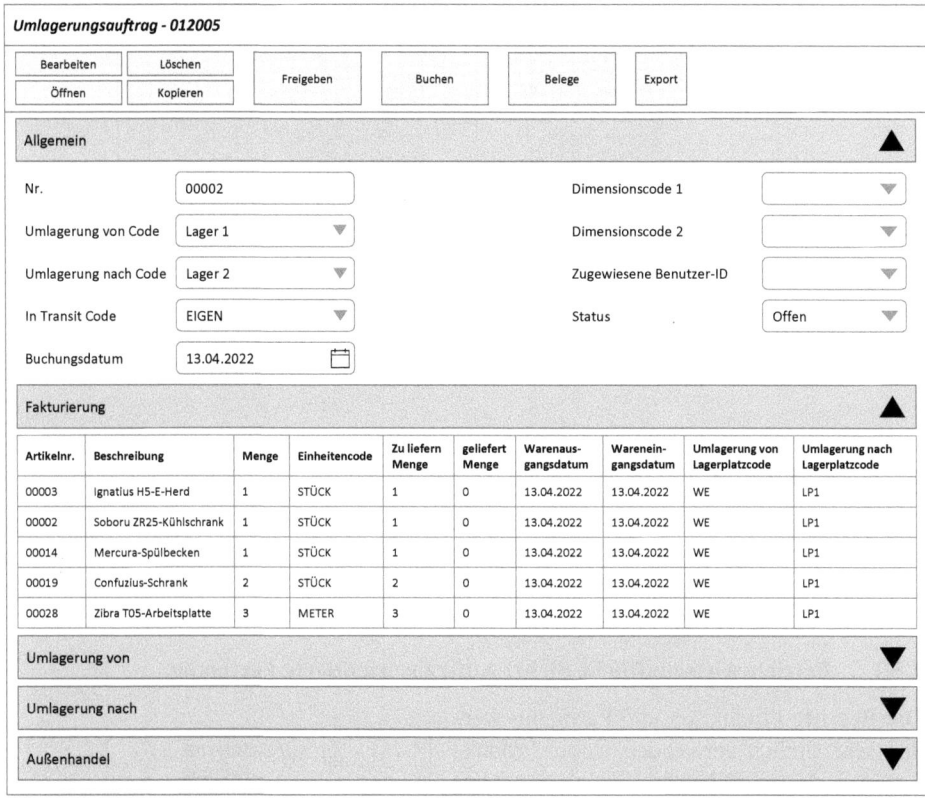

Abb. 4.28: Umlagerungsauftrag

Abb. 4.29 zeigt den Schritt der Warenannahme vom Lieferanten und das Abstellen im Wareneingang (WE). Abb. 4.30 zeigt den anschließenden Transport zu einem anderen Lagerort (Lager 2). Dort wird die Ware im Lagerplatz 1 (LP1) eingelagert.

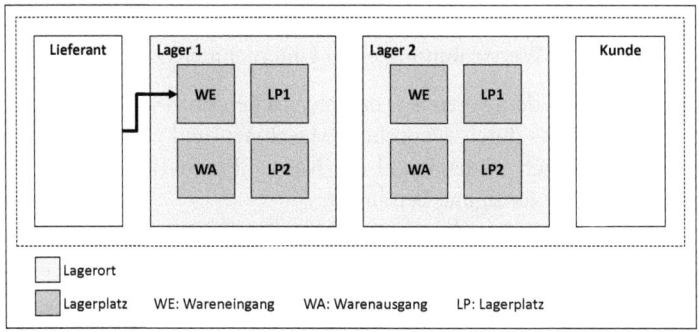

Abb. 4.29: Annahme und Einbuchen der Ware am Wareneingang (WE)

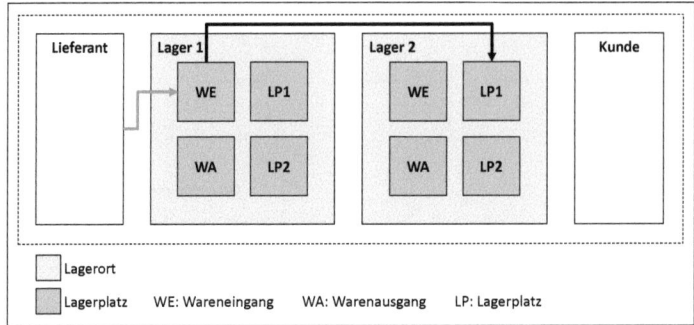

Abb. 4.30: Transport der Ware an einen anderen Lagerort und Zuordnung des Lagerplatzes (LP1)

4.5 Produktion

Das folgende Unterkapitel behandelt den Prozess der *Produktion,* der Erstellung der Erzeugnisse eines Unternehmens (Abb. 4.31). Die hier beschriebenen Tätigkeiten werden von der Abteilung „Produktion" verantwortet.

4.5.1 Betriebswirtschaftliche Sicht: Auftragsorientierte Fertigung

Die Begriffe Produktion und Fertigung werden sehr ähnlich verwendet, wobei Produktion eher „betriebswirtschaftlich abstrakt" benutzt wird und Fertigung eher „ingenieurwissenschaftlich physisch".

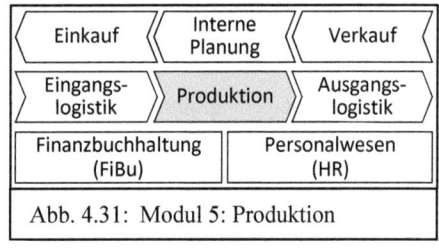

Abb. 4.31: Modul 5: Produktion

Produktion bezeichnet den Einsatz von Produktionsfaktoren zur Herstellung von Gütern und Dienstleistungen. Der Produktionsprozess bringt Produkte hervor, die das Unternehmen an andere Wirtschaftsteilnehmer veräußert. Damit leistet die Produktion einen wesentlichen Beitrag zur Wertschöpfung eines Unternehmens.

Die *Fertigung* bezeichnet demgegenüber den physischen Prozess der Herstellung der Produkte eines Unternehmens durch Menschen, Maschinen und eingesetzte Materialien. In Organigrammen findet sich in der Regel der Name „Produktion" für die Abteilung im Unternehmen, die mit der Fertigung betraut ist.

4.5.2 Prozesssicht: Herstellung und Montage von Produkten

Die Prozesssicht für die Produktion ist stark branchenabhängig. Im Fall von Küchenland findet die „Produktion" in der Form der Montage der Küche beim Kunden vor Ort statt.

4.5.3 DV-Sicht: Produktplanungs- und Steuerungssystem (PPS)

Auch die *Produktionsplanung und Steuerung (PPS)* wird von BAS unterstützt. Größere Unternehmen verfügen über *Individualsoftware*, die für die genauen Bedürfnisse ihres Fertigungsprozesses entwickelt wurde. Es gibt aber auch spezialisierte Standardsoftware, sogenannte *Produktionsplanungs- und Steuerungssysteme (PPS-Systeme)*. Die größeren ERP-Anbieter bieten zudem *Module für PPS*. So enthalten ERP-Branchenlösungen (engl. vertical solutions) ein PPS-Modul, das auf den in dieser Branche typischen Fertigungsprozess ausgerichtet ist und während der Implementationsphase für das spezifische Anwenderunternehmen angepasst werden kann (vgl. Kapitel 6.5.3 zum Customizing).

4.6 Ausgangslogistik

Das folgende Unterkapitel behandelt den Prozess der *Ausgangslogistik,* speziell den Transfer physischer Produkte vom Verkäufer zum Käufer (Abb. 4.32). Für die hier beschriebenen Tätigkeiten kann es in Organigrammen eine spezialisierte Abteilung „Logistik" geben oder sie können von den bereits behandelten Abteilungen (z. B. Vertrieb, Produktion oder Lager) mit ausgeführt werden.

4.6.1 Betriebswirtschaftliche Sicht: Transport und Leistungserbringung

Die Ausgangslogistik wird angestoßen, wenn die fertigen Produkte zum Transport bereitstehen. Die meisten Unternehmen übernehmen den Transport nicht selbst sondern beauftragen spezialisierte Transportdienstleister. Dafür werden die Artikel am Versandtag intern vom bisherigen Ort (z. B. in der Fabrikationshalle oder einem Zwischenlager) zum Übergabeort (Warenausgang) transportiert.

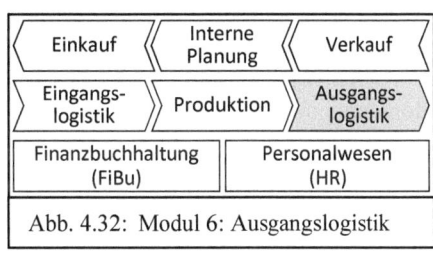

Abb. 4.32: Modul 6: Ausgangslogistik

Im *Versandhandel* (z. B. bei Bestellungen in Online-Shops) werden die Auftragspositionen zunächst kommissioniert (engl. *Picking*), d. h. die bestellten Artikel eines Auftrags werden von den verschiedenen Lagerplätzen geholt und an einem Ort für das Verpacken (engl. *Packing*) zusammengestellt. Abhängig vom Automatisierungsgrad unterscheidet man hier zwischen den Kommissionierarten Person-zur-Ware und Ware-zur-Person. Bei Person-zu-Ware bewegt sich eine Person zu den Artikeln und sammelt diese manuell ein. Ware-zur-Person beschreibt eine technische Lösung, bei der die Bereitstellung (z. B. mit Förderbändern) dynamisch und automatisiert erfolgt. Anschließend findet eine Übergabe an den im Auftrag spezifizierten Logistikdienstleister (z. B. DHL, Fedex, UPS) statt.

Größere Materialien werden bereitgestellt und von einem Spediteur (engl. *Logistics Service Provider*) übernommen und auf ein geeignetes Transportmittel (LKW, Bahn, Schiff) verladen. Die Aufteilung der Kosten und Risiken für den Transport zwischen Käufer und Verkäufer werden bei Vertragsabschluss im Kaufvertrag definiert. Für Außenhandelsverträge, bei denen Produkte über lange Distanzen und über Landesgrenzen hinweg befördert werden, steht ein Katalog an sogenannten INCOTERMS (Internationale Handelsklauseln, engl. International Commercial Terms) zur Verfügung, die als eingetragene Marke von der Internationalen Handelskammer (ICC) herausgegeben werden. Die darin enthaltenen Abkürzungen (z. B. FOB Rotterdam, Incoterms®2022) werden im ERP-System in einer Auswahlliste bereitgestellt und beim Anlegen des Vertrags ausgewählt. FOB steht z. B. für „free on board" und definiert den Ort, an dem Kosten und Verantwortung vom Verkäufer auf den Käufer übergehen. Da es verschiedene Regelwerke gibt, muss neben den Abkürzungen auch die rechtliche Grundlage gespeichert werden.

4.6.2   Prozesssicht: Von der Warenbereitstellung zur Montage

Abb. 4.33 zeigt den Prozess der Lieferung & Montage bei Küchenland. Zwei Tage vor dem geplanten Lieferdatum, wird die Warenbereitstellung vom ERP-System angestoßen. Dabei werden die notwendigen Datensätze vom ERP-System an das LVS übermittelt. Diese beinhalten Informationen darüber, welche Auftragspositionen ausgelagert und für den Montagetermin bereitgestellt werden sollen.

Alle Corletten, welche die für die Küche notwendige Komponenten enthalten, werden vom Regalbediengerät an den Warenausgang transportiert. Dort werden die Kundenauftragspositionen von einem Lagermitarbeiter abgescannt und im LVS von ihrem Lagerplatz (LP) in den Warenausgang (WA) verschoben.

Am Liefertag wird die Ware in den Montage-LKW geladen. Rechnung und Lieferschein werden aus dem ERP-System heraus erzeugt. Die Skizze der Küche wird zusätzlich aus dem Archivsystem ausgedruckt. Diese Papierdokumente werden dem Fahrer bzw. den Monteuren mitgegeben.

Die Monteure laden die Auftragsdaten aus dem Mobilen Auslieferungs-Manager (MAM) zusätzlich in ein Smartphone. Der MAM stellt eine Navigationsfunktionalität zur Verfügung, der die Fahrtstrecke zum Kunden anzeigt.

Die Monteure bauen die Küche beim Kunden auf und machen Fotos zur Dokumentation des Ergebnisses, die in den MAM übertragen werden. Rechnung und Lieferschein werden überreicht und letzterer vom Kunden als Lieferbestätigung unterschrieben. Bezahlt der Kunde den kompletten Betrag der Küche selbst (ohne Ratenkredit), erfolgt die Bezahlung des Restbetrags vor Ort mit Hilfe eines mobilen POS-Kartenterminals.

Im Falle einer Reklamation werden Bilder von der Beanstandung gemacht und ebenfalls im MAM gespeichert. Zusätzlich füllt einer der Monteure einen Servicebericht aus. Im Falle einer Reklamation wird diese von einer Sachbearbeiterin individuell mit dem vorliegenden Servicebericht überprüft und bearbeitet. Nach Abschluss der Zahlung (und der Beseitigung eventuell vorliegender Mängel) ist der Auftragsabwicklungsprozess abgeschlossen.

Ausgangslogistik

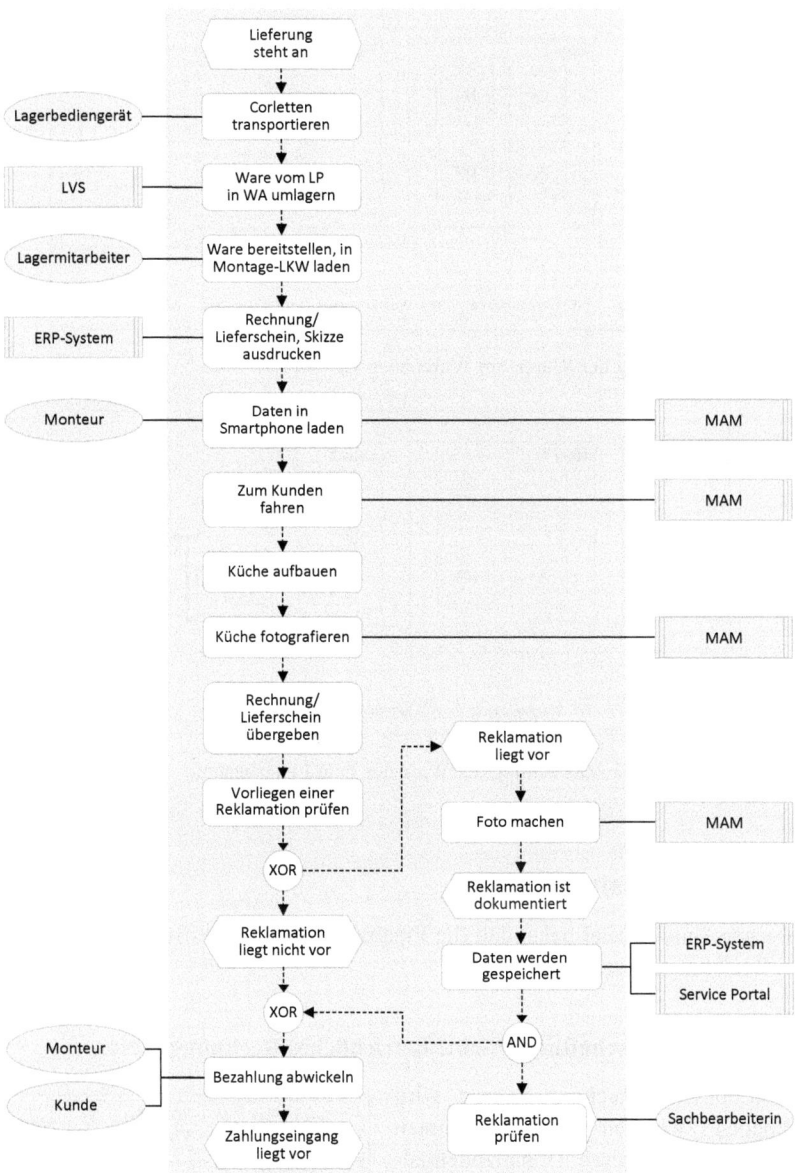

Abb. 4.33: Prozess Lieferung & Montage bei Küchenland

4.6.3 DV-Sicht: Umlagerung von Ware und Bereitstellung

Abb. 4.34 zeigt den Schritt der Bereitstellung der Ware am Warenausgang (WA). Im System werden die Artikel von LP1 in WA umgebucht. Abb. 4.35 zeigt den anschließenden Transport zum Kunden. Der Artikel wird aus dem Lagersystem ausgebucht.

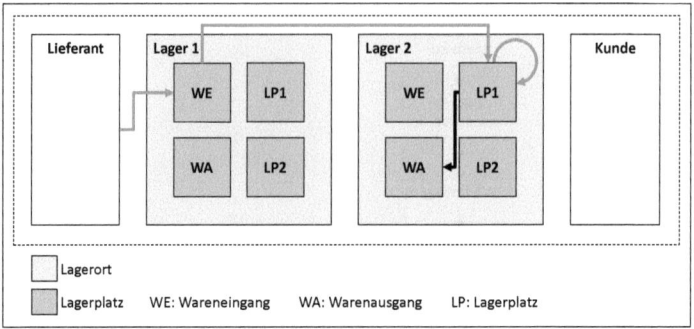

Abb. 4.34: Bereitstellung der Waren am Warenausgang (WA)

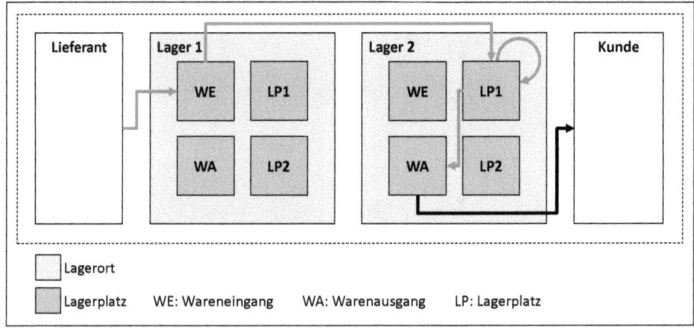

Abb. 4.35: Lieferung und Ausbuchung der Ware aus dem Lagerbestand

4.7 Finanzbuchhaltung (FiBu)

Das folgende Unterkapitel behandelt die Finanzbuchhaltung (FiBu) als wichtigste Funktion des Rechnungswesens (Abb. 4.36).

4.7.1 Betriebswirtschaftliche Sicht: Betriebliches Rechnungswesen

Beim betrieblichen Rechnungswesen wird unterschieden zwischen dem sogenannten *externen Rechnungswesen* (Finanzbuchhaltung, engl. financial accounting) und dem *internen Rechnungswesen* (Controlling, engl. management accounting).

Im *externen Rechnungswesen* werden unternehmensbezogene Vorgänge, die sich in Zahlenwerten ausdrücken lassen, mit den Methoden der Buchführung sachlich und zeitlich geordnet erfasst, auf Konten gebucht und dokumentiert. Am Ende einer Rechnungsperiode (Geschäftsjahr, meist 01.01.-31.12, gemäß HGB nicht mehr als 12 Monate) werden die

Konten abgeschlossen und eine Bilanz sowie eine Gewinn- und Verlustrechnung (GuV) erstellt. Bilanz und GuV bilden den Jahresabschluss (§ 242 HGB). Bei Kapitalgesellschaften wie der Küchenland GmbH ist zudem ein Anhang und je nach Größe des Unternehmens ein Lagebericht ergänzend zu erstellen.

Die Finanzbuchhaltung (FiBu) ist für viele Unternehmensformen *gesetzlich vorgeschrieben* und unterliegt u. a. den Grundsätzen ordnungsmäßiger Buchführung (GoB). Bei den GoB handelt es sich um allgemein anerkannte und sachgerechte Vorschriften, die ihren Niederschlag in Gesetzen (z. B. HGB und EStG), Rechtsprechung, Verwaltungsanweisungen oder Empfehlungen von Wirtschaftsverbänden finden. Die Buchführung gilt als ordnungsgemäß, wenn sich ein sachverständiger Dritter (Steuerberater, Betriebsprüfer) in angemessener Zeit einen Überblick über die Geschäftsvorfälle und die Lage des Unternehmens machen kann. Die FiBu dokumentiert alle Geschäftsvorfälle (in der Form von Buchungen mit Belegbezug auf Konten), erfasst die Höhe sowie die Veränderung von Vermögen und Schulden und liefert das Zahlenmaterial für alle anderen Bereiche des Rechnungswesens.

Im Gegensatz dazu beschäftigt sich das *interne Rechnungswesen* (auch als Controlling bezeichnet) mit der Planung, Kontrolle und Koordination der Aktivitäten mit dem Ziel der Bewertung des Erfolgs des Unternehmens und seiner Teilbereiche (z. B. mittels Kostenarten-, Kostenstellen- und Kostenträgerrechnung). Hierzu gehört auch die Kosten- und Leistungsrechnung, die die Wirtschaftlichkeit des Unternehmens und seiner Produkte überwacht und das Betriebsergebnis ermittelt. Eine wichtige Aufgabe des internen Rechnungswesens ist auch die Sicherstellung der Rationalität der Unternehmensführung, indem Informationen bereitgestellt werden, die unternehmerischen Entscheidungen zugrunde gelegt werden können. Das interne Rechnungswesen ist prinzipiell nicht an die handels- und steuerrechtlichen Auflagen und Publizitätspflichten des externen Rechnungswesens gebunden und kann daher mit abweichenden Bewertungsansätzen arbeiten.

Aufgrund der zentralen Rolle des Rechnungswesens für die Führung eines Unternehmens, sind die funktionalen Module für die FiBu das Herzstück eines ERP-Systems. Die großen Standard-ERP-Systeme haben ihre eigenen FiBu-Module. Es gibt aber auch ERP-Systeme, die ohne dieses zentrale Modul ausgeliefert werden und den Einsatz von Software von spezialisierten Anbietern empfehlen. Zu diesen Systemen sind dann spezielle Schnittstellen vorhanden. Bekannte FiBu-Lösungen für den Mittelstand sind z. B. die Produkte von DATEV in Deutschland, Abacus in der Schweiz oder international eGecko der CSS AG.

Die Finanzbuchhaltung ist in mehrere Teilgebiete unterteilt, darunter auch die *Debitorenbuchhaltung* und die *Kreditorenbuchhaltung*. In der *Debitorenbuchhaltung* werden alle Geschäftsvorfälle erfasst, die Verkäufe von Waren bzw. das Erbringen von Leistungen betreffen, die für Kunden (Debitoren, lat. debere: schulden) erbracht werden *(Forderungen)*. Aus Sicht des verkaufenden Unternehmens sind Debitoren die Schuldner, die Forderungen aus Lieferungen und Leistungen begleichen müssen. Die Debitorenbuchhaltung verbucht Forderungen und Gutschriften, überwacht Fälligkeiten, prüft den Zahlungseingang, mahnt ausstehende Zahlungen an und prüft die Bonität eines Debitors (Debitoren Scoring). Die *Kreditorenbuchhaltung* ist zuständig für die eingehenden Rechnungen von den Lieferanten (Kreditoren, lat. credere: glauben, anvertrauen). Diese stellen *Verbindlichkeiten* dar. Aus Sicht des einkaufenden Unternehmens sind Kreditoren die Gläubiger, von denen das Unternehmen Waren oder Dienstleistungen bezieht (Lieferanten). Das übergeordnete Ziel der Kreditorenbuchhaltung ist die Aufrechterhaltung guter Lieferantenbeziehungen, in enger Abstimmung mit dem Einkauf.

Diese beiden Abteilungen wickeln zwei unterschiedliche Arten von Rechnungen ab: 1) *Eingangs*rechnungen von *Lieferanten* und 2) *Ausgangs*rechnungen an *Kunden*. Die Erstellung der *Ausgangsrechnungen* (auch als Fakturierung bezeichnet) und *Mahnungen* sind Aufgaben der Abteilung Debitoren. Die Rechnungstellung ist der Vorgang im Rechnungswesen, bei dem einem Kunden eine Rechnung über eine Lieferung oder Leistung erstellt wird. Im § 14 UStG ist eine Rechnung definiert als „jedes Dokument, mit dem über eine Lieferung oder sonstige Leistung abgerechnet wird, gleichgültig, wie dieses Dokument im Geschäftsverkehr bezeichnet wird". Die *Rechnungsprüfung und -freigabe* der *Eingangsrechnungen* ist eine Aufgabe der Abteilung Kreditoren. Im Rahmen der Prüfung werden die Angaben auf der Rechnung mit der Bestellung und der Wareneingangsbestätigung (ausgestellt vom Lagermitarbeitenden oder Bedarfsträger) abgeglichen.

Auch die *Lohnbuchhaltung* ist ein Teil der Finanzbuchhaltung. Dieses Teilgebiet betrifft die Erfassung, Abrechnung und Buchung von Arbeitsentgelten (Löhnen und Gehältern).

4.7.2 Prozesssicht: Von der Rechnungsstellung zur Bezahlung

Die *eingehenden Lieferantenrechnungen* werden i. d. R. nach erfolgter Lieferung der Komponenten an Küchenland fällig und werden von der Kreditorenabteilung unter Einhaltung der vereinbarten Zahlungsziele (Ausnutzung von Skonti) freigegeben und bezahlt.

Da für Küchen i. d. R. eine Anzahlung zu leisten ist, wird die erste *Teilrechnung an den Kunden* bei Küchenland bereits direkt im Anschluss an den Vertragsabschluss gestellt. Die Rechnung wird in der FiBu angelegt und der Zahlungseingang wird von der Abteilung Debitoren nachgehalten (vgl. Abb. 4.33). Der Restbetrag wird vom Kunden direkt im Anschluss an die erfolgte Montage per POS-Terminal bezahlt (bzw. im Falle einer Kreditfinanzierung von der finanzierenden Bank beglichen).

4.7.3 DV-Sicht: Rechnungsstellung, GuV, Bilanz

Zu den wesentlichen Aufgaben der Finanzbuchhaltung gehören die Dokumentation aller Geschäftsvorfälle sowie das Erstellen des Jahresabschlusses (Bilanz und Gewinn- und Verlustrechnung (GuV)). Die *Kreditorenbuchhaltung* ist der Teilbereich der FiBu, der für die Buchführung der Kontokorrentbeziehungen zuständig ist. Hierzu gehört die Freigabe der Bezahlung von Eingangsrechnungen. Das Gegenstück dazu ist die *Debitorenbuchhaltung*, die die Forderungen gegenüber den Debitoren (Kunden) verwaltet und die Bezahlung der Ausgangsrechnungen überwacht.

Kreditoren

Abb. 4.37 zeigt eine Eingabemaske für eine exemplarische Lieferantenrechnung, die in die Bereiche „Allgemein", „Bestellpositionen", „Fakturierung" und „Lieferung" unterteilt ist. Die Felder für Allgemein und die Bestellpositionen werden aus der Bestellung übernommen. Der Bereich „Fakturierung" enthält die Konditionen des Lieferanten und kann ebenfalls übernommen werden, falls diese Felder in der Bestellung ausgefüllt waren.

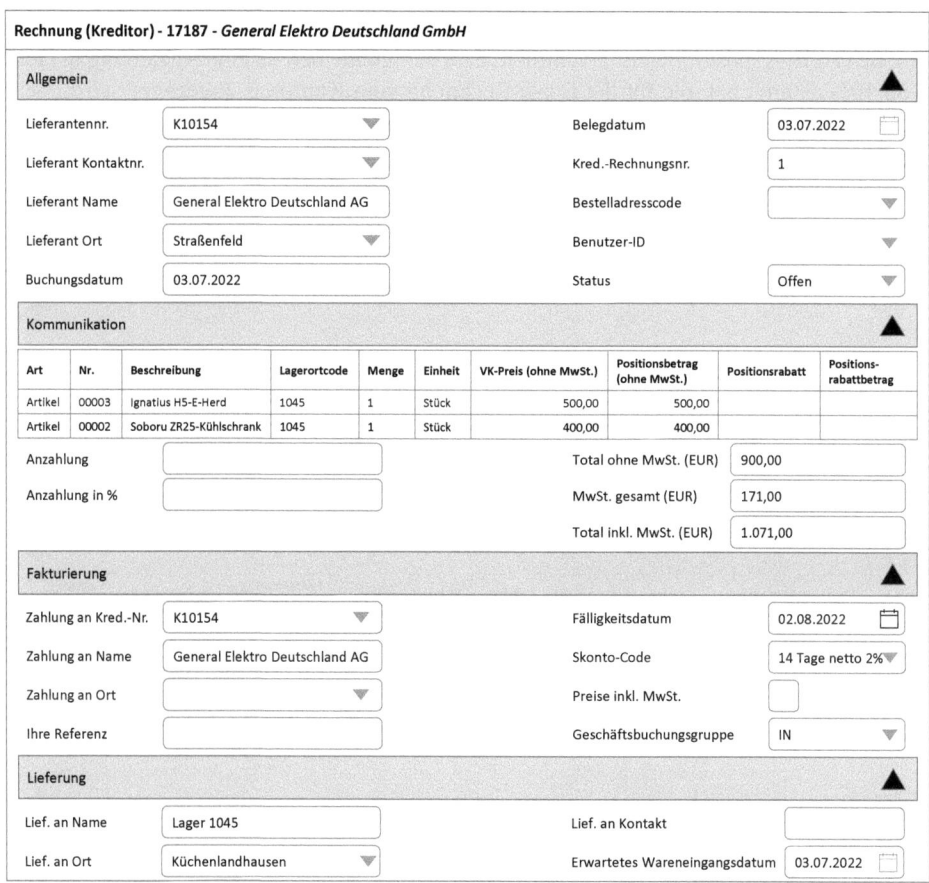

Abb. 4.37: Eingangsrechnung (Kreditor): Detailansicht mit Funktionsbereichen

Der Abschnitt zur Lieferung enthält Informationen zum Lieferort (Adresse eines Lagers oder Bürogebäudes eines Bedarfsträgers) sowie zum Datum des Wareneingangs. Der Status der Rechnung ist „offen". Nach erfolgter Rechnungsprüfung wird dieser auf „freigegeben" umgesetzt. Sobald die Rechnung beglichen worden ist, wird er auf „bezahlt" umgesetzt.

Debitoren

Abb. 4.38 zeigt eine Eingabemaske für eine exemplarische Kundenrechnung, die ebenfalls in die vier Bereiche „Allgemein", „Auftragspositionen", „Fakturierung" und „Lieferung" unterteilt ist. Die Felder für Allgemein und die Auftragspositionen werden aus dem Kundenauftrag übernommen. Der Bereich „Fakturierung" enthält die Konditionen, die für diesen Auftrag mit dem Kunden vereinbart wurden. Diese können ebenfalls aus dem Kundenauftrag übernommen werden. Der Abschnitt zur Lieferung enthält Informationen zum vom Kunden vorgegebenen Lieferort sowie zum Datum des Warenausgangs. Im Abschnitt mit den Auftragspositionen ist ersichtlich, dass der Kunde bereits eine Anzahlung in Höhe von 10% getätigt hat, die für die finale Rechnung vom Kaufpreis abgezogen wird (siehe Abb. 4.39). Der Status der Rechnung ist „offen". Nach erfolgter Zahlung seitens des Kunden wird dieser auf „bezahlt" umgesetzt. Wird das Fälligkeitsdatum erreicht bevor die Zahlung eingegangen ist, wird der Mahnprozess angestoßen.

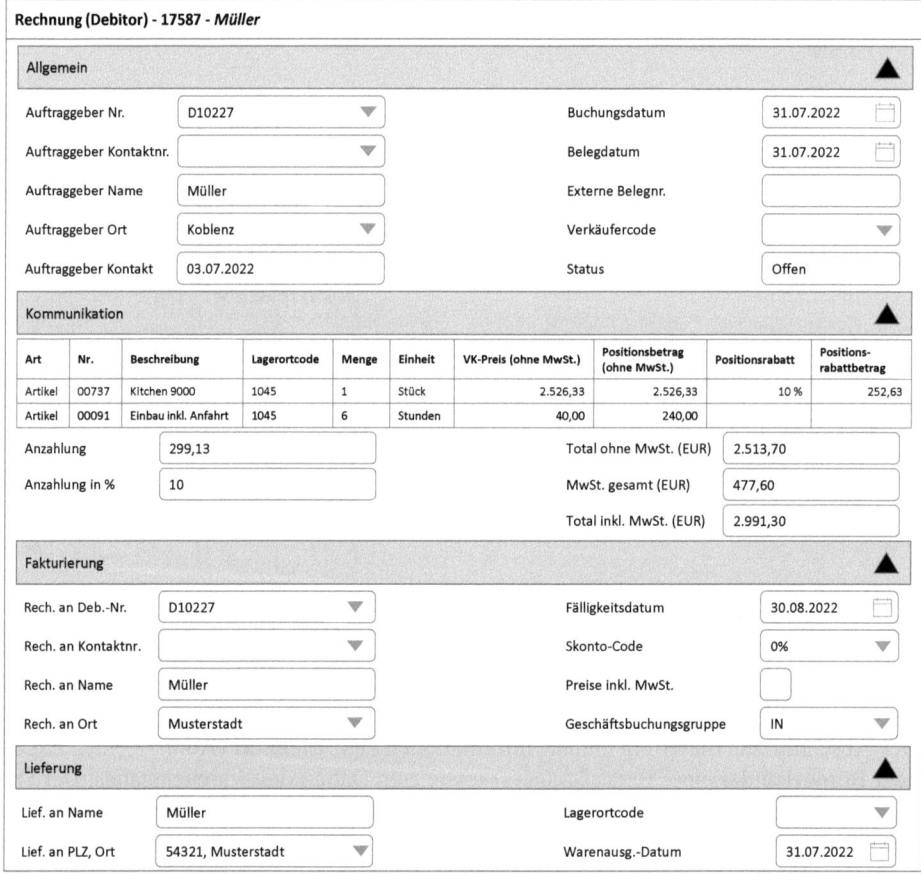

Abb. 4.38: Erfassungsmaske Ausgangsrechnung (Debitor)

Abb. 4.39 zeigt eine Beispielrechnung für eine konfigurierte Küche. Die Pflichtangaben einer Rechnung sind in § 14 Abs. 4 UStG genau festgelegt. Dazu gehören der vollständige Name und die vollständige Anschrift des leistenden Unternehmers (Verkäufer Kontaktdaten) und des Leistungsempfängers (Kunde Kontaktdaten), Umsatzsteuer-Identifikationsnummer (Fußzeile), das Ausstellungsdatum (Referenzzeile), eine fortlaufende Nummer (Belegtyp und Nummer), die Menge und die Art der gelieferten Artikel (Positionen), den Zeitpunkt der Lieferung (im Anschreiben) sowie der Steuersatz und der Steuerbetrag (Konditionen und Verkaufspreis).

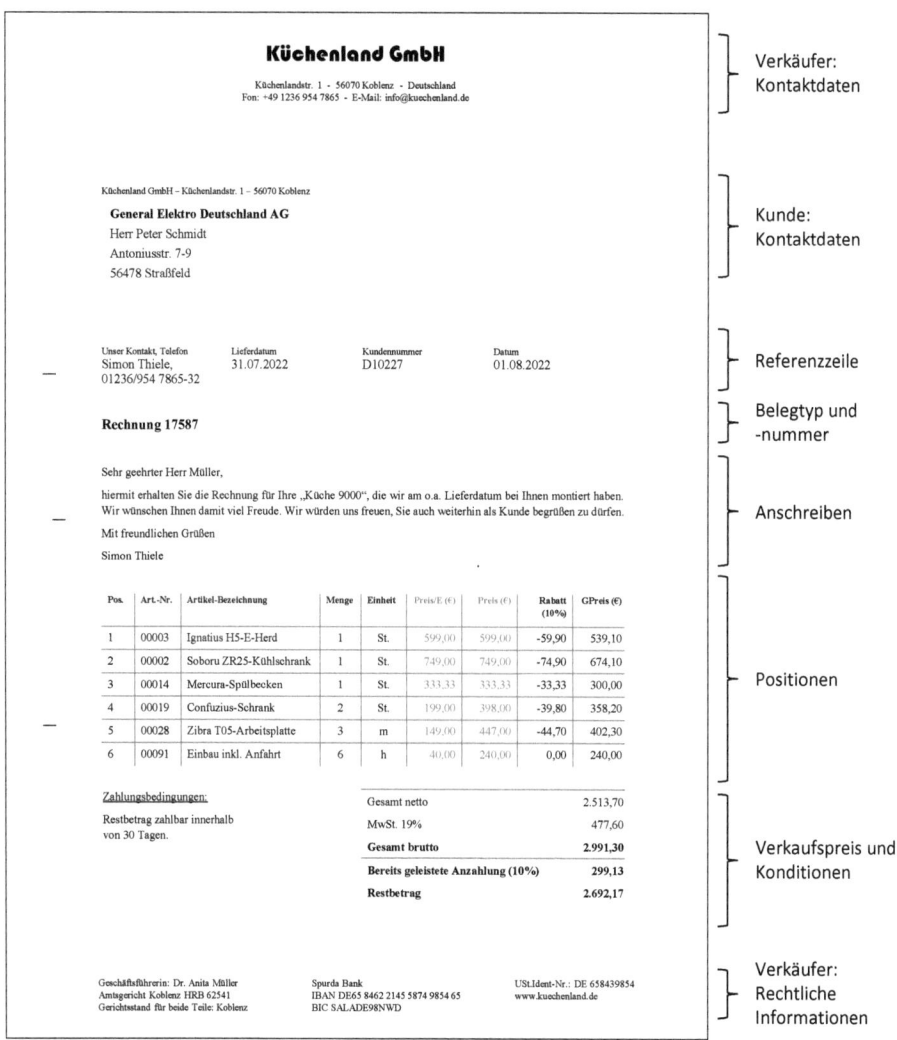

Abb. 4.39: (Kunden-)Rechnung (Debitor)

Abb. 4.40 zeigt eine Liste der offenen Posten der Ausgangsrechnungen (Debitorenposten). Sie hilft den Mitarbeiterinnen der Debitorenabteilung, überfällige Rechnungen zu identifizieren und das Mahnwesen zu steuern. Mahnungen können automatisch oder manuell erstellt werden. Im ERP-System müssen zunächst Mahnmethoden hinterlegt werden (z. B. unterschiedliche Regeln für inländische und ausländische Debitoren). Für die Mahnmethoden werden Mahnstufen definiert. Pro Mahnstufe können eine Toleranzperiode und aufzuschlagende Gebühren festgelegt werden. Die Toleranzperiode ist der Zeitraum, der zwischen Fälligkeitsdatum bis zur Aktivierung der Mahnstufe vergehen darf. Die Mahnmethoden werden den Debitoren im Debitorenstamm zugeordnet.

Buchungsdatum	Belegart	Belegnr.	Debitorennr.	Ursprungsbetrag	Restbetrag	Fälligkeitsdatum	Skontodatum	Mahnstufe
30.11.2016	Rechnung	16456	D10435	6.560,38	1.968,33	30.12.2016	-	3
29.03.2022	Rechnung	17514	D10243	1.503,08	1.352,77	28.04.2022	-	2
18.04.2022	Rechnung	17535	D10045	1.960,29	1.764,26	18.05.2022	-	2
31.07.2022	Rechnung	17587	D10227	2.991,30	2.692,17	30.08.2022	-	0
30.06.2022	Rechnung	17592	D10005	4.335,00	3.901,50	30.07.2022	-	1
31.07.2022	Rechnung	17615	D10006	1.270,92	270,92	30.08.2022	-	0
15.07.2022	Rechnung	17617	D10007	8.798,88	7.918,99	14.08.2022	-	0
30.07.2022	Rechnung	17624	D10008	2.991,30	2.692,17	29.08.2022	-	0
27.07.2022	Rechnung	17637	D10009	4.196,29	3.776,66	26.08.2022	-	0
27.07.2022	Rechnung	17658	D10010	10.579,53	9.521,58	26.08.2022	-	0
16.07.2022	Rechnung	17673	D10012	5.590,18	5.031,16	15.07.2022	-	0
31.07.2022	Rechnung	17679	D10024	3.304,48	2.974,03	30.08.2022	-	0
02.08.2022	Rechnung	17686	D10050	2.991.30	2.692,17	01.09.2022	-	0

Abb. 4.40: Offene-Posten-Liste der unbezahlten Ausgangsrechnungen

Verbuchung von Geschäftsvorfällen und finanzielle Berichterstattung (Reporting)

Jahresabschlüsse von Kapitalgesellschaften unterliegen der sogenannten Publizitätspflicht. Das bedeutet, dass bestimmte (im HGB und PublG gesetzlich vorgegebene) Informationen zu Ergebnis und Lage eines Unternehmens im elektronischen Bundesanzeiger einzureichen sind. Dazu gehört unter anderem die *Jahresbilanz*, die das ERP-System auf der Grundlage der *Buchungen im Berichtszeitraum* erzeugt.

Erfolgsrelevante Geschäftsvorgänge (z. B. ein Rechnungseingang oder ein Umlagerungsauftrag) werden *im laufenden Betrieb* im ERP-System erfasst und abgespeichert. Erst wenn ein solcher Geschäftsvorgang explizit *gebucht* wird, werden die notwendigen Buchungen (je nach Systemeinstellung sofort oder periodisch) auf die zugehörigen Konten im ERP-System vorgenommen.

Die sogenannte *Kontierung* von Belegen dient der Vorbereitung von Buchungen. Hierbei werden Belege mit einem Eingangsstempel (mit Datum) versehen und anschließend bestimmten Personen- und Sachkonten zugeordnet. Für die Unterstützung der Kosten- und Leistungsrechnung können dabei jedem Buchungssatz zudem Kostenstelle, Kostenträger und Kostenart zugeordnet werden. Nach diesen Kategorien erfolgt später die Auswertung im Controlling. Kleine Unternehmen kontieren ihre Belege in der Regel nicht selbst, sondern übergeben diese an ihren Steuerberater, der die korrekte Kontierung und die Verbuchung im System übernimmt.

Während der *initialen Einrichtung des ERP-Systems* wird zunächst ein Kontenplan angelegt. Wie in Kapitel 3.3.4 im Abschnitt zu „Konten des betrieblichen Rechnungswesens" erläutert, generieren die meisten Unternehmen ihren Kontenplan auf der Basis eines empfohlenen Kontenrahmens und passen die darin enthaltenen Konten ggf. an die eigenen Bedürfnisse an. Ein Beispiel für eine solche Empfehlung ist der SKR 04, der von der DATEV eG, einem deutschen Dienstleistungsanbieter für die wirtschafts- und steuerberatenden Berufe, entwickelt wurde.

Der *Standardkontenrahmen SKR 04* ist in die folgenden Hauptgruppen eingeteilt:
0: Anlagevermögen (Bestand: Aktiv)
1: Umlaufvermögen (Bestand: Aktiv)
2: Eigenkapitalkonten (Bestand: Passiv)
3: Fremdkapitalkonten (Bestand: Passiv)
4: Betriebliche Erträge (Erfolg: Ertrag)
5 und 6: Betriebliche Aufwendungen (Erfolg: Aufwand)
7: Weitere Erträge und Aufwendungen (Erfolg: Aufwand, Ertrag)
8: frei
9: Vortrags- und statistische Konten (Bestand: Rechnungsabgrenzung usw.)

Der SKR 04 enthält 5-stellige Kontennummern. Die erste Ziffer der Konten gibt dabei die Einteilung der Konten in die Hauptbuchungsgruppen wieder. Diese orientieren sich an der gesetzlich vorgegebenen Gliederung für Bilanz und GuV in §§ 266, 275 HGB.

Bei Einsatz eines ERP-Systems ist die manuelle Zuordnung von Sachkonten und Kostenstellen für die Verbuchung eines Standardgeschäftsvorfalls in der Regel nicht notwendig, da sich die zu bebuchenden Konten aus den Stammdaten und den hinterlegten Systemeinstellungen mittels einer Programmfunktion zur Kontenfindung ergeben. Für die Gruppierung geschäftsrelevanter Stammdaten (für Produkte, Debitoren, Kreditoren, etc.) werden im Zuge der Systemeinrichtung sogenannte Buchungsgruppen definiert. Diesen Buchungsgruppen werden anschließend die zu bebuchenden Konten zugewiesen. In MS Dynamics NAV geschieht dies z. B. mit Hilfe der sogenannten „Buchungsmatrix".

Buchungsgruppen bilden Entitäten des ERP-Systems (wie z. B. Debitoren, Kreditoren, Artikel, Ressourcen, Verkaufs- und Einkaufsbelege) auf Hauptbuchkonten ab. Um die damit verbundenen Geschäftsvorfälle auf den richtigen GuV- und Bilanz-Konten automatisch steuerlich korrekt zu erfassen, werden drei Buchungsgruppen unterschieden: (1) allgemeine Buchungsgruppen, (2) spezielle Buchungsgruppen und (3) Mehrwertsteuerbuchungsgruppen. Für einen Verkaufsbeleg ist durch die Kombination dieser

Buchungsgruppen das Konto für den Umsatzerlös, das Debitorenkonto und die Mehrwertsteuerbuchung zu ermitteln.

Abb. 4.41 zeigt einen Ausschnitt aus einem Kontenplan auf der Basis des SKR 04.

Nr.	Name	GuV/Bilanz	Kontenklasse
0240	Gebäude	Bilanz	0 Anlagevermögen
0520	Fuhrpark	Bilanz	0 Anlagevermögen
1100	Bestand an fertigen Erzeugnissen	Bilanz	1 Umlaufvermögen
1210	Forderungen aus Lieferungen und Leistungen	Bilanz	1 Umlaufvermögen
1600	Kasse	Bilanz	1 Umlaufvermögen
2000	Eigenkapital	Bilanz	2 Eigenkapitalkonten
3800	Umsatzsteuer	Bilanz	3 Fremdkapitalkonten
4000	Umsatzerlöse	GuV	4 Betriebliche Erträge
4860	Grundstückserträge	GuV	4 Betriebliche Erträge
5200	Wareneingang	GuV	5 Betriebliche Aufwendungen
5900	Fremdleistungen	GuV	5 Betriebliche Aufwendungen
6000	Löhne und Gehälter	GuV	6 Betriebliche Aufwendungen
7685	Kfz-Steuer	GuV	7 Weitere Erträge und Aufwendungen

Abb. 4.41: Ausschnitt aus einem Kontenplan in einem exemplarischen ERP-System

Die *allgemeinen Buchungsgruppen* bilden die Basis für die Definition der *GuV-Konten*. Um das GuV-Konto für einen Verkaufsbeleg zu bestimmen, muss festgelegt werden, was an wen verkauft wird. Hierzu werden Geschäfts- (an wen) und Produktbuchungsgruppen (was) definiert. Eine Unterteilung der *Geschäftsbuchungsgruppen* kann beispielsweise nach geografischer Region, Geschäftsart oder Branchentyp vorgenommen werden. *Produktbuchungsgruppen* können z. B. nach der Art der Produkte in Rohmaterialartikel, Einzelhandelsartikel, Ressourcen und Kapazitäten unterteilt werden. Die Geschäfts- und Produktbuchungsgruppen werden im Rahmen der Buchungsmatrix miteinander kombiniert. Jeder Kombination aus Geschäfts- und Produktbuchungsgruppe werden verschiedene Sätze von Sachkonten zugewiesen, die bei dieser Kombination zu bebuchen sind. *Spezielle Buchungsgruppen* bestimmen, welche *Bilanzkonten* bebucht werden. Debitorenbuchungsgruppen (als spezielle Buchungsgruppe) können nach der Region oder auch nach der Konzernzugehörigkeit differenziert werden. Durch die *Mehrwertsteuerbuchungsgruppen* wird die Steuer berechnet und gebucht. Die Behandlung der Mehrwertsteuer für einen Verkaufsbeleg bestimmt sich ebenso wie die Ermittlung des GuV-Kontos danach, was an wen verkauft wird. Auch hierzu sind somit wieder zwei Buchungsgruppen zu definieren. Mehrwertsteuer-Geschäftsbuchungsgruppen richten sich danach, an wen geliefert wurde. Aufgrund steuerlicher Vorschriften ist häufig eine Aufteilung nach geografischen Regionen vorzunehmen (Inland, Gemeinschaftsgebiet und Drittland). Mehrwertsteuer-

Produktbuchungsgruppen werden beispielsweise anhand der Art des gekauften Artikels (was) in Deutschland unterschieden in die Steuersätze 0%, 7% und 19%.

Bilanz und Gewinn- und Verlustrechnung (GuV)

Bilanz (engl. balance sheet) und GuV (engl. profit and loss statement, P&L) bilden gemeinsam den Jahresabschluss. Abb. 4.42 zeigt eine stark vereinfachte Darstellung einer Bilanzstruktur.

Aktiva	Bilanz	Passiva
Anlagevermögen	**Eigenkapital**	
Immaterielle Vermögensgegenstände	*Gezeichnetes Kapital*	
EDV Software	*Jahresüberschuss*	
Geschäfts- oder Firmenwert	**Rückstellungen**	
Sachanlagen	*Steuerrückstellungen*	
Gebäude	Gewerbesteuerrückstellung	
Fuhrpark	*Sonstige Rückstellungen*	
Finanzanlagen	**Verbindlichkeiten**	
Anteile an verbundenen Unternehmen	*Verbindlichkeiten gegenüber Kreditinstituten*	
Umlaufvermögen	*Erhaltene Anzahlungen auf Bestellungen*	
Vorräte	Erhaltene Anzahlungen	
Bestand an fertigen Erzeugnissen	*Verbindlichkeiten aus Lieferungen und Leistungen*	
Forderungen und sonstige Vermögensgegenstände	*Sonstige Verbindlichkeiten*	
Forderungen aus Lieferungen und Leistungen	Darlehen	
Liquide Mittel	Umsatzsteuer	
Bank	Sonstige Verbindlichkeiten	
Kasse	**Rechnungsabgrenzungsposten**	
Rechnungsabgrenzungsposten		
Bilanzsumme	Bilanzsumme	

Abb. 4.42: Vereinfachte Darstellung für die Strukturierung der Bilanz

Abb. 4.43 zeigt den Zusammenhang der Buchungen in Bilanz und GuV. Zu Beginn einer finanziellen Periode werden die Endbestände der Abschlussbilanz in die Eröffnungsbilanz übernommen. Im Laufe der Periode verändern sich die Beträge der Bilanzkonten (Aktiv- und Passivkonten) sowie der GuV-Konten (Aufwands- und Ertragskonten) aufgrund der vorgenommenen Buchungen. Der Vergleich von Anfangs- und Schlussbestand der Aktiva zeigt Veränderungen im Vermögen, der Vergleich von Anfangs- und Schlussbestand in den Passiva zeigt Veränderungen im Eigen- und Fremdkapital. Am Ende des Berichtszeitraums werden in der GuV die Saldi der Beträge für Aufwendungen und Erträge berechnet und die Differenz wird als Jahresüberschuss (oder Verlust) ins Eigenkapitalkonto gebucht.

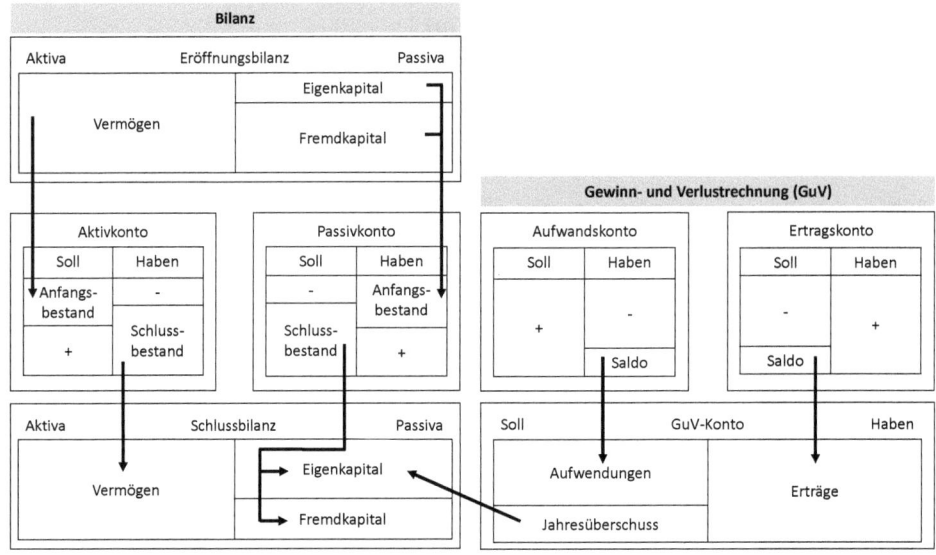

Abb. 4.43: Zusammenhang der Buchungen in Bilanz und GuV

4.8 Personalwesen

Das folgende Unterkapitel behandelt ausgewählte Tätigkeiten im Personalwesen, die im direkten Zusammenhang mit der Auftragsabwicklung stehen (Abb. 4.44).

4.8.1 Betriebswirtschaftliche Sicht: Zeiterfassung und Nachkalkulation

Das Personalwesen ist die Abteilung im Unternehmen, die für die Auswahl und die Weiterqualifikation der Mitarbeitenden zuständig ist. Eine wichtige personalbezogene Funktion, die von ERP-Systemen unterstützt wird, ist die Zeiterfassung. Zeiterfassungssysteme unterstützten sowohl Bereiche des allgemeinen Personalmanagements, z.B. durch das Erfassen von Urlaubs-, Ausbildungs- und Fehlzeiten als auch die Kostenrechnung, indem die involvierten Personen ihre Arbeitsstunden auf die betroffenen Kostenstellen oder Kostenträger buchen.

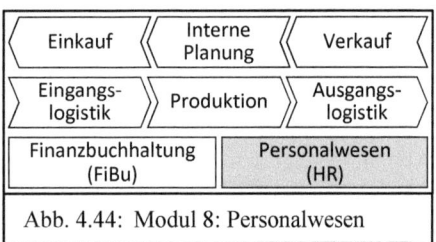

Abb. 4.44: Modul 8: Personalwesen

Bei (variabel) stundenweise angestellten Mitarbeitenden wird der monatlich zu zahlende Betrag jeweils anhand der erfassten Stunden im Zeiterfassungssystem kalkuliert. Sobald alle Rechnungen für einen Auftrag vorliegen und die ggf. eingeflossenen Personalzeiten

Personalwesen

(z. B. Monteurstunden) in der Zeiterfassung verbucht sind, kann eine interne *Nachkalkulation* des Auftrags durchgeführt werden. Das Ergebnis zeigt den Deckungsbeitrag, den dieser Auftrag erwirtschaftet hat.

4.8.2 Prozesssicht: Von der Stundenerfassung zur Entlohnung

Für eine Nachkalkulation im Sinne der Kosten- und Leistungsrechnung ist es für Küchenland notwendig, dass die Arbeitsstunden zur Lieferung und Montage der Küche erfasst werden und so dem Auftrag direkt zugeordnet werden können. Je nach Auftragslage, setzt Küchenland hier eigenes Personal ein oder beauftragt spezialisierte Dienstleister, die eine Rechnung stellen, deren Betrag als Kosten in die Nachkalkulation einfließt. Eigenes Personal unterteilt sich wiederum in Festangestellte und Mitarbeitende auf variabler Stundenbasis. Während Festangestellte ihr (gleichbleibendes) Gehalt unabhängig von den im System gebuchten Stunden erhalten, werden auftragsbezogen eingesetzte Mitarbeitende für die tatsächlich geleisteten Stunden vergütet.

4.8.3 DV-Sicht: Zeiterfassung

Abb. 4.45 zeigt in einer exemplarischen Übersicht die erfassten Zeiten (engl. time sheets), die für bestimmte Projekte oder Aufträge geleistet wurden. Auch Urlaubs-/Krankheits- und Fortbildungszeiten werden erfasst. Zeiterfassung ermöglicht es, angefallene Personalkosten zu verbuchen und für die Nachkalkulation der tatsächlich angefallenen Kosten zu nutzen. Auf diese Weise können Abweichungen von der Angebotskalkulation ermittelt werden, was als Feedback wichtig ist für die künftige Angebotserstellung.

PersNr.	Name	Datum	von	bis	Stunden	Kostenstelle/Kostenträger	Bemerkung
15668	Sabine Hülsewig	31.07.2022	08:00	09:25	1,25	75756	Angebote einholen
15668	Sabine Hülsewig	31.07.2022	09:25	10:75	1,50	78975	Angebote einholen
15668	Sabine Hülsewig	31.07.2022	10:75	12:00	1,25	72466	Angebote einholen
15668	Sabine Hülsewig	31.07.2022	13:00	15:00	2,00	75757	Angebote einholen
15668	Sabine Hülsewig	31.07.2022	15:00	17:00	2,00	99999	Jour Fixe
15668	Sabine Hülsewig	01.08.2022	08:00	12:00	4,00	75629	Vorbereitung Verhandlungen
15668	Sabine Hülsewig	01.08.2022	13:00	17:00	4,00	75629	Vorbereitung Verhandlungen
15668	Sabine Hülsewig	02.08.2022	08:00	10:50	2,50	78975	Erste Angebote sichten
15668	Sabine Hülsewig	02.08.2022	10:50	12:00	1,50	75629	Vorbereitung Verhandlungen
15668	Sabine Hülsewig	02.08.2022	13:00	14:00	1,00	75629	Vorbereitung Verhandlungen
15668	Sabine Hülsewig	02.08.2022	14:00	17:00	3,00	75629	Call Vertragspartner
15668	Sabine Hülsewig	02.08.2022	08:00	12:00	4,00	75629	Nachbereitung Verhandlungen
15668	Sabine Hülsewig	02.08.2022	13:00	17:00	0,50	99999	Fortbildung

Abb. 4.45: Übersicht über die Zeiterfassung einer Mitarbeiterin

4.9 Lernkontrollfragen

Verkauf

1. Beschreiben Sie die betriebswirtschaftlichen Aktivitäten im Verkauf.
2. Aus welchen Komponenten setzt sich der Preis eines Artikels zusammen?
3. Wie findet die Preisfindung für den Auftrag statt? Woher bezieht das System die notwendigen Informationen für die Preiskalkulation?
4. Was ist das Charakteristische an einem Multikanalunternehmen?
5. Welche BAS benötigt ein Multikanalunternehmen für die Unterstützung der Verkaufsphase?
6. Welche Daten müssen im ERP-System bereits vorliegen, bevor ein Auftrag angelegt werden kann?
7. Was ist eine Stückliste und wozu kann sie genutzt werden?
8. Welche Informationen enthält ein Auftragsbeleg typischerweise?
9. Welche Geschäftsdokumente im ERP-System sind in dieser Phase relevant?

Interne Planung (Materialbedarfsplanung)

1. Beschreiben Sie die betriebswirtschaftlichen Aktivitäten der internen Planung.
2. An welche zwei Abteilungen wird das Ergebnis der internen Planung bei produzierenden Unternehmen weitergegeben?
3. Welche unterschiedlichen BAS werden bei Küchenland für die interne Planung benötigt?
4. Welche Geschäftsdokumente im ERP-System sind in dieser Phase relevant?

Einkauf

1. Beschreiben Sie die betriebswirtschaftlichen Aktivitäten des Einkaufs.
2. Welche unterschiedlichen Abteilungen/Funktionen gibt es in der Beschaffung und was sind deren Haupttätigkeiten?
3. Was ist ein Rahmenvertrag und welche Vorteile bringt dieser für die beteiligten Unternehmen?
4. Welche unterschiedlichen Arten an Beschaffungsgütern gibt es?
5. Was versteht man unter EDI und warum wird dies (fast ausschließlich) für direkte Güter eingesetzt?
6. Was sind MRO-Produkte und welche Anforderungen stellen diese an die Beschaffung?
7. Welche spezialisierte Software gibt es für die Beschaffung von MRO-Produkten?
8. Welche unterschiedlichen Möglichkeiten für den Betrieb einer E-Procurement-Lösung gibt es (wer betreibt sie, wo läuft sie)?

9. Erläutern Sie die Bedeutung/den Einfluss von Stamm- und Bewegungsdaten für den elektronischen Datenaustausch.
10. Welchen Nutzen bezieht ein Unternehmen aus dem Einsatz eines eigenen Desktop Purchasing Systems?

Eingangslogistik

1. Beschreiben Sie die betriebswirtschaftlichen Aktivitäten der Eingangslogistik.
2. Was passiert bei der Warenanlieferung?
3. Welche Aktivitäten finden im Eingangslager statt?
4. Wie wird ein Lager organisiert und verwaltet? Erläutern Sie die Begriffe Lagerort und Lagerplatz. Was ist ein chaotisches Lager?
5. Welche BAS sind in den Wareneinlagerungsprozess bei Küchenland involviert?
6. Welche Geschäftsdokumente im ERP-System sind in dieser Phase relevant?

Produktion

1. Beschreiben Sie die betriebswirtschaftlichen Aktivitäten der Produktion.
2. Was bedeutet PPS?
3. Wie sieht der Produktionsprozess bei einem Küchenstudio aus?
4. Welche BAS sind in diese Phase involviert?
5. Welche Geschäftsdokumente im ERP-System sind in dieser Phase relevant?

Ausgangslogistik

1. Beschreiben Sie die betriebswirtschaftlichen Aktivitäten der Ausgangslogistik.
2. Was sind Picking und Packing?
3. Was sind INCOTERMS und wozu dienen diese?
4. Was geschieht bei Küchenland mit den produzierten und angelieferten Waren bis zum Tag der Auslieferung?
5. Was passiert in Vorbereitung der Auslieferung?
6. Welche BAS sind involviert?
7. Wie wird die Lieferung der Küche vorgenommen?
8. Welche BAS sind involviert?
9. Welche Geschäftsdokumente im ERP-System sind in dieser Phase relevant?

Finanzbuchhaltung (FiBu)

1. Beschreiben Sie die Bereiche des betrieblichen Rechnungswesens.
2. Welche Aufgaben/Bereiche hat die Finanzbuchhaltung? Welche unterschiedlichen Rechnungen spielen hier eine Rolle?

3. Wofür dienen Kontenrahmen und Kontenplan?
4. Welche Voraussetzungen gibt es für die Freigabe der Bezahlung der Eingangsrechnungen (Lieferantenrechnungen)?
5. Welche Geschäftsdokumente fallen in dieser Phase im ERP-System an?
6. Erläutern Sie die Zusammenhänge zwischen Bilanz und GuV.

Personalwesen

1. Beschreiben Sie die betriebswirtschaftlichen Aktivitäten des Personalwesens, die für die Auftragsabwicklung relevant sind.
2. Welche Geschäftsdokumente fallen in dieser Phase im ERP-System an?
3. Welche Bedeutung hat die Zeiterfassung?

5 Auswahl von ERP-Systemen

Im Kapitel 1.5 wurden Kriterien für den Entscheid zwischen Individual- und Standardsoftware erläutert. Die Entwicklung von *Individualsoftware* erfolgt in spezialisierten Softwareentwicklungsprojekten, die im Rahmen dieses Buchs nicht weiter vertieft werden. Im Bereich des Enterprise Resource Planning (ERP) sind heute vornehmlich *Standardsoftwareprodukte* im Einsatz. Im Folgenden wird der *Auswahlprozess* für diese Art betriebswirtschaftlicher Anwendungssysteme detailliert betrachtet.

5.1 Auswahl eines ERP-Systems

Unternehmen unterliegen ständigen Änderungsprozessen. Betriebswirtschaftliche Anwendungssysteme haben eine Schlüsselrolle bei der Gestaltung von Geschäftsprozessen. Die Flexibilität und Weiterentwickelbarkeit der eingesetzten Unternehmenssoftware bestimmt damit maßgeblich, wie schnell und in welchem Umfang Unternehmen auf geänderte strukturelle, funktionale oder prozessuale Anforderungen reagieren können. Meist ist ein spezielles Problem oder die sich abzeichnende Inflexibilität beim Etablieren neuer Geschäftsprozesse und der Zwang zur stetigen Prozessoptimierung ausschlaggebendes Moment für den Wunsch nach neuer Unternehmenssoftware. Wie in Kapitel 1.5 dargelegt, ist die Entscheidung für oder gegen eine Standardsoftware zugunsten einer Individualentwicklung aufgrund der Entwicklungskomplexität, Flexibilität und Mächtigkeit moderner betriebswirtschaftlicher Softwaresysteme heute kaum noch relevant. Standardsoftware ist im betriebswirtschaftlichen Bereich zum Normalfall geworden.

Die strukturierte Auswahl einer entsprechenden Standardunternehmenssoftware stellt einen komplexen Prozess dar. Zum einen gehört die Auswahl eines solchen Systems in der Regel nicht zum Tagesgeschäft des suchenden Unternehmens, zum anderen kann eine Fehlentscheidung bei der Auswahl unter Umständen existenzielle Auswirkungen auf das Unternehmen haben. Das Erreichen der Zielsetzung lässt sich dabei an den drei Zieldimensionen *inhaltliche* Zielerfüllung, *zeitliche* Zielerfüllung und *Aufwands- und Budgettreue* festmachen. Leider werden oft genug die inhaltlichen Vorstellungen nur zu einem Teil umgesetzt, bei häufig deutlichem Überschreiten der geplanten Projektdauer und des geplanten Projektbudgets.

Bei den Suchenden, besonders bei mittelständischen Unternehmen, mangelt es oft an den notwendigen Fachkenntnissen für die strukturierte Projektdurchführung und am Überblick über den ERP-Markt. Auf Seiten der ERP-Berater entstehen Probleme z. B. durch mangelnde Abklärungen der Kundenanforderungen im Vorfeld und zu großen Versprechungen, um den Auftrag zu gewinnen.

Es ist wichtig, ein besonderes Augenmerk auf die Auswahl eines geeigneten Systems zu legen, um die Unternehmensprozesse und -funktionen bestmöglich durch das gewählte ERP-System unterstützen zu können. Dabei zeigt die Erfahrung, dass auch das „ideale" Standardsystem nicht mehr als 75 % bis 80 % der Unternehmensanforderungen tatsächlich abdecken kann. Zudem bedingt der Einsatz von sozio-technischer, hochgradig integrativer Unternehmenssoftware auch eine konsequente Veränderung und Reorganisation im Unternehmen, was häufig auf Widerstände stößt, die bis hin zum Scheitern von Projekten führen können.

Die meisten Standardsysteme erlauben ein Anpassen der Software im Rahmen der Wahl von Ausprägungsalternativen oder durch Anpassen in engen Grenzen, beispielsweise durch *vordefinierte* Schnittstellen für die Anbindung externer Applikationen (für Datenaustausch oder Funktionsaufrufe) oder die vorgegebene Möglichkeit für *konfigurierbare* Programmaufrufe bzw. dem Austausch von Codesegmenten (sogenannte *User Exits*). Wo solche Anpassungen nicht möglich sind, muss individuell entschieden werden, ob die Unternehmensabläufe und -funktionen an das System angepasst werden sollen oder das System zu Gunsten der Unternehmensabläufe individualisiert wird. Die Anpassung der Abläufe erweist sich vor allem in *unternehmenskritischen Kernprozessen* als problematisch, wenngleich das Argument „unverrückbarer Kernprozesse" im Rahmen eines Einführungsprojekts von einzelnen Neuerungsgegnern auch gern als politisches Totschlagargument innerhalb des Unternehmens verwendet wird. Bei der Anpassung des Systems an die individuellen Prozesse außerhalb der vom Softwarehersteller vorgesehenen Schnittstellen und Absprungpunkte läuft das Anwenderunternehmen Gefahr, die *Releasefähigkeit* zu verlieren, d. h. zukünftig nicht mehr in der Lage zu sein, Softwareupdates und -upgrades des ERP-Herstellers ohne größeren individuellen Aufwand einsetzen zu können (vgl. Kapitel 1.6 zu Customizing und Releasefähigkeit).

5.2 Unterstützung der Investitionsentscheidung

Der Entscheid für eine Investition in Informationstechnologie hängt von vielen verschiedenen Kriterien ab. Die Notwendigkeit bzw. der Umfang von Begründungen werden in der Praxis sehr unterschiedlich gehandhabt. Es gibt Situationen, in denen eine Investition in ein neues BAS *unumgänglich* ist und sich eine aufwändige Begründung dieser Investition erübrigt. Zum Beispiel in Fällen, wo ein existierendes System unternehmenskritische Funktionen unterstützt und künftigen Anforderungen nicht mehr gewachsen ist. Für viele Bedarfe gibt es darüber hinaus *mehrere* potenzielle Lösungen, was einen strukturierten Entscheidungsprozess mit Hilfe von etablierten Methoden erforderlich macht. Methoden zur Unterstützung von Investitionsentscheiden werden in quantitative und qualitative Methoden unterschieden.

Zur *quantitativen Analyse* des Nutzens einer Investition werden Erträge und Kosten mit gängigen Verfahren der Investitionsrechnung (z. B. Return-on-Investment (ROI) oder Kapitalwertmethode) untersucht. Vielfach sind unternehmerische Entscheide für oder gegen die Durchführung von IT-Projekten abhängig davon, dass gezeigt werden kann, dass eine Anschaffung innerhalb eines gewissen Zeitraums (z. B. eines Jahres) positiv zum Unternehmenserfolg beitragen kann.

Die Aussagekraft von ROI-Ansätzen ist eingeschränkt, da zwar die direkten Kosten der Investition betrachtet werden können, der Nachweis einer Ertragssteigerung aufgrund der Nutzung einer neuen technischen Lösung aber schwierig ist. Dies wird zusätzlich erschwert, da Kosten bei verschiedenen Betriebs- und Lizenzmodellen zu unterschiedlichen Zeitpunkten anfallen. Eine Kaufsoftware verursacht den Großteil der Kosten bei der Anschaffung, eine Mietsoftware hingegen verursacht wiederkehrende Kosten solange sie genutzt wird. Die jährlichen prozentuellen Wartungskosten können bei ERP-Systemen zudem sehr unterschiedlich sein.

Aus diesem Grund wurden von verschiedenen Institutionen wie der Gartner Group Gesamtkostenmodelle entwickelt, die alle Kosten der Investition als sogenannte *Total Cost of Ownership (TCO)* erfassen. Die TCO-Berechnung basiert auf allen Kosten, die direkt und indirekt mit der Investition verbunden sind (also auch Hardwarewartung, Backups, Personaleinsatz, Mitarbeiterschulungen, usw.).

Viele Autoren empfehlen daher die Identifikation des Nutzenbeitrags in Form einer *qualitativen Betrachtung* der Entscheidungsalternativen mit Hilfe einer Nutzwertanalyse (siehe das Beispiel in Tab. 6.2). Dazu werden alle als relevant erscheinenden Aspekte bei der Auswahl auf einer Skala bewertet und jeweils mit einem Prozentwert, bezogen auf die Basis 100%, für jedes System versehen. Allerdings weichen die Nutzwertgewichtungen oft stark voneinander ab und können subjektiv von den entscheidenden bzw. projektführenden Abteilungen abgeändert werden, um eine bestimmte Auswahlentscheidung vermeintlich objektiv „herbeizurechnen". Diese Möglichkeit schränkt die Aussagekraft für das auswählende Unternehmen als alleiniges Auswahlinstrument stark ein. Über eine Sensitivitätsuntersuchung lässt sich allerdings analysieren, wie stark einzelne Gewichtungen die Ergebnisse beeinflussen. Dazu werden einzelne Gewichtungskriterien verändert, so dass sich ihre Wirkung auf das Gesamtresultat ermitteln lässt.

Die Konzentration auf die Nutzwertanalyse führt zur Vernachlässigung wirtschaftlicher Kriterien, anderseits lässt eine reine Finanzdiskussion wie die oben genannte TCO-Analyse Nutzenaspekte vollständig unberücksichtigt. Aus diesem Grund ist es sinnvoll, verschiedene Verfahren zu kombinieren, um eine möglichst objektive, auf das Gesamtunternehmen im Sinne der Zielsetzung bezogene Auswahlentscheidung treffen zu können.

5.3   Lizensierung und Betriebsmodelle

Um eine möglichst ideale Anpassung zwischen Unternehmen und System zu erreichen, ist neben der Auswahl des passenden Systems inkl. des Lizenzierungs- und Betriebsmodells auch die Auswahl der dazugehörigen ERP-Einführungspartner von entscheidender

Bedeutung. Um einige der erfolgreichsten ERP-Systeme haben sich ganze *Ökosysteme* gebildet, in denen – zusätzlich zum Entwickler der Kern-ERP-Lösung (Hersteller) – verschiedene Anbieter komplementäre Produkte und Dienstleistungen anbieten, zum Beispiel Zusatz- und Erweiterungsmodule, Implementierungs- und Betriebsdienstleistungen oder mobile Apps.

Traditionell erwerben Anwenderunternehmen Lizenzen für die Nutzung eines ERP-Systems auf Servern im eigenen Rechenzentrum. Im Regelfall unterscheidet das Lizenzmodell hierbei zwischen einer *Concurrent-User-Lizenzierung*, bei der die Anzahl der gleichzeitig mit dem System arbeitenden Nutzer definiert wird, oder einer *Named-User-* bzw. *Per-Seat-Lizenzierung,* bei der jeder das System nutzende Anwender lizenziert ist. Im Regelfall können nur Nutzer im Umfang der zur Verfügung stehenden Lizenzen im System angemeldet werden. Tab. 5.1 zeigt die generellen Vor- und Nachteile der drei wesentlichen Lizenzierungsarten.

Tab. 5.1: Grundtypen der Lizenzierung

Lizenztyp: Eigenschaft:	Concurrent User	Named User	Lizenzierung auf Basis von Hardware oder Nutzungsart
Beschreibung	Lizenzierung der Anzahl *maximal gleichzeitig* im System anmeldbarer Nutzer	Lizenzierung einer bestimmten Nutzeranzahl Namentliche Zuordnung *einer* Lizenz zu *einem* Nutzerkonto	Lizenzierung z. B. *auf Basis von* Serverleistung, eingesetzten Endgeräten, Datenbanken, usw.
Vorteile	Keine Beschränkungen bzgl. gelegentlich nutzender Anwender Keine dedizierte Bindung von Lizenzen an abwesende Mitarbeiter (längere Krankheit, Elternzeit usw.)	Benötigte Anzahl an Lizenzen aufgrund der Mitarbeiteranzahl einfach zu bestimmen Keine Engpässe beim Systemzugriff durch ungenügende Lizenzausstattung	Ggf. günstigere Grundlizenzierung mit Erweiterungsmöglichkeiten über zusätzliche Lizenzen, um beispielsweise die Anbindung eines Online-Shops zu realisieren oder Browserbedienung für Heimarbeitsplätze zu ermöglichen
Nachteile	Schlechte Skalierung zu Hochlastzeiten Höchste Anzahl *gleichzeitiger Anmeldungen* bestimmt den Lizenzbedarf (nicht die deutlich niedrigere durchschnittliche Anzahl) Nutzer vergessen oder sind zu bequem, sich abzumelden Nutzer melden sich bewusst nicht ab, um z. B. das System nach der Pause auf jeden Fall weiter nutzen zu können	Nutzerkonten von langfristig abwesenden Mitarbeitern werden nicht zwangsläufig freigegeben und beanspruchen eine Lizenz Auch „Wenig-Nutzer" (z. B. strategisch arbeitende Manager) benötigen eine eigene Lizenz Anzahl an Lizenzen kann nicht passgenau an die tatsächliche Mitarbeiteranzahl angepasst werden, da sie nur in Paketen (z. B. 100 Lizenzen) erworben werden können	Ggf. schlechte Skalierung zu Hochlastzeiten Ungünstig für den Betrieb in moderner Cloud-Infrastruktur, da diese sehr flexibel in der Leistung skaliert

Lizensierung und Betriebsmodelle

Heute nicht mehr verbreitet, gab es früher auch Lizenzmodelle, die auf Basis der Anzahl bzw. der Leistungsfähigkeit der verwendeten Serverhardware oder dem Umfang und den Möglichkeiten der darunter liegenden Datenbank aufsetzen oder den Zugriff über verschiedene Endgeräte (mobile Endgeräte, Desktop Clients, Webbrowserzugriff, etc.) lizenzieren. Vielfach setzen die Softwarehersteller Mischformen der oben genannten Lizenzierungsarten ein. Dabei kann die Softwarelizenzierung entweder für das gesamte betriebswirtschaftliche Softwaresystem erfolgen oder sich auf einzelne Funktionen, Schnittstellen, betriebswirtschaftlich ausgerichtete Module oder Zugriffswege (stationäre Nutzung, mobile Nutzung per App usw.) beziehen.

Insgesamt lassen sich – grob unterteilt – sechs verschiedene Aufgabenbereiche im Zusammenspiel zwischen *Anbietern* betriebswirtschaftlicher Software und den *Anwenderunternehmen* definieren. In der verschiedenartigen Ausgestaltung der Aufgaben ergeben sich unterschiedliche Geschäftsmodelle für unterschiedliche Partner im Wertschöpfungsgefüge, die bei den großen ERP-Herstellern zur Entstehung der oben genannten Ökosysteme geführt haben.

> Ein *„Ökosystem"*, entsteht wenn der Anbieter eines Kernsystems Partner und Mitwirkende gewinnt, die auf dieser Technologie aufbauen und das Angebot dazu durch Dienstleistungen und Ergänzungslösungen (Add-ons) ergänzen und erweitern.

Ein Ökosystem ist nicht nur auf die vertikale Aufgabenverteilung bei der Nutzung einer Lösung bezogen, sondern auch auf die Verbreiterung des Angebotes um die Kernlösung herum durch viele Anbieter.

In Abb. 5.1 sind die unterschiedlichen Aufgabenbereiche der Erstellung und Nutzung betriebswirtschaftlicher Standardsoftware in der typischen Rollenaufteilung zwischen *Anwender-* und *Anbieterunternehmen* dargestellt. Dabei sind verschiedene Ausprägungen der Zuständigkeiten denkbar und werden nachfolgend erläutert.

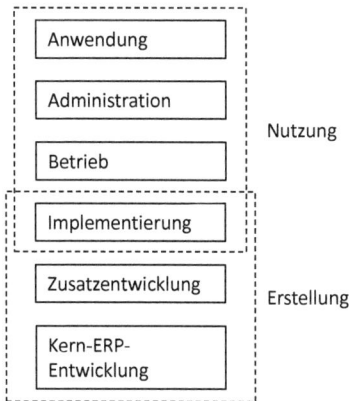

Abb. 5.1: Aufgaben der Parteien im Wertschöpfungsgefüge

Auf Seiten des *Anwenderunternehmens* existieren im Gefüge der verschiedenen Aufgaben drei typische *Aufgabenbereiche*, die sich entweder innerhalb des Unternehmens oder mit Hilfe externer Partner lösen lassen.

Nutzung

Die betriebswirtschaftliche *Anwendung* wird von internen Mitarbeitern oder externen Anwendern des Anwenderunternehmens genutzt. Der zunehmende interorganisationale Gedanke über das eigene Unternehmen hinaus hat dazu geführt, dass zunehmend externe Anwender (z. B. Lieferanten) Zugriff auf das System erhalten. Auch der Kunde, der im Online-Shop die Warenverfügbarkeit in Echtzeit einsehen kann und dessen Kundendateneingabe direkt im System landet, ist (mit Einschränkungen) ein Nutzer der betriebswirtschaftlichen Softwarefunktionalität.

Komplementär zu diesen direkten Nutzungen der Software existieren *Spezialanbieter*, die Softwarefunktionalitäten mit Dienstleistungen kombinieren. Unternehmen wie Fidewo oder DATEV bieten (für kleine Unternehmen und Vereine) Lösungen zur Auslagerung von aufwändigen Tätigkeiten, die Spezialwissen erfordern. Hierzu zählen etwa die Buchführung, das Management von Zahlungsströmen oder offenen Forderungen oder die Bilanzerstellung und Steuererklärung. In diesem Fall pflegt der Dienstleister in der Software den ERP-Mandanten des Kunden und nutzt die ERP-Software damit in dessen Auftrag. Unternehmen in Ländern, in denen die Lohnkosten niedriger sind, bieten zudem die komplette Auslagerung einzelner Anwendertätigkeiten, etwa das Erfassen und Buchen von Belegen, die telefonische Betreuung von Kunden im Call Center oder die Stammdateneingabe an.

Administration

Klassischerweise ist das Anwenderunternehmen auch für die *Administration* des eigenen Systems zuständig. In der Systemadministration sind Fragestellungen wie das Nutzer- und Rechtemanagement zu adressieren. So muss beispielsweise sichergestellt werden, dass Anwender, die das Unternehmen verlassen, ihren Systemzugriff verlieren und neu hinzukommende Anwender die benötigten Zugriffe und Berechtigungen erhalten. In vielen Fällen existieren auch rechtliche Vorgaben, die durch administrative Systemtätigkeiten sicherzustellen sind. Dazu zählen z. B. Berechtigungseinschränkungen im Zahlungsverkehr für Anwender aus der Buchhaltung, das Sicherstellen von Vier-Augen-Prinzipien bei Bestellungen im Einkauf sowie die Grundsätze des Datenschutzes.

Gerade bei sehr großen ERP-Installationen liegt ein Problem darin, dass Anwender über die Jahre hinweg Abteilungen wechseln, in verschiedenen Projekten mitarbeiten, usw. Dieser permanente Wechsel von Aufgaben und Rollen im System bei einer zugleich sehr großen Anzahl von Anwendern im Unternehmen führt über die Jahre zu einer unübersichtlichen Rechtevergabe. Zwar lassen sich die neu gewonnenen Möglichkeiten des Anwenders im System zeitlich beschränken, doch es kann vorkommen, dass der Anwender z. B. ein halbes Jahr nach dem Ablauf seiner Rechte in Bezug auf ein bestimmtes Unternehmensprojekt noch einmal diese Möglichkeiten (etwa zum Nachschlagen von Daten bei Nachfragen einer Fachabteilung) erhalten muss. Für derartig komplexe Aufgabenstellungen oder die Analyse von bestehenden Rechtestrukturen im Unternehmen wurden Spezialfirmen gegründet, die diesen Teil der Administration übernehmen können.

Betrieb

Eng verwoben mit administrativen Aufgaben sind Aufgaben des *Systembetriebs*. Neben *Updates* (Implementierung kleinerer Softwareverbesserungen), *Upgrades* (Implementierung einer neuen Softwareversion), Softwaretests und Anwenderschulungen müssen auch Fragen zur benötigten Software (etwa Datenbanken) und Hardware (z. B. Einkauf und Wartung von Servern) beantwortet werden. Auch Backups, Datensicherheit oder das Qualitätsmanagement sind zentrale Herausforderungen beim Betrieb eines betriebswirtschaftlichen Anwendungssystems.

Typischerweise befand sich die Hard und Software wie in Abb. 5.2 links dargestellt früher ausschließlich im eigenen Rechenzentrum (on-premises) und Betriebs und Administration wurden vom Anwenderunternehmen selbst übernommen (*Eigenbetrieb*). Vorteile des On-Premises-Eigenbetriebs sind die Unabhängigkeit von Softwareherstellern und anderen Partnern bei der Nutzung der Lösung sowie der Aufbau eigenen IT-Know-hows. Eine Variante des reinen Eigenbetriebs ist der *Managed Service*, bei dem der Betrieb (der beim Anwender befindlichen Hard- und/oder Software) von einem Dienstleister übernommen wird.

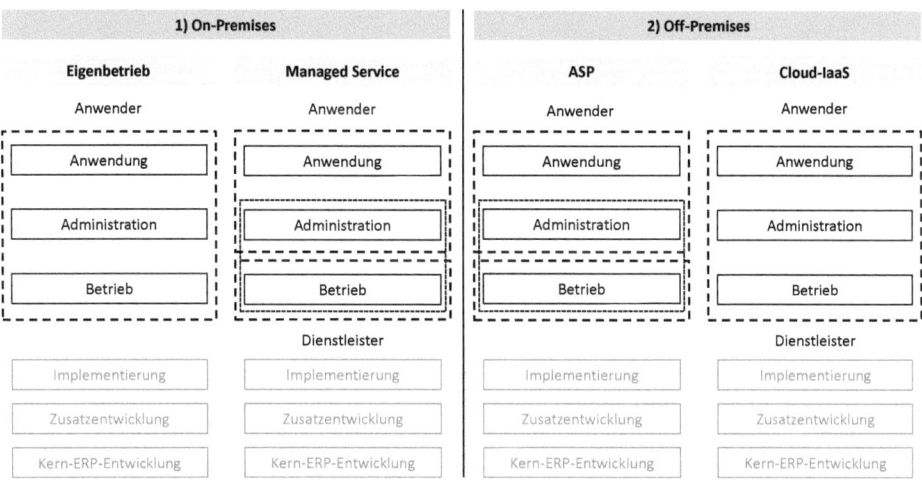

Abb. 5.2: Typische Varianten des Betriebs eines BAS

Es besteht auch die Möglichkeit, die IT-Infrastruktur auszulagern (off-premises). Ende der 90er-Jahre wurde *Application Service Providing (ASP)* als das Zukunftsmodell des ERP-Betriebs gehandelt. Dabei stellt ein externer Anbieter die Hard- und Software für das ERP-System zur Verfügung und übernimmt den Betrieb (manchmal sogar die Administration) des Systems in der Regel in einem Mietmodell. Das Kostenrisiko des betriebswirtschaftlichen Softwaresystems kann somit vollständig an einen externen Partner ausgelagert werden. Zudem können die Fixkosten für die Nutzung von Hard- und Software damit an einen externen Partner abgegeben werden, der Betrieb und Lizenznutzung auf variabler Basis pro Nutzer anbietet, wodurch für das Anwenderunternehmen aus dem ursprünglichen Fixkostenblock variable Kosten werden. Das Argument des besseren Spezial-Know-hows des externen Betreibers im Vergleich zur eigenen IT-Abteilung, das zur Auslagerung des Betriebs führt, hat dann allerdings zwangsläufig die Konsequenz, dass eigenes IT-Wissen verloren geht bzw. nicht mehr aufgebaut wird. Eine zusätzliche neuere Variante ist das sogenannte *Cloud-IaaS*, eine Off-Premises-Lösung, bei der das Anwenderunternehmen den Betrieb und die Administration auf fremder Hardware in Eigenregie durchführt.

Ab ca. 2010 setzte (vor allem bei kleineren Unternehmen) ein allgemeiner, globaler Trend zu Cloud-basierten SaaS-Lösungen ein. Während ASP auf einer 1:1-Beziehung zwischen Anwenderunternehmen und Betreiber beruht, d. h. *eine* Instanz der Unternehmenssoftware exklusiv für *ein* Anwenderunternehmen betrieben wird, versucht das in den letzten Jahren populär gewordene Software-as-a-Service-Konzept (SaaS) ein Mietmodell zu etablieren, bei dem eine im externen Rechenzentrum zur Verfügung gestellte ERP-Instanz *viele* Anwenderunternehmen parallel bedient (Multi-Tenancy bzw. *Mehrmandantenbetrieb*). Der Kunde zahlt in diesem Mietmodell nur für die tatsächlich genutzten Ressourcen. Hierzu zählen beispielsweise die Angebote SAP Business ByDesign oder Semiramis von Comarch in der SaaS-Variante. Unter dem Label „Cloud-ERP" finden sich sowohl Single-Instance-Konzepte als auch hochgradig skalierte Multi-Instance-Konzepte mit mehreren tausend Firmen in einer Instanz und entsprechend besserer Kostenskalierung.

5.4 Ökosystem für ERP-Systeme

Bei der Entwicklung und der Einführung eines Standardsoftwaresystems lassen sich im BAS-Ökosystem drei zentrale Aufgabenbereiche identifizieren. Diese sind die *Entwicklung des Kern-Systems*, die branchenspezifische betriebswirtschaftliche *Spezialentwicklung* und die *Implementierung* beim Kunden.

Entwicklung der Kern-ERP-Lösung

Der BAS-Anbieter ist häufig langjähriger Spezialist für die Entwicklung von Unternehmenssoftware. Er ist für die (Weiter-)Entwicklung der in den Anwenderunternehmen (also bei seinen Kunden) eingesetzten Standardsoftware verantwortlich. Viele ERP-Hersteller erstellen und vertreiben ihr System *direkt* für spezifische Domänen oder Branchen, d. h. sie entwickeln gleichzeitig die *Kern-ERP-Software*, zu der beispielsweise die organisationale und Rechtestruktur sowie das Bedienkonzept gehört, darüber hinaus aber auch spezifische Branchenfunktionalität als *Zusatzentwicklung*. Neben einer gewissen Grundfunktionalität benötigen viele Branchen und Wirtschaftsdomänen spezielle Funktionen oder Abläufe, die in der Software implementiert sein müssen. Typische Beispiele sind die Rückverfolgbarkeit und Beobachtung des Mindesthaltbarkeitsdatums im Lebensmittelhandel oder die Verwaltung von Varianten im Textilhandel, da z. B. nicht für jede Jeans in unterschiedlicher Größe und Farbe eine neue Artikelnummer mit der vollständigen und damit redundanten Anlage der Produktstammdaten hinterlegt werden kann. Auch die Berücksichtigung von unterschiedlichen Produktionschargen kann sinnvoll sein, um dem

Kunden z. B. nicht für zwei angrenzende Wohnräume zwei vermeintlich identische beige Teppiche zu verkaufen, die aber aus unterschiedlichen Produktionsläufen stammen und somit unter Umständen in ihrer Farbe geringfügig abweichen. Auf diese Weise existieren ERP-Systeme beispielsweise speziell für den Möbelhandel, für den Lebensmittelgroßhandel und den Baustoffhandel, sowie für verschiedene Dienstleistungssegmente und für verschiedene Aufgabenspektren von Produktionsunternehmen. Viele ERP-Anbieter, die in Unternehmensunion sowohl Grund- als auch Spezialfunktionalität entwickeln, haben sich auf eine oder mehrere Branchen und Wirtschaftsbereiche spezialisiert. Beispiele für derartige ERP-Unternehmen sind Sage bäurer, padersoft, SHD Datentechnik und proALPHA, die allesamt ein *direktes Geschäftsmodell* zum Verkauf ihrer Software etabliert haben.

Zusatzentwicklung

Einen anderen Weg haben einige größere Softwareunternehmen gewählt, die nicht die Branchenfunktionalität des Systems entwickeln, sondern vielmehr für die Entwicklung eines *gut ausgestatteten Kern-ERP-Systems* sorgen. Spezifische Funktionalität wird in diesem Fall von *Entwicklungspartnern* hinzugefügt. Im deutschen Sprachraum werden diese häufig als Systemhäuser bezeichnet, im Englischen wird von Independent Software Vendors (ISV) gesprochen. In den meisten Fällen sorgen diese aufgrund ihres Branchenwissens auch für den Vertrieb der Software innerhalb der jeweiligen Branche.

Independent Software Vendor (ISV):
ISVs entwickeln wiederverwendbare Softwaremodule für existierende ERP-Systeme, die auch als *Add-ons* bezeichnet werden. Diese Add-ons erweitern das zugrundeliegende Kern-ERP-System um Zusatzfunktionalität, wie z. B. generische *horizontale* Funktionen (Gehaltsauszahlung, Online Banking, Mobile Applikationen) oder *vertikale* Erweiterungen für bestimmte Branchen (z. B. Ausbildungswesen, Rechtsanwälte, Möbelhandel). Bei Letzteren handelt es sich um Branchenlösungen. Das Geschäftsmodell eines ISV besteht im Verkauf von Lizenzen für die von ihm entwickelten Systemerweiterungen (Lizenzgeschäft). Der ISV ist in der Regel ein enger Partner des Entwicklers des Basissystems, ist aber als Unternehmen rechtlich unabhängig (independent).

Dieses Modell hat Vor- aber auch Nachteile gegenüber dem direkten Entwicklungs- und Erlösmodell (Abb. 5.3). Der originäre BAS-Hersteller hat damit die Möglichkeit, sich aufgrund der Entwicklung von tendenziell unspezifischer Funktionalität nicht auf Spezialfunktionen und Prozesse bestimmter Branchen konzentrieren zu müssen. Damit können mithilfe verschiedener Entwicklungspartner und deren Zusatzentwicklungen parallel Lösungen für verschiedenste Anforderungen auf Basis des Kernsystems entwickelt werden. Der Firma Microsoft ist es beispielsweise auf diese Weise um das Jahr 2000 herum sehr eindrucksvoll gelungen, in Europa mit seinen neu erworbenen ERP-Systemen Axapta und Navision schnell viele Kunden zu gewinnen. Systemhäuser wie HSO, GWS, Tectura (heute Cosmo Consult) oder Risus sorgten für eine entsprechende Spezität des Gesamtsystems (Kern + Zusatzentwicklung) für unterschiedliche Geschäftsfelder im Gesundheitswesen, im Groß- und Einzelhandel oder in der industriellen Fertigung.

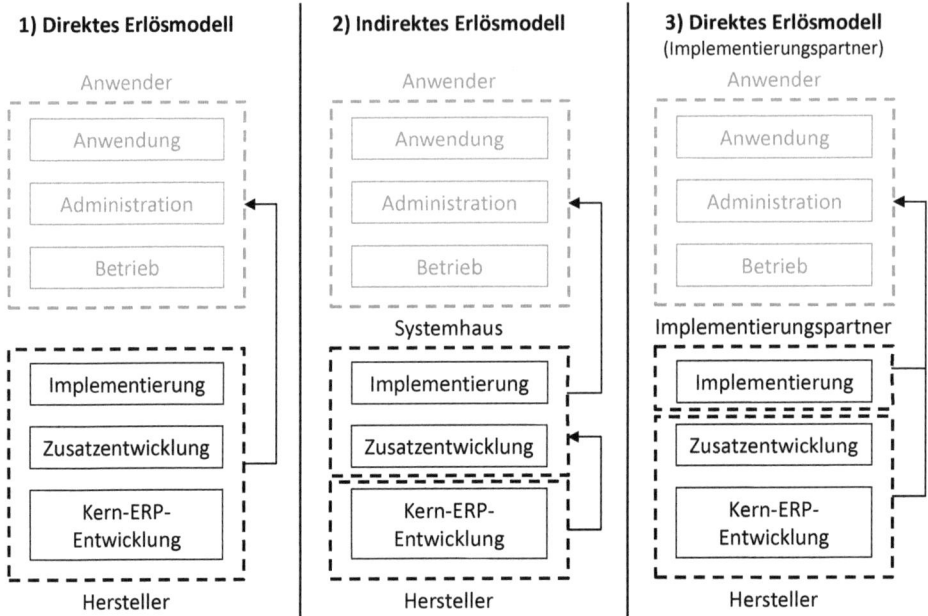

Abb. 5.3: Entwicklungs-, Implementierungs- und Erlösmodelle von BAS-Herstellern

Neben den oben genannten Vorteilen existieren bei diesem partnerschaftlichen Entwicklungsmodell allerdings auch einige (typischerweise auf der Principal-Agent-Theorie beruhende) Nachteile. Vor allem die Abhängigkeit der Partner bei der Weiterentwicklung sorgt häufig für Unmut. In der Grundidee können die Systemhäuser die zusätzliche Branchenfunktionalität völlig losgelöst vom eigentlichen System auf Basis vordefinierter Bereiche, Tabellen und Schnittstellen entwickeln. Allerding treten häufig Interdependenzen zwischen Kernsystem und Zusatzfunktionen auf. Nicht immer erfüllt der ERP-Hersteller dabei die Vorstellungen bezüglich dringend benötigter Anpassungen des Kernsystems. Je nach Marktmachtkonstellation hat das Systemhaus keine oder nur in geringem Umfang die Möglichkeit, wirklich effektiv auf die Entwicklung des Kernsystems einzuwirken. Auch erfolgen Systemerweiterungen selten in Abstimmung zwischen Systemhaus und Kern-ERP-Hersteller, so dass das Systemhaus bei einer parallel durchgeführten Änderung desselben funktionalen Moduls im Nachgang wieder Anpassungen vornehmen muss. Typischerweise baut das Branchensystem daher im zeitlichen Verzug auf der Vorgängerversion des Kernsystems auf, was für das Anwenderunternehmen, welches gern die neueste Kernfunktionalität nutzen würde, nicht immer ganz zufriedenstellend ist. Zudem ist nicht immer klar, wie die Anwenderunternehmen bedient werden. Aus Sicht des Systemhauses ist es „sein" Kunde, der exklusiv vom Systemhaus mit Technologien des Herstellers (z. B. SAP, Microsoft usw.) bedient wird. Während dieses Problem bei indirekten Erlösmodellen über ERP-Branchenlösungen zufriedenstellend funktioniert, entsteht schon beim Verkauf der zu nutzenden Datenbank oder bei der Entwicklung bestimmter Individualfunktionalität eine Konkurrenzsituation zwischen dem Systemhaus und dem Basissystemhersteller. Zudem stellt sich die Frage, an welches Systemhaus Anwenderunternehmen als potenzielle Kunden vermittelt werden, wenn sie sich im Erstkontakt an den Kern-ERP-Hersteller wenden. Auch kann es vorkommen, dass das Systemhaus für ein Anwenderunternehmen gern zusätzliche Funktionalität zur Umsatzsteigerung entwickeln würde, die bereits in der neuesten Version des Basissystems als Standardfunktionalität vorgesehen ist oder demnächst vom Kernsystemhersteller sowieso implementiert wird. Zudem ist es häufig nicht garantiert, dass es nur *eine Lösung* für eine bestimmte Branche auf dem Basissystem gibt, was zu einer Konkurrenzsituation und entsprechenden Konflikten zwischen verschiedenen Systemhäusern führen kann.

Im Zusammenspiel von Hersteller und Systemhaus liegt auch immer die Gefahr des Hin- und Herschiebens der Verantwortung bei Fehlern bzw. Bugs. Ist für ein gemeldetes Problem des Anwenderunternehmens zwangsläufig das Systemhaus zuständig oder liegt das Problem vielleicht eher im Kernsystem? Ein qualitativ schlecht arbeitendes Systemhaus kann dabei das positive Image des in der Symbiose gefangenen Kernsystemherstellers gefährden. Zudem ist nicht immer klar, was mit einem derartigen Branchensystem passiert, wenn das Systemhaus insolvent wird. Andersherum kann auch der Kernsystemhersteller aufgekauft werden oder beschließen, die Entwicklung von Kernfunktionalitäten für Systemhauslösungen einzustellen.

Implementierung

Die dritte Ebene in der Wertschöpfungskette bis zum eigentlichen Betrieb einer Standard-ERP-Lösung ist die *Implementierung* des Systems beim Kunden. Anders als „einfache" Office-Software, die vom Anwenderunternehmen durch Aufspielen der Software vergleichsweise einfach und standardisiert installiert werden kann, ist der Aufwand bei komplexer, betriebswirtschaftlicher Software in der Regel ungemein höher. Beispielsweise sind nur wenige ERP-Systeme (im Prinzip nur für Kleinst- und Kleinunternehmen) überhaupt dafür vorgesehen, vollständig vom Anwenderunternehmen selbst eingeführt zu werden. Typischerweise erfolgt die Einführung eines Standardsystems immer in der Kombination aus Mitarbeitenden des Anwenderunternehmens und externen Experten eines Implementierungspartners, die sich auf die Einführung des ausgewählten Systems spezialisiert haben. Diese werden auch als *Value Added Reseller* (VAR) bezeichnet.

Value Added Reseller (VAR):
Ein VAR ist ein Implementierungsspezialist, der die Einführung des ERP-Systems beim Kunden übernimmt. Speziell ausgebildete Berater nehmen die Anpassungen (Customizing) des ERP-Systems gemäß Kundenspezifikation vor. Die hier vorgenommenen Anpassungen sind kundenspezifisch und können nur in seltenen Fällen bei anderen Kunden wiederverwendet werden. Das Geschäftsmodell eines VARs besteht somit in kundenspezifischer Softwareanpassung/-erweiterung, die er dem Kunden aufwandsabhängig in Rechnung stellt (Beratungs- und Implementierungsgeschäft). Ein VAR verkauft, wie der Name impliziert, Softwarelizenzen von anderen Anbietern und erhält als Vergütung einen Teil der dafür fälligen Lizenzkosten (Reseller). Der Mehrwert (Value Added) entsteht durch die kundenspezifischen Anpassungen.

Dabei können diese externen Partner entweder vom ERP-Hersteller oder von einem Systemhaus, welches eine Branchenlösung entwickelt hat, stammen. Einige ERP-Hersteller arbeiten auch mit unabhängigen Beratungsunternehmen zusammen, die sich dann, ohne selbst ERP-Lösungen zu entwickeln, um die Einführung des Systems bei Anwenderunternehmen kümmern. Das Risiko für einen ERP-Entwickler, hochdotierte Dienstleistungsmitarbeiter in größeren Mengen einstellen und finanzieren zu müssen, wird auf diese Weise zumindest in Teilen auf ein unabhängiges Drittunternehmen verlagert.

Es gibt auch Anbieter, die die Charakteristika eines ISV und VAR vereinen *(Mischformen)*. Diese bieten wiederverwendbare Add-ons an und haben auch das entsprechende Personal, um die angepasste Lösung beim Kunden anforderungsspezifisch zu implementieren. Abb. 5.4 zeigt als Beispiel das Ökosystem des ERP-Herstellers Microsoft für das bis ca. 2020 angebotene Produkt Microsoft Dynamics NAV (Navision).

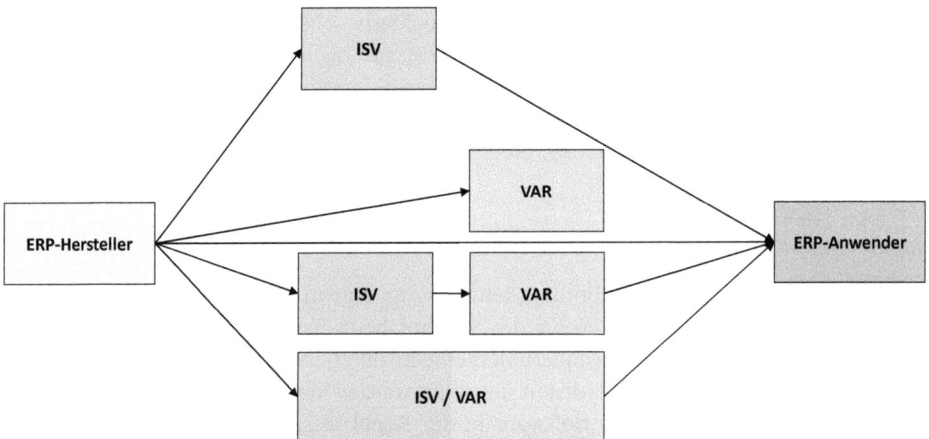

Abb. 5.4: Ökosystem des ERP-Herstellers Microsoft (vereinfachte Darstellung)

5.5 Der Markt für ERP-Systeme

Die Auswahl eines geeigneten, standardisierten ERP-Systems für das eigene Unternehmen fällt Anwenderunternehmen häufig relativ schwer. Historisch betrachtet fingen Softwareentwicklungsunternehmen in den 80er und 90er Jahren an, betriebswirtschaftliche Funktionalität in Software abzubilden. Dabei existieren heute auf dem deutschsprachigen Markt mehrere hundert Standardsysteme, die sich alle als betriebswirtschaftliche Softwarelösungen für den integrierten Unternehmenseinsatz klassifizieren lassen.

An den „Randbereichen" der vielfältigen Branchen fällt es aufgrund der geringeren Auswahl noch relativ leicht, geeignete Systeme zu identifizieren, wohingegen das Gros der mittelständischen Anwenderunternehmen die Qual der Wahl hat. Historisch bedingt wurden ERP-Systeme zunächst für größere Unternehmen entwickelt und dort eingeführt. Es existieren weltweit nur wenige Softwareanbieter, die eine passende Softwarelösung für multinationale Konzerne mit verschiedenster Branchenzuordnung und verschiedensten Geschäftsmodellen bieten und diese einführen können. Zu diesen Anbietern zählen beispielsweise Oracle, SAP und Infor. Allerdings ist zu beachten, dass diese Anbieter nicht in jedem Land über gleichermaßen gut ausgebildete Mitarbeiter oder Partner zur Einführung der Software verfügen. Aus diesem Grund entscheiden sich deutsche Konzerne selten für einen *ausländischen Anbieter*, der ggf. nicht in der Lage ist, das System mit deutschsprachigen Mitarbeitern vor Ort einzuführen.

Auch für Anwenderunternehmen mit sehr geringer Anzahl an Mitarbeitenden ist das Spektrum an geeigneter betriebswirtschaftlicher Software überschaubar. Kleinunternehmen haben meist nur geringere Anforderungen an internationale Rechnungslegungen oder komplizierte organisatorische und rechtliche Rahmenbedingungen. Allerdings besteht die Notwendigkeit zur IT-gestützten Unternehmensführung. Auch Vereine sind verpflichtet, eine ordnungsgemäße Buchführung nachzuweisen und benötigen passende Softwareprodukte für ihre Geschäftstätigkeit. Aufgrund begrenzter finanzieller Mittel muss die Software jedoch preisgünstig zu erwerben und größtmöglich ohne teure Beratereinsätze selbst zu installieren und einzuführen sein.

Zwischen diesen beiden Extremen befinden sich alle mittelständischen Anwenderunternehmen mit ihren spezifischen Bedürfnissen, die von einem breiten ERP-Markt bedient werden. Allein im deutschsprachigen Raum existieren mehrere hundert Systeme für dieses Marktsegment. Dabei reicht die Angebotspalette von Systemen, die nur bei wenigen Kunden in einer Spezialbranche (wie z. B. dem Getränke- oder Möbeleinzelhandel) installiert ist bis zu Anbietern mit einer sehr großen Installationsbasis in verschiedenen Branchen.

Einen großen Anteil des deutschen ERP-Marktes teilen sich SAP, Oracle, Sage und Microsoft mit ihren ERP-Produkten. Rund die Hälfte des Marktes verteilt sich auf die übrigen Systemanbieter, wobei ihr Marktanteil tendenziell gegenüber den Großen sinkt. In zahlreichen Fällen sind Anbieter aufgrund der Konsolidierung ihres Zielanwendungsmarktes nicht mehr in der Lage, eine kritische Masse an Anwenderunternehmen zur Kostendeckung der eigenen Weiterentwicklung zu bedienen oder die Architektur des häufig in den 80er oder 90er Jahren entwickelten Systems erlaubt kaum noch eine sinnvolle, flexible Weiterentwicklung, so dass sich Anwenderunternehmen für ein anderes ERP-Produkt entscheiden. Allerdings ist dieser Trend nicht auf alle Anbieter zu übertragen, denn es gibt zahlreiche Softwareunternehmen, die als Mittelständler hervorragend aufgestellt sind und unabhängig von Finanzmarktinteressen ihre Software entwickeln und anbieten. Die Sicherheit einer Börsennotierung kann auch bei den größeren Softwareunternehmen trügerisch sein, wie auch die Aufkäufe sehr großer Software- und Technologieunternehmen gezeigt haben. Daher kommt der Bewertung der Zukunftssicherheit einer Investition in ein neues ERP-System aus Sicht eines Anwenderunternehmens eine besondere Bedeutung zu.

Bei der Betrachtung der Wachstumsstrategien von BAS-Softwarehäusern lassen sich grundsätzlich *organische* (d.h. intern getriebene) und *anorganische* (d.h. extern getriebene) Wachstumsstrategien unterscheiden. Die Strategie des *organischen Wachstums* bietet den Vorteil, dass die Softwareentwickler Quellcode und Kundenprojekte von Anbeginn an selbst begleitet haben und – im Idealfall – entsprechendes Know-how durch die jahrelange Entwicklung vorliegt. Die ständige Erweiterung der eigenen Funktionalität in enger Zusammenarbeit mit den Kunden bietet den Vorteil des guten Verstehens einer Branche. Nicht selten sind auf diese Weise spezialisierte, tendenziell kleinere Systeme in bestimmten Branchen funktional besser aufgestellt als Softwaresysteme, die von großen Softwarehäusern mit Blick auf unterschiedlichste Branchen entwickelt werden. Tab. 5.2 verdeutlicht die Strategien des organischen Wachstums.

Tab. 5.2: Typische Formen des *organischen* Wachstums bei ERP-Herstellern

Strategie	Erläuterung	Bewertung	Beispiele
Ständige Erweiterung der Funktionalität	Die Funktionalität des Systems wird z. B. durch neue Kundenanforderungen erweitert. Diese Strategie bietet einerseits den Vorteil, dass die vom Kunden geforderte Funktionalität in den Standard einfließt und der Hersteller somit garantiert, dass diese Funktionalität auch in zukünftigen Updates zur Verfügung steht und gewartet wird. Andererseits eröffnen sich durch zusätzliche Funktionalitäten neue Vermarktungsperspektiven für den ERP-Hersteller.	**Vorteile:** Vergrößerung des Funktionsumfangs bietet bessere Abdeckung der Kundenanforderungen Weiterentwicklung des Standards bietet Kunden Investitionssicherheit für Erweiterungen, die sonst außerhalb des Standards hätten entwickelt werden müssen. Keine oder nur geringe Abhängigkeit des ERP-Herstellers von anderen Unternehmen **Nachteile:** Hoher Funktionsumfang macht System für Entwickler und Implementierer unübersichtlich Gefahr der „Verzettelung" durch zu hohe Komplexität und zu viele Kundenanforderungen	Aufnahme von Kundenanforderungen in den Standard, beispielsweise Textilfunktionalität von KarstadtQuelle in das SAP-System
Konzentration auf Kernfunktionalität in Kombination mit Partnergeschäft	Die Funktionalität des ERP-Systems (Grundsystem) wird nur marginal vom ERP-Hersteller weiterentwickelt. Branchenlösungen mit funktionalen Erweiterungen werden durch Partnerunternehmen auf Basis des Grundsystems programmiert.	**Vorteile:** Konzentration auf das Wesentliche Hohes Branchen-Know-how durch Systemhäuser **Nachteile:** Weiterentwicklung nur mit Rücksicht auf Partner möglich Abhängigkeit von Partnern und ERP-Hersteller	Microsoft Dynamics NAV (Branchenlösungen, z. B. durch GWS, Tectura, usw.)
Technologische Erneuerung	Die technologisch ältere Softwarearchitektur wird entweder sukzessive oder abrupt durch eine neue Version entweder unter gleichem oder neuem Namen (unter Beibehaltung bzw. Neuprogrammierung der bisherigen Funktionalität) abgelöst. Die Modernisierung erfolgt, um Wartbarkeit und Weiterentwickelbarkeit der Software zu erhalten oder technologische Neuerungen wie webbasierte Client-Server-Applikationen zu implementieren.	**Vorteile:** Modernisierung bietet neue Chancen bei der Weiterentwicklung (Effizienzgewinne, Verjüngung des Entwicklerteams) Modernisierung schafft Aufmerksamkeit am Markt durch Presse. **Nachteile:** Hohe Investitionskosten für Modernisierung Übernahme/Nachprogrammierung der alten Funktionen sehr langwierig und aufwändig Hoher Aufwand für Partner bei der Wiederherstellung der Kompatibilität ihrer Zusatzentwicklungen mit dem neuen System	*Sukzessive:* Stufenweise Ablösung der Navision-Programmiersprache C/AL durch .NET im Rahmen der Weiterentwicklung des Microsoft Dynamics NAV Systems *Abrupt:* Ablösung der Sage Office Line 4.0 im Jahr 2008 durch Office Line Evolution (NET-Basis)

Der Markt für ERP-Systeme 155

Diese Art von organischem Wachstum kann einerseits kontinuierlich durch das (unbezahlte) Einfließen von Kundenanforderungen bzw. -erwartungen erfolgen. Andererseits bieten einige Softwareunternehmen den zukünftigen Anwenderunternehmen gerade bei strategischen Projekten, d. h. Projekten, aus denen sich wieder andere Projekte in derselben Branche ergeben (können), die Möglichkeit, eine (bezahlte) Ko-Innovations-Partnerschaft einzugehen. Das Softwareunternehmen bietet dem Anwenderunternehmen dabei die Möglichkeit, bestimmte Branchenfunktionalität innerhalb der Standardlösung abzubilden. Beispielsweise wurde Textilfunktionalität in SAP Retail gemeinsam von SAP und KarstadtQuelle entwickelt.

Eine weitere Möglichkeit des organischen Unternehmenswachstums bietet sich für BAS-Softwarehersteller durch Fokussierung auf das Kernsystem (vgl. hierzu auch die Ausführungen in 5.3 zum Ökosystem). Partnerunternehmen in Form von Softwarehäusern (Independent Software Vendors) übernehmen dabei die Entwicklung von Branchenlösungen auf Basis des Kernsystems, so dass der ERP-Hersteller über seine Partner indirekt viele Branchen bedienen kann.

Eine dritte Form ist die (i. d. R. von viel Pressearbeit begleitete) vollständige technologische Erneuerung des Systems entweder durch eine neue Programmversion, häufig aber sogar durch ein neu benanntes Produkt. Diese Modernisierung bietet Effizienzgewinne durch besser durchdachte Funktionen und neue Programmierparadigmen, zugleich müssen aber auch sehr hohe Investitionen getätigt werden, um die Software neu zu entwickeln und am Markt bekannt zu machen. In der Regel bietet die neue Software zudem anfänglich eher weniger als mehr Funktionalität im Vergleich zum alten System, was die Marktakzeptanz zusätzlich erschwert.

Zahlreiche Hersteller versuchen, *anorganisch* durch Zukäufe zu wachsen, dabei ist es bei geografisch gleichem Gebiet am einfachsten, einen anderen Softwarehersteller oder ein anderes Produkt *aufzukaufen*, um Zugang zu einer anderen Branche oder einem anderen Markt zu erhalten. Auch die Erweiterung außerhalb des heimischen Vertriebsgebietes durch Erwerb eines Softwareanbieters kann eine sinnvolle Form des anorganischen Wachstums sein, um sich schnell Zugang zu fremden Märkten zu erschließen. Häufig haben die aufgekauften Unternehmen eigene Berater, die nicht nur weiterhin das neue Produkt, sondern zusätzlich bei entsprechender Schulung auch das eigene Softwareprodukt auf dem neuen Markt vertreiben können.

Die Erweiterung der Produktpalette auf dem heimischen Markt kann in mehrfacher Hinsicht erfolgen. Zum einen können Softwareprodukte erworben werden, die es erlauben, auch andere Branchen abzudecken, zum anderen können Softwareprodukte erworben werden, die es erlauben, dem bestehenden Branchenkundenstamm einen *funktional vollständigeren* Umfang (etwa durch Hinzukauf eines zusätzlichen Finanzbuchhaltungsmoduls) anzubieten. Mit Hinblick auf unterschiedliche Größen von Anwenderunternehmen kann es auch sinnvoll sein, verschiedene BAS anzubieten, die für Anwenderunternehmen unterschiedlicher Größenordnung geeignet sind. Typischerweise benötigen kleine Unternehmen oder aufstrebende Unternehmen in ihrer Gründungsphase mit nur wenigen Mitarbeitern eine andere Software als gereifte, mittelständische Unternehmen oder Großkonzerne. Hier kann es sich für den Softwarehersteller auszahlen, für die jeweilige Größe des

Anwenderunternehmens unterschiedliche Softwaresysteme anzubieten. Tab. 5.3 gibt eine Übersicht der verschiedenen anorganischen Wachstumsformen.

Tab. 5.3: Typische Formen des *anorganischen* Wachstums bei ERP-Herstellern

Strategie	Erläuterung	Bewertung	Beispiele
Eintritt in einen neuen Markt	Durch Zukauf eines Softwareherstellers bzw. dessen Produkts verschafft sich ein Unternehmen Zugang zu einem neuen Markt.	**Vorteile:** Schnelle Möglichkeit des Marktzugangs **Nachteile:** Hohe Kosten für Akquisition Ggf. fehlendes eigenes Know-how zur Weiterentwicklung	Eintritt von Microsoft in den ERP-Markt durch Aufkauf von Navision in 2002
Erweiterung des geografischen Vertriebsgebiets	Durch Zukauf eines in einem anderen Land etablierten Softwareherstellers wird das geografische Vertriebsgebiet erweitert. Da neben dem Produkt auch Beratungs- und Betreuungs-Know-how zum Vertrieb eines ERP-Systems notwendig ist, ist auch der Aufkauf von Systemhäusern ohne eigenes ERP-Produkt zur Stärkung der Präsenz im Vertriebsgebiet denkbar.	**Vorteile:** Schneller Zugang zu neuen Märkten Synergieeffekte für existierende und zugekaufte Produkte auf neuen und alten Märkten Neben Software auch neue Mitarbeitende **Nachteile:** Ggf. fehlendes eigenes Know-how zur Weiterentwicklung Erhöhung der Weiterentwicklungskomplexität durch zusätzliche Produkte	Erwerb des ERP-Unternehmens Intentia (Schweden) durch Lawson Software (USA, 2005), um mit „Movex" auf dem europäischen Markt vertreten zu sein und dort auch die eigenen Lösungen zu vertreiben
Erweiterung des Branchenvertriebsgebiets	Durch Zukauf einer ERP- oder anderer Branchensoftware soll das Branchenvertriebsgebiet erweitert werden.	**Vorteile:** Schneller Zugang zu neuen Märkten Synergieeffekte für existierende und zugekaufte Produkte auf neuen und alten Märkten Neben Software auch neue Mitarbeitende **Nachteile:** Ggf. fehlendes eigenes Know-how zur Weiterentwicklung Erhöhung der Weiterentwicklungskomplexität durch zusätzliche Produkte	Stärkung von Oracles Vertriebsposition im Retail-Segment durch Aufkauf der marktführenden Einzelhandels-ERP-Lösung Retek in den USA im Jahr 2005
Erweiterung der Produktpalette (Unternehmensgröße)	Zukauf eines ERP-Unternehmens bzw. Produkts, das eine andere Unternehmensgröße bedient, schafft die Möglichkeit, neue Kundenkreise zu gewinnen.	**Vorteile:** Schneller Zugang zu neuen Märkten Synergieeffekte für existierende und zugekaufte Produkte auf neuen und alten Märkten Neben Software auch neue Mitarbeitende **Nachteile:** Ggf. fehlendes eigenes Know-how zur Weiterentwicklung Erhöhung der Weiterentwicklungskomplexität durch zusätzliche Produkte	Aufkauf von Bäurer durch Sage in 2006 zur Erweiterung des Vertriebspotenzials an Unternehmen mit mehr als 200 Mitarbeitenden

ERP-Checkliste für die Systemauswahl

Strategie	Erläuterung	Bewertung	Beispiele
Erweiterung der Produktpalette (Funktionsumfang)	Durch Zukauf von Spezialanwendungen erhalten ERP-Hersteller die Möglichkeit, ihre Produktpalette auch in Bereichen wie z. B. Business Intelligence oder Finance zu stärken.	**Vorteile:** Synergieeffekte für existierende und zugekaufte Produkte auf neuen und alten Märkten Ggf. Cross-Selling-Potenzial **Nachteile:** Ggf. fehlendes eigenes Know-how zur Weiterentwicklung Erhöhung der Weiterentwicklungskomplexität durch zusätzliche Produkte	Aufkauf und Integration der BI- und CRM-Produkte von Siebel (2006) und Hyperion (2007) in die Oracle-Produktpalette Aufkauf des BI-Anbieters Business Objects durch SAP (2007)

5.6 ERP-Checkliste für die Systemauswahl

Die Auswahl und Einführung eines neuen ERP-Systems ist ein komplexes Unterfangen, bei dem eine Vielzahl an Fragestellungen betrachtet werden muss. Abb. 5.5 zeigt die *ERP-Checkliste*, die einen groben Überblick über wichtige Aspekte gibt, die bei einer ERP-Systemauswahl beachtet bzw. festgelegt werden müssen. Die Liste enthält eine Klassifikation der Dinge, die ein Anwenderunternehmen (ggf. mit seinem Einführungsberater) klären muss, um eine erfolgreiche Suche nach einem passenden System zu unterstützen. Auf oberster Ebene ist die Checkliste in vier Bereiche unterteilt: Management-, Lieferketten-, funktionale und technologische Aspekte.

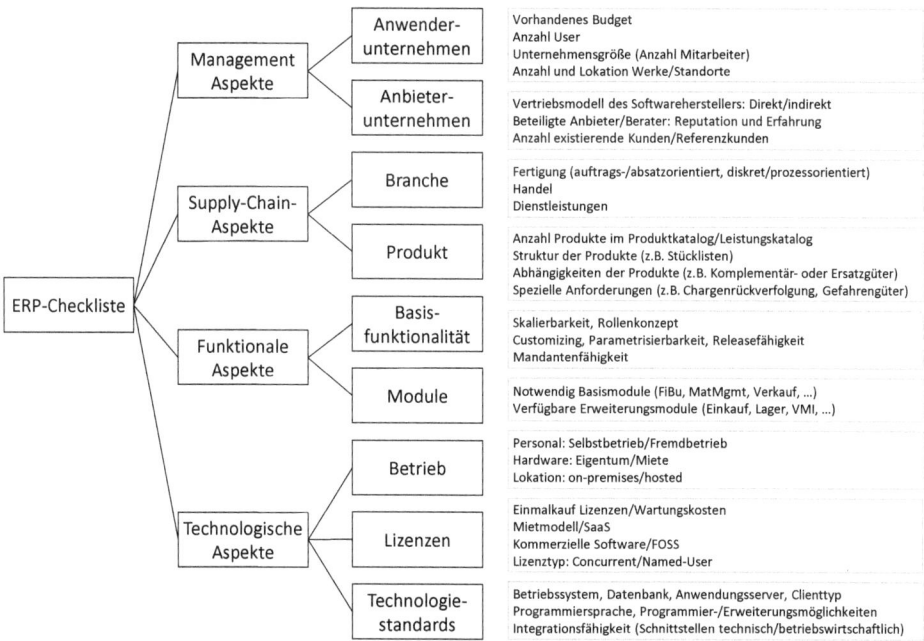

Abb. 5.5: ERP-Checkliste: Festzulegende Aspekte für eine ERP-Systemauswahl

Management-Aspekte

Der Bereich *Management* fokussiert auf die Unternehmensprofile der beteiligten Organisationen, also auf der einen Seite auf die Gegebenheiten beim Anwenderunternehmen, das auf der Suche nach einem neuen ERP-System ist, und auf der anderen Seite die Value Proposition der ERP-Anbieter bzw. Berater. Wichtige Punkte beim *Anwenderunternehmen* sind das vorhandene Budget, die geplante Anzahl an Benutzern, die Unternehmensgröße und allgemein die Organisation des Unternehmens (z. B. die Aufteilung in Abteilungen und Standorte). Welche und wie viele *Anbieterunternehmen* bei einer ERP-Systemauswahl beteiligt sind, ist abhängig vom Ökosystem des Herstellers des Kernsystems (vgl. Kapitel 5.3). Bei einem *Direktvertrieb* muss nur das Profil des Herstellers (der auch gleichzeitig Einführungspartner ist) untersucht werden, beim *indirekten* Vertrieb ist zusätzlich die Erfahrung und der Ruf der Vertriebspartner relevant, also z. B. eines Implementierungsspezialisten (VAR) bzw. eines Systemhauses (ISV). In jedem Fall ist es sinnvoll, die Anzahl der bereits existierenden Anwenderunternehmen (engl. installed user base) für das in Betracht gezogene ERP-System herauszufinden und eine Liste mit Referenzkunden anzufragen.

Lieferketten-Aspekte

Der Bereich *Lieferkette* (engl. Supply Chain) betrachtet Aspekte, die sich aus der Branche und dem Produkt des Anwenderunternehmens ergeben. Die *Branche*, der eine Organisation zugehörig ist, hat eine wesentliche Bedeutung für die Systemauswahl, da viele funktionale Anforderungen von der genauen Geschäftstätigkeit abhängig sind (vgl. Kapitel 3.5). So haben produzierende Unternehmen (Fertigung) markant andere Anforderungen als Handelsunternehmen, Dienstleister oder die öffentliche Verwaltung. Vor allem in der Fertigung gibt es je nach Produktionstyp und Fertigungsart eine Vielzahl an möglichen Merkmalskombinationen (vgl. morphologischer Kasten in Kapitel 3.5). Einige Branchen haben strenge Vorschriften, z. B. für Gefahrengüter (chemische Industrie) oder Chargenrückverfolgung (Lebensmittelbranche), deren Einhaltung von den eingesetzten BAS sichergestellt werden muss. Viele Anforderungen ergeben sich auch durch die Charakteristika des *Produkts*. Dazu gehören die Anzahl der Produkte im Produktkatalog (es gibt z. B. Obergrenzen für die Anzahl an Einträgen im Materialstamm). Die Struktur des Produkts muss im System abbildbar sein, z. B. im Fall von mehrfach geschachtelten, komplizierten Stücklisten. Gegebenenfalls bestehen Abhängigkeiten zwischen Materialien (z. B. Komplementär- oder Ersatzgüter), die beim Bestellvorgang angezeigt werden müssen. Die speziellen Anforderungen von Branche und Produkt entscheiden darüber, ob ein branchenneutrales ERP-System in Erwägung gezogen werden kann oder ob eine spezifische Branchenlösung eine absolute Notwendigkeit darstellt.

Funktionale Aspekte

Der Bereich der *funktionalen Aspekte* umfasst die erforderliche Basisfunktionalität und die verfügbaren funktionalen Module des anzuschaffenden Systems. Zur *Basisfunktionalität* gehören Aspekte wie die Abdeckung der an das zu beschaffende System gestellten Grundanforderungen, Skalierbarkeit, also der Möglichkeit, steigende Anforderungen an die Leistungsfähigkeit (z. B. größere Anzahl User, gutes Antwortverhalten) zu adressieren bzw. das System flexibel erweitern zu können. Implementierte Rollenkonzepte ermöglichen Voreinstellungen für bestimmte Funktionsgruppen (z. B. Finanzbuchhaltung, Einkauf, Lager), so dass die Applikation für eine Personengruppe *rollenspezifisch vorkonfiguriert* werden kann und die notwendigen Menüs rollenbasiert angezeigt werden. Ein wichtiges Entscheidungskriterium ist auch die Anpassbarkeit eines ERP-Systems für ein spezifisches Anwenderunternehmen (engl. Customization) und die Parametrisierbarkeit unter Wahrung der Releasefähigkeit (vgl. Kapitel 1.6.4). Mandantenfähigkeit ist vor allem für Unternehmensgruppen (Konzerne oder andere Unternehmensverbünde) ein wichtiges Kriterium, wenn sie ein Reporting für mehrere rechtlich unabhängige Unternehmensteile benötigen (vgl. Abschnitt zum Thema Intercompany-Integration in Kapitel 1.4.2). Betriebswirtschaftliche Standardsoftware ist zumeist modular aufgebaut und ERP-Systeme bestehen normalerweise aus einem Kernsystem (Basisfunktionalität) und darauf aufbauenden *Basis- und Erweiterungsmodulen* (vgl. Kapitel 3.4). Die Modularisierung erlaubt eine phasenweise Einführung (vgl. Kapitel 6.5.2 Einführungsstrategien) und eine spätere funktionale Erweiterung. Ein Anwenderunternehmen kann dadurch den ersten Go-live z. B. auf FiBu, Materialmanagement und Verkauf einschränken und zu einem späteren Zeitpunkt weitere Module wie Lagermanagement und Einkauf zusätzlich ausrollen.

Technologische Aspekte

Der Bereich der *technologischen Aspekte* umfasst den Systembetrieb, das Lizenzmodell sowie die einzusetzenden Technologiestandards, die in der IT-Strategie vorgegeben sind. Für den *Betrieb* eines ERP-Systems muss definiert werden, wer das System betreibt und wartet (eigenes oder fremdes Personal), wer die Hardware anschafft (Eigentum oder Miete) und wo das System physisch stehen soll (on-premises oder in einem eigen- oder fremdbetriebene externen Rechenzentrum, vgl. Kapitel 2.4 und 2.5). Mögliche Betriebsmodelle geben in der Regel feste Kombinationen dieser drei Aspekte vor. Das Spektrum reicht vom kompletten Eigenbetrieb, bei dem die Hardware vom Anwenderunternehmen angeschafft wird und am Firmenstandort mit eigenem Personal betrieben wird bis zum kompletten Outsourcing aller Leistungen an Service Provider. Auch bei der Wahl des *Lizenzmodells* kann das Anwenderunternehmen in der Regel nicht frei wählen, da diese Modelle vom verfügbaren Angebot der Softwarehersteller bzw. Service-Anbieter abhängig sind (vgl. Tab. 5.1 Grundtypen der Lizenzierung). Dieselbe Abhängigkeit besteht bei den zugrundeliegenden *Technologiestandards*, also beim Technologiestack (Betriebssystem, Datenbank, Anwendungsserver, Clienttyp, vgl. Abb. 2.7), bei Programmiermöglichkeiten (z. B. Skriptsprachen) und bei der Integrationsfähigkeit (vgl. Abb. 2.8), da diese Aspekte zum großen Teil von den Systemanbietern vorgegeben sind. Insofern würde eine ggf. existierende IT-Strategievorgabe „unser Unternehmen betreibt betriebswirtschaftliche Software ausschließlich im Eigenbetrieb on-premises" die Anzahl der in Frage kommenden ERP-Systeme einschränken. Aus diesem Grund ist es essenziell, die Frage der technologischen Aspekte *vor* dem Beginn der Softwareauswahl zu klären.

Die ERP-Checkliste enthält eine strukturierte Liste wichtiger Aspekte, die für eine Systemauswahl festgelegt werden müssen, erhebt aber keinen Anspruch auf Vollständigkeit. Aufgrund ihrer generischen Struktur kann sie für Organisationen jeglicher Branche und

Größe eingesetzt werden. Während der tatsächlichen Systemauswahl müssen die darin enthaltenen Kriterien noch wesentlich detaillierter festgelegt werden, und es kann vorkommen, dass man die festgelegten Vorgaben im Zuge der Marktrecherchen an die tatsächlich verfügbaren Möglichkeiten anpassen muss.

5.7 Lernkontrollfragen

1. Warum spielt Unternehmenssoftware bei der Gestaltung von Geschäftsprozessen eine Schlüsselrolle?
2. Warum sollte man für die Auswahl eines ERP-Systems einen strukturierten Auswahlprozess verfolgen?
3. Welche Grundtypen der Lizenzierung von ERP-Systemen kennen Sie?
4. Erklären Sie die Aufgaben der Parteien in einem ERP-Ökosystem.
5. Welche Parteien kann man typischerweise im Ökosystem eines ERP-Systems antreffen? Welche Aufgaben teilen sich diese?
6. Erklären Sie die zwei grundsätzlichen Varianten des Betriebs eines ERP-Systems.
7. Erklären Sie die Begriffe ISV und VAR.
8. Welche unterschiedlichen Erlösmodelle gibt es im Anbietermarkt für ERP-Systeme?
9. Nennen Sie einige führende Unternehmen im Anbietermarkt für ERP-Systeme.
10. Beschreiben Sie den Konsolidierungsprozess der ERP-Hersteller für Großunternehmen der frühen 2000er Jahre.
11. Welche zwei grundsätzlichen Wachstumsstrategien für ERP-Anbieter kennen Sie? Erklären Sie diese mit ihren möglichen Ausprägungen.
12. Welches Ziel hat die ERP-Checkliste?
13. Welches sind die vier Hauptbereiche der ERP-Checkliste?

6 Phasen der Auswahl

Aufgrund der Komplexität von Auswahl und Einführung eines geeigneten BAS ist es sinnvoll, ein Verfahren zur Softwareauswahl zu definieren. Sehr häufig findet eine Softwareauswahl auf Basis der Betrachtung von Einzelaspekten statt. Insbesondere im Zusammenhang mit der ökonomischen Definition der Wirtschaftlichkeit einer Softwareentscheidung existieren verschiedenste quantitative und qualitative Verfahren zur Identifikation des „idealen" Systems.

6.1 Phasenmodell zur Softwareauswahl

Ein strukturiertes Vorgehen bei der Softwareauswahl kann das Risiko eines Misserfolgs bei der Einführung reduzieren. Es hilft insbesondere, Lücken zwischen Unternehmensanforderungen und den Möglichkeiten einzelner Systemalternativen zu erkennen. In der betriebswirtschaftlichen Literatur werden zahlreiche Vorgehensmodelle vorgeschlagen, die dabei helfen sollen, das Entscheidungsproblem der Auswahl eines geeigneten BAS durch vereinfachte Darstellung und durch eine zeitlich-sachlogische Beschreibung der notwendigen Schritte zu unterstützen. Die Vielzahl der vorgeschlagenen Modelle stimmt in ihren Vorgehensschritten darin überein, dass nach einer Projektinitialisierung und -konzeption eine Analyse der eigenen Anforderungen und der Möglichkeiten einzelner Systemalternativen notwendig ist, bevor es abschließend zu einer Softwareauswahl und einer Inbetriebnahme der ausgewählten Lösung kommen kann.

In Abb. 6.1 wird der Ablauf einer ERP-Systemauswahl in fünf Phasen dargestellt: (1) Vorinformation/Bedarfsidentifikation (hellgrau), die drei (dunkelgrau hinterlegten) Phasen (2) Anforderungsdefinition und Marktevaluation, (3) Angebotsevaluation und (4) Systemeinführung sowie der (in weiß darstellte) langfristige (5) Systembetrieb.

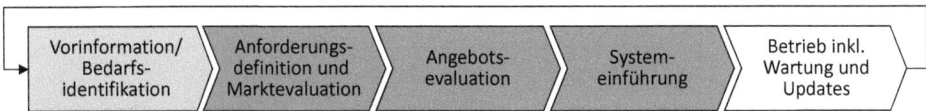

Abb. 6.1: Phasenablauf einer ERP-Systemauswahl

Die drei in *dunkelgrau* hinterlegten Phasen enthalten die eigentlichen *Kernaktivitäten* der Systemauswahl. Tab. 6.1 gibt einen Überblick über die Start- und Endereignisse der Phasen und den darin auftretenden Aktivitäten.

Tab. 6.1: Phasen einer ERP-Systemauswahl und deren Aktivitäten

Phase	Startet mit.../Endet mit...	Aktivitäten
Vorinformation/ Bedarfsidentifikation	Startet mit... Bedarf für neues System wurde festgestellt Endet mit... Anforderungskatalog (Liste mit konkreten Bedarfen) liegt vor	Broschüren und Websites möglicher Anbieter studieren Prozesse, Bereiche, funktionale Anforderungen bestimmen Hard-/Softwareanforderungen ermitteln
Anforderungsdefinition und Marktevaluation	Startet mit... Marktuntersuchung ist eingeleitet Endet mit... Ausschreibung (Lastenheft) wurde an eine Long List von (ca. 10) Anbietern geschickt	Ggf. IT-Messen/Veranstaltungen besuchen Prozessmodelle entwerfen und abstimmen (ggf. schon mit Hilfe eines Einführungsberaters) Funktionskatalog mit Muss-Kriterien erstellen (morphologischer Kasten)
Angebotsevaluation	Startet mit... Angebote sind eingegangen Endet mit... Pflichtenheft und Vertrag liegen vor	Short List für mögliche Anbieter erstellen Einladung der Short List zum Pitch (Präsentation vor Ort) Entscheid für ein Produkt und einen Einführungspartner (Anbieter) Vertragsverhandlungen Vertrag (inkl. Pflichtenheft) unterschreiben
Systemeinführung	Startet mit... Projektablauf und Verantwortlichkeiten sind definiert Endet mit... Go-live ist erfolgt	Einführungsstrategie bestimmen Datenbereinigung Installation Customizing Schulungen Datenübernahme Testen System in Betrieb nehmen
Betrieb inkl. Wartung und Updates/Upgrades	Startet mit... System ist produktiv Endet mit... System muss abgelöst werden	Kleine Fehler ausmerzen Laufende Nutzung Notwendige Updates/Upgrades einspielen

6.2 Bedarfsidentifikation

Die Phase der *Vorinformation oder Bedarfsidentifikation* (Abb. 6.2) startet nicht selten mit einem über mehrere Monate, manchmal sogar Jahre gehenden, wahrgenommenen Bedarf, ein neues BAS einführen zu müssen.

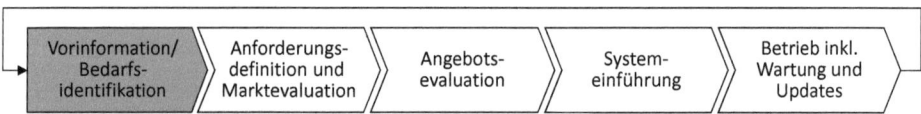

Abb. 6.2: Phase 1 der ERP-Systemauswahl: Vorinformation/Bedarfsidentifikation

Im Fall zentraler Systeme wie dem Warenwirtschaftssystem (WWS) oder dem ERP-System führen häufig verschiedene Dinge zu der Notwendigkeit der Ablösung von alten Systemen durch ein i. d. R. leistungsstärkeres, integriertes System. In vielen Unternehmen ist die Systemwelt historisch gewachsen, so dass viele technische und manuelle Schnittstellen zwischen den Systemen existieren (oder eben auch nicht existieren aber dringend benötigt würden). Nicht immer sind dadurch Informationen dort vorhanden, wo sie benötigt werden. Zudem erhöht das Pflegen vieler Systeme und Schnittstellen für die IT-Abteilung die Komplexität und den damit verbundenen Pflegeaufwand. Eine oft festgestellte Konsequenz sind abweichende, fehlerhafte oder in bestimmten Bereichen nicht vorhandene Daten. Zeigt z. B. das WWS am Kundenterminal an, dass das Produkt noch in gewünschter Menge vorhanden ist, ist es möglich, dass das Lagerverwaltungssystem im Lager bei Kundenabholung diese Ware jedoch schon nicht mehr vorrätig zeigt, weil sie zwischenzeitlich abverkauft wurde und das WWS nicht in Echtzeit aktualisiert wurde. Auf diese Weise verliert das Unternehmen unter Umständen Umsätze oder gar Kunden. Auch der Wunsch, neue Prozesse oder Technologien im Unternehmen nutzen zu wollen, die sich durch die bestehenden Systeme aber nicht mehr abbilden lassen, führt immer wieder zum Nachdenken über die Einführung eines neuen, zentralen BAS.

Typischerweise sind in diese erste Phase der Bedarfsidentifikation nur sehr wenige Mitarbeitende involviert. Nicht selten ist das zukünftige Projekt zu diesem Zeitpunkt entweder nur in einer Stabstelle unter dem Management angesiedelt oder es liegt in der Verantwortung der IT-Abteilung. Auf die anfänglich ungerichtete Informationsgewinnung durch Sichtung von Websites, Broschüren und dem Lesen von Büchern folgt bei intensiverer Verfolgung eines derartigen Projekts die Analyse von betroffenen Unternehmensbereichen, Prozessen und Anforderungen an die Funktionen der Software und Hardware. Da es sich bei der Auswahl eines ERP-Systems um ein komplexes Projekt mit vielen involvierten Mitarbeitenden (sowohl intern als auch extern) handelt, bedarf es einer gründlichen Projektvorbereitung, die sich stark an den allgemeinen Aufgaben zur Projektvorbereitung und -initialisierung orientiert. Dazu gehört im Speziellen:

1. Projektziele festlegen
2. Organisatorische Vorbereitungen
3. Methodische Vorbereitungen

Die Phase der Bedarfsidentifikation endet mit der Erarbeitung eines Anforderungskatalogs, in dem die Ausgangssituation (z. B. vorhandene Hardware, Leitlinien der IT-Strategie, etc.) enthalten ist und in dem die zu unterstützenden Bereiche und ihre Prozesse skizziert sind.

6.3 Anforderungsdefinition und Marktevaluation

Die Phase der *Anforderungsdefinition und Marktevaluation* (Abb. 6.3) startet mit der gezielten Untersuchung des Marktes in Bezug auf geeignete Standardsoftwaresysteme.

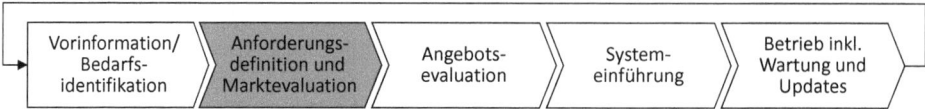

Abb. 6.3: Phase 2 der ERP-Systemauswahl: Anforderungsdefinition und Marktevaluation

Typischerweise finden Erstkontakte zu Anbietern über spezielle Anbieterveranstaltungen oder Messebesuche statt. Dieses relativ ungezielte Verfahren wird kombiniert mit Recherchen in Fachzeitschriften und anderen Quellen und wird auch als *freie Suche* bezeichnet. Auch Bücher mit gezielten Marktüberblicksinformationen können dabei helfen, einen ersten Überblick zu erhalten. Darüber hinaus existieren Softwareauswahlplattformen wie IT-Matchmaker, softselect und andere. Sie können Unternehmen dabei unterstützen, typische Fehler bei der BAS-Auswahl zu vermeiden. Häufige Fehler liegen beispielsweise in einer fehlerhaften Zusammenstellung von Anforderungen, dem mangelnden Einbezug der Anwender, einer falschen Einschätzung des Anbieters sowie in methodischen Fehlern bei der Umstellung der eigenen Prozesse. Ergänzend kann die Nutzung eines auf Softwareauswahl spezialisierten Beratungsunternehmens eine sinnvolle Variante zur Ergänzung des eigenen Know-hows darstellen. Im Regelfall führt das eigene Unternehmen eine derartige Auswahl nur alle 15-20 Jahre durch, ein Beratungsunternehmen jedoch mehrfach im Jahr. Die Berater dieser Firma stehen bei der gesamten Projektdurchführung beratend zur Seite und nehmen dem Unternehmen viele Aufgaben ab bzw. ergänzen den Projektablauf durch ihr Fachwissen. Zwar ist diese Variante mit hohen Kosten für die Beratung verbunden, doch es ist wahrscheinlich, dass die Kosten eines derartigen „Coachings" z. B. durch eine bessere Preisverhandlungsposition aufgrund der Marktkenntnisse des Beraters sowie ein besseres Endresultat kompensiert werden. Der Besuch von Fortbildungen und Seminaren zum Thema Softwareauswahl und -einführung kann ergänzend zu den anderen Maßnahmen ebenfalls eine sinnvolle Option sein. Diese bieten Mitarbeitenden die Möglichkeit, sich ein strukturiertes Vorgehen bei der Auswahl und tieferes Hintergrundwissen anzueignen.

Ziel dieser Phase ist die Definition eines Soll-Konzepts. Dafür wird die grobe Zieldefinition aus der ersten Phase kombiniert mit einer Analyse des Ist-Zustands. Dies kann in unterschiedlichen Detaillierungsgraden erfolgen. Einen wesentlichen Einfluss auf den angemessenen Detaillierungsgrad der Analyse haben auf der einen Seite der vermutete Umfang des Reorganisationsbedarfs und auf der anderen Seite die unternehmensstrategische Bedeutung. Die Soll-Konzeption dient der Formulierung neuer Anforderungen an das einzuführende System. Die festgelegten Soll- und Muss-Kriterien (Tab. 6.2, S. 166) führen letztlich zu einer Erstellung eines *Lastenheftes*, mit dem festgelegt wird, was das System können muss.

Aufgrund der großen Anzahl an ERP-Anbietern auf dem Markt kann nicht jede Software im Detail analysiert werden. Daher muss zunächst der Markt gesichtet und in Frage kommende Anbieter identifiziert werden. Eine weitere Auswahl wird anhand eines Anforderungskatalogs vorgenommen. Diese Anforderungen werden als Ausschreibung an maximal zehn bis fünfzehn verschiedene, geeignet erscheinende Anbieter gesendet (Long List). Die Ausschreibung dient als Aufforderung an die Softwarehersteller (engl. request for proposal/invitation to tender), einen Kostenvoranschlag für ein derartiges Projekt zu erarbeiten und die Software individuell beim potenziellen Kunden zu präsentieren.

6.4 Angebotsevaluation: Auswahl von System und Anbieter

Die Phase der *Angebotsevaluation* (Abb. 6.4) startet mit der Sichtung der Angebote der Softwarehersteller nach monetären und funktionalen Kriterien.

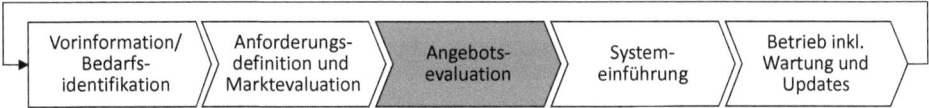

Abb. 6.4: Phase 3 der ERP-Systemauswahl: Angebotsevaluation

Mit Hilfe von quantitativen und qualitativen Verfahren (Kapitel 5.2) kann die Auswahl der Softwarehersteller zunächst grob auf drei bis fünf relevante Hersteller verdichtet werden (Short List). Diese können zu einer Präsentation vor Ort (Pitch) eingeladen werden. Dabei ist es notwendig, dem Hersteller präzise Angaben über die zu präsentierenden Inhalte zu geben. Wird dieses versäumt, wird ein Vergleich der präsentierten Systeme sehr schwierig, weil jeder Hersteller individuell versuchen wird, seine gut gelungene Funktionalität herauszustellen und die weniger gut gelungene Funktionalität in Bezug auf die Anforderungen des potenziellen Kunden unter den Tisch fallen zu lassen. Es bietet sich also an, den Herstellern präzise Präsentationsvorgaben – etwa der im Unternehmen gelebten Kernprozesse – zu machen.

Um vergleichbare Ergebnisse aus den Präsentationen der Anbieter ziehen zu können, sollten vergleichbare Kriterien für jeden Anbieter aufgestellt und von unterschiedlichen Personen bewertet werden. Tab. 6.2 zeigt ein Beispiel für eine Nutzwertanalyse, die in dieser Phase zum Einsatz kommen kann.

Tab. 6.2: Nutzwertanalyse für die drei Topkandidaten einer Systemauswahl (3=beste Note)

Kriterium	Gew.	Syst1	Score	Syst2	Score	Syst3	Score
Usability	2	3	6	2	4	2	4
Erfüllungsgrad	3	3	9	3	9	2	6
Technologie	2	1	2	3	6	2	4
Anbieter	3	3	9	2	6	3	9
Preis	2	2	4	2	4	2	4
Bauchgefühl	3	3	9	2	6	2	6
Schnittstellen [...weitere]	1	1	1	2	2	3	3
Summe			**40**		**37**		**36**

Die Nutzwertanalyse eignet sich, um diejenigen Softwarelösungen, die in die engere Wahl kommen, anhand von selbst definierten qualitativen Kriterien quantitativ zu vergleichen.

Durch die Einführung einer zusätzlichen Gewichtung, kann die Wichtigkeit eines Kriteriums in die Entscheidungsunterstützung mit einbezogen werden.

Aus den Anbieterpräsentationen und der kritischen Auseinandersetzung mit deren funktionalen und monetären Angeboten resultiert letztlich die Entscheidung für *einen* Anbieter, mit dem entsprechende Vertragsverhandlungen aufgenommen werden. Zudem muss der Hersteller auf Grundlage des Lastenhefts ein *Pflichtenheft* (Tab. 6.3) erstellen, in dem präzisiert wird, wie welche Aspekte des Lastenheftes durch das Softwaresystem für das Anwenderunternehmen umgesetzt werden.

Tab. 6.3: Definition der Anforderungen an ein BAS

	Lastenheft	**Pflichtenheft**
Autor:	Anwenderunternehmen	Anbieter
Zweck:	Beschreibt die gewünschte Funktionalität einer Software aus Sicht des Anwenderunternehmens (das Was)	Beschreibt die Umsetzung der Anforderungen im gewünschten System (das Wie und Womit)
Inhalt:	Wünsche und Anforderung des Auftraggebers an das zu liefernde Produkt (Software und verbundene Leistungen)	Definiert den zugesicherten Leistungsumfang des Systems (also die Leistungspflichten des Anbieters)
Ähnliche Begriffe:	Anforderungsspezifikation, Kundenspezifikation, engl. requirements specification	Fachspezifikation, Sollkonzept, engl. feature specification
Sequenz:	Bildet die Grundlage für das Pflichtenheft	Wird auf der Grundlage des Lastenhefts erstellt

Die Phase der Angebotsevaluation endet mit dem Abschluss des Vertrags zwischen Softwareanbieter und Anwenderunternehmen, dem das Pflichtenheft als Anlage und wichtigste Definition der zugesicherten Eigenschaften des erworbenen Produktes beigefügt wird. Damit sind die eigentlichen Auswahlphasen einer betriebswirtschaftlichen Standardsoftwarelösung beendet und das System kann in einem zeitlich befristeten Projekt eingeführt werden.

6.5 Systemeinführung (Rollout)

Die Phase der *Systemeinführung* (Abb. 6.5) startet mit der Definition der Rahmenbedingungen des Projekts, also der Auswahl der Einführungsstrategie.

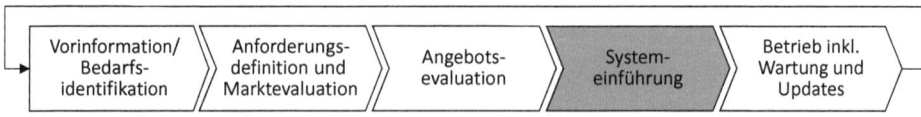

Abb. 6.5: Phase 4 der ERP-Systemauswahl: Systemeinführung

Die Verteilung (Installation) der Software im Unternehmen wird auch als *Rollout* bezeichnet. Bereits vorab wurde im Rahmen der Verhandlungen über finanzielle Budgets und organisatorische Verankerungen gesprochen, die nun konkretisiert werden müssen. Hier sind der Projektablauf und die Verantwortlichkeiten zu definieren.

Die Wahrscheinlichkeit von Softwareeinführungsfehlern nimmt mit Zunahme der Komplexität von Einführungsprojekten deutlich zu. Ein Problem der betriebswirtschaftlichen Softwareeinführung besteht darin, dass die Mitarbeitenden mit dem notwendigen betriebswirtschaftlichen Know-how die Einführung aufgrund ihres beschränkten technischen Wissens nur eingeschränkt unterstützen können, die technischen Experten aber andererseits nicht über das notwendige betriebswirtschaftliche Wissen verfügen.

Die schlimmste Art von Fehlschlag ist die *Rückabwicklung* bzw. der Abbruch einer Softwareeinführung, ohne den beabsichtigten Nutzen jemals erreicht zu haben. Obwohl dieses z. B. aufgrund eines ungeeigneten Vorgehens und einem unerfahrenen Projektteam durchaus häufiger vorkommt, wird darüber aus verständlichen Gründen nur selten öffentlich berichtet. Anwenderunternehmen meiden schlechte Presse und sind bemüht, gerichtliche Auseinandersetzungen mit Softwareanbietern zu verhindern.

Sehr viele Projekte leiden an einem (häufig durch die Unternehmensleitung) zu engagiert festgelegten Zeitplan, was einerseits zu einer Einschränkung bei der Funktionsrealisierung führen kann und andererseits zu großem Stress auf Seiten des Projektteams. Auch die Überfrachtung der Standardsysteme mit Systemanforderungen und zu hohe Kosten in der Einführungsphase werden in diesbezüglichen Befragungen immer wieder von den Beteiligten als Probleme genannt.

Es ist daher zwingend notwendig, detailliert über die Durchführung des Projekts und die organisationale Aufstellung im Vorfeld nachzudenken und die Ziele ambitioniert aber erreichbar zu stecken. Wie jedes Projekt benötigt auch ein Softwareeinführungsprojekt mit dem Umfang einer ERP- oder WWS-Software eine eigene Organisationsform. Diese steht aufgrund der Einmaligkeit, zeitlichen Begrenztheit und der Interdisziplinarität des Projekts häufig nicht im Einklang mit der vorherrschenden Organisationsform des Anwenderunternehmens. Einerseits sollte die Projektorganisation zeitlich möglichst stabil sein, da Softwareeinführungsprojekte durchaus einige Monate oder Jahre dauern können, andererseits sollte sie aber auch aufgrund der Neuartigkeit und der Innovationskraft der Aufgabe möglichst flexibel sein. Zudem lassen die begrenzten Ressourcen des Unternehmens oftmals keine vollständige Freistellung der an der Einführung beteiligten Personen zu, was die Belastung weiter erhöht.

6.5.1 Organisationsform

Die Organisationsform sollte sich bei Projektorganisationen im Regelfall nach der Projektbedeutung richten. Kleinere Projekte benötigen in der Regel eine eher schwächere Organisationsform, bei der die Projektteilnehmenden im Rahmen des gewöhnlichen Tagesgeschäfts weiter tätig sind, während größere Projekte eine festere Form der Organisation benötigen, bei der die Mitwirkenden sich losgelöst von Routineaufgaben voll dem Projekt widmen können. Abb. 6.6 zeigt verschiedene Organisationsformen für die Projektorganisation.

Im Regelfall werden nur kleinere Projekte in *Stab-Linien-Organisation*, d. h. ohne Aufbau einer für das Projekt zuständigen Organisation, durchgeführt. Es ist damit die schwächste Ausprägung der Organisationsgestaltung, da Mitarbeitende die Projektarbeit neben ihrem

Tagesgeschäft erledigen. Die Stab-Linien-Organisation bedingt keine organisatorischen Umstellungen und ist aufgrund der Nutzung vorhandener Ressourcen kostengünstig. Der Projektleiter erhält keine formale Weisungsbefugnis und ist vielmehr Projektkoordinator und für den korrekten sachlichen und terminlichen Ablauf der Projektaufgaben durch die Fachabteilungen verantwortlich. Als Stabsstelle kann er nicht entscheiden, kann damit aber auch nicht für die Erreichung der Ziele verantwortlich gemacht werden. Daraus resultiert aufgrund der sachlich neutralen Arbeitsform eine eher geringe Projektidentifikation und Durchsetzungsmacht.

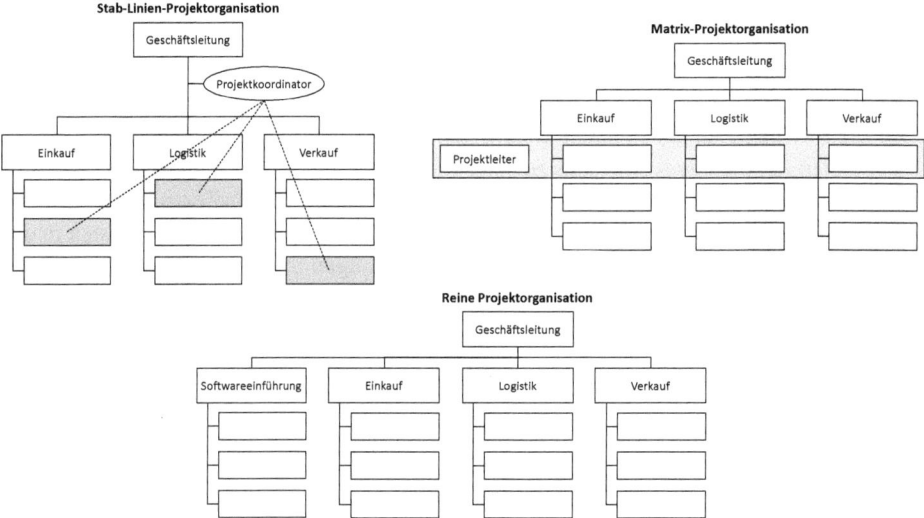

Abb. 6.6: Organisationsformen für Projektorganisation

Bei der *Matrix-Projektorganisation* entsteht ein temporäres Mehrliniensystem, bei der für einzelne Personen aus den bestehenden Organisationseinheiten zusätzliche, projektbezogene Weisungsrechte erteilt werden. Die Mitarbeitenden der involvierten Abteilungen sind weiterhin in der Linienorganisation tätig, nehmen also auch weiterhin am Tagesgeschäft teil. Damit erhalten sie Arbeitsaufträge sowohl vom Projekt- als auch vom Abteilungsleitenden. Diese Form der Projektorganisation findet sich vor allem bei Unternehmen, die sehr stark projektgetrieben sind. Matrix-Organisationsformen sind die komplexeste Art der Projektorganisation. Die Koordinations-, Kollaborations- und Kommunikationsprobleme sind vielfältig. Dennoch ergeben sich auch in Softwareeinführungsprojekten Situationen, wo diese Organisationsform am effizientesten sein kann. Insbesondere bei kurzfristiger Inanspruchnahme und Bedarf an sowohl interdisziplinärer/fachlicher Kompetenz als auch zeitlich präzisem Projektteilabschluss kann diese Organisationsart sinnvoll sein.

Eine dritte Möglichkeit ist die *reine Projekt-Organisation*. Hierbei wird ein Mitarbeiterteam für die Dauer des Projektes in der Form einer temporären Abteilung zusammengestellt. Damit hat der oder die Projektleiter(in) vollständigen Zugriff auf alle am Projekt beteiligten Mitarbeitenden. Die Kommunikation ist aufgrund nur eines/einer Vorgesetzten innerhalb der Abteilung deutlich besser als bei Matrix-Organisationsformen, birgt jedoch auch die Gefahr, dass die Kommunikation zu anderen Projekten leidet. Zwar erhöhen reine Projekt-Organisationsformen die Wahrscheinlichkeit eines zügigen Projektabschlusses, verringern aber gleichzeitig auch die Innovationskraft, da die fachliche Kompetenz der Mitarbeitenden im Vorhinein festgelegt wird und nicht Personen aus unterschiedlichen Abteilungen wie in der Matrix-Organisation mit einzelnen Projektbereichen betraut werden. Auch ist die Flexibilität nicht so hoch wie bei einer Matrix-Organisation, da Mitarbeitende an die Projekt-Abteilung gebunden sind und bei wechselnden Anforderungen nicht schnell ausgetauscht und für das Kern-Tagesgeschäft der Firma freigestellt werden können. Darüber hinaus sind dem Projekt fest zugeordnete Mitarbeitende nach dessen Beendigung zunächst ohne feste Abteilungszuordnung. Sie müssen sich dann neu orientieren, was insbesondere bei größeren Firmen ein Karrierehemmnis sein kann.

In der Praxis werden häufig Mischformen aus Matrix-Organisation und reiner Projekt-Organisation angewendet. Damit sollen die Vorteile beider Formen vereint werden. Dem Projektteam stehen damit zusätzlich Mitarbeitende aus den Fachabteilungen neben ihrer Tagesarbeit zur Verfügung.

Das Projektteam besteht im Regelfall aus dem oder der Projektleiter(in) (bei großen Projekten auch mehrere Teilprojektleitende), (dauerhaften) Kernprojektmitgliedern sowie Vertretern von Fachabteilungen, die zeitlich begrenzt inhaltlichen Input aus den Fachabteilungen für die Projektdurchführung liefern. Der oder die Projektleiter(in) verantwortet das Projekt gegenüber der Geschäftsführung und ist als Leiter(in) des Projektteams maßgeblich beteiligt an der Definition, Planung, Abwicklung, Dokumentation, Kontrolle und Qualitätssicherung des Projekts und soll dafür sorgen, das Ziel in der vorgegebenen Zeit unter Einhaltung der Kosten mit den zur Verfügung stehenden Ressourcen zu erreichen. Eine wichtige Fähigkeit dieser Person ist die Kunst, mit allen Beteiligten zu kommunizieren und dabei auch in schwierigen Situationen ruhig zu bleiben. Erfolgreiche Projektmanager(innen) müssen permanent mit allen Mitarbeitenden des Unternehmens, dem Projektteam, externen Beratern und dem Softwareunternehmen komplexe Sachverhalte diskutieren und für Einigung in Streitfragen sorgen. Als Projektverantwortliche müssen sie präzise Informationen und Anweisungen verteilen, klare Erwartungen kommunizieren und ein gut funktionierendes Projektteam aufbauen. Projektleitende definieren und vereinbaren die benötigten Ressourcen, Gestaltungsspielräume, Ziele und Rahmenbedingungen im Einklang mit den betroffenen Abteilungen. Die oder der Projektverantwortliche sollte frühzeitig kritische Entwicklungen und Störungen erkennen können und den Handlungs- und Entscheidungsbedarf ermitteln. Für gewöhnlich arbeitet und kommuniziert das Projektteam nicht mit allen Mitarbeitenden einer Abteilung, sondern beschränkt sich auf eine Auswahl an Mitarbeitenden, den sogenannten Key-Usern.

> *Key-User* sind Mitarbeitende in Fachabteilungen (also nicht der IT-Abteilung), die die fachlichen Interessen in einem Einführungsprojekt vertreten. In der Regel melden sich Key-User freiwillig für diese Aufgabe, weil sie eine Affinität für die Nutzung von BAS haben bzw. ihnen die Arbeit mit dem System und die Vermittlung der benötigten Kompetenzen (z. B. in der Form von Tutoring oder Schulungen) Spaß macht. Sie erkennen oft den Nutzen der Einführung des neuen Systems sehr früh und sind oftmals stark motiviert, das Projekt erfolgreich abzuwickeln.

Key-User sind mitverantwortlich für die erfolgreiche Implementierung der Software für ihren Arbeitsbereich. Sie sind einerseits Ansprechpartner für das Projektteam und andererseits Ansprechpartner und Kommunikator des jeweiligen Fachbereichs. Als solcher tragen sie Anforderungen, Probleme und Lösungsvorschläge in Projektmeetings und informieren ihre Kollegen über den Projektfortschritt. In der Findungsphase sind sie in Zieldefinitionen und Auswahlentscheidungen involviert, um eine größtmögliche Übereinstimmung (engl. fit) zwischen Unternehmensanforderungen und ausgewählter Software zu erreichen. In späteren Phasen werden häufig zunächst Key-User geschult, die damit zu Fachexperten im jeweiligen Softwaremodul werden und ihren Kollegen wertvolle Hinweise bei der Benutzung des neuen Systems geben können.

Zudem werden für die Dauer des Projekts oft spezielle Projektausschüsse gebildet. Diese bestehen in der Regel aus bereichsübergreifenden Entscheidungs- und Verantwortungsträgern (beispielsweise der Leiterin Finanzen oder dem Vertriebsleiter) und nehmen wichtige Entscheidungs- oder Beratungsaufgaben wahr. Der *Projektlenkungsausschuss* hat eine übergeordnete Verantwortungs- und Entscheidungskompetenz, die über diejenige des oder der Projektleiter(in) hinausgeht und lenkt das Projekt auf Grundlage der vom Projektleitenden erstellen Entscheidungsvorlagen. Sinnvoll ist zudem die frühe Involvierung von Vertretern des Betriebsrates, um frühzeitig die Einbeziehung der Arbeitnehmerinteressen zu sichern. Der Projektlenkungsausschuss kommt in regelmäßigen Abständen zusammen, überprüft den Projektfortschritt und trifft notwendige Entscheidungen.

6.5.2 Einführungsstrategien

Für die Systemeinführung stehen verschiedene Einführungsstrategien zur Auswahl:

1. Simultane Einführung (engl. big bang)
2. Sukzessive Einführung (auch schrittweise Einführung, engl. phased rollout)
3. Parallele Einführung (engl. parallel adoption)

Zusätzlich kann ein *Pilotprojekt* (mit anschließendem Big Bang oder sukzessivem Rollout) das Risiko des Scheiterns des Go-live vermindern.

Ungeachtet der gewählten Einführungsstrategie muss zunächst eine Überprüfung der Datenqualität der existierenden Daten durchgeführt werden. Da die Daten über Kunden, Lieferanten, Produkte usw. in vielen Unternehmen häufig unzureichend gepflegt sind und diese Daten beim Übergang in die Tabellenstrukturen des neuen Systems ohnehin angepasst werden müssen, ist es notwendig, vor der Übernahme der Daten in das neue System eine Datenbereinigung vorzunehmen. Typische Fragestellungen bei der Datenbereinigung sind:

- *Dubletten*: Kunden existieren in verschiedenen Datensätzen verschiedener Systeme doppelt
- *Datenfusion*: Mehrfache Dateneinträge existieren, die zudem auch noch unterschiedliche Angaben machen (z. B. unterschiedliche Lieferadressen). Aus den verschiedenen Datensätzen zum selben Objekt muss der eine Eintrag zusammengefügt werden, der in das neue System übernommen werden soll.
- *Veraltete Datensätze*: Datensätze von z. B. ehemaligen Lieferanten, die bereits seit langem nicht mehr existieren, sind nach wie vor in den Systemen gespeichert (was wiederum durchaus noch wichtig sein kann, wenn z. B. Ware dieser Lieferanten im Lager gebucht sein sollte, um die Lieferkette noch nachvollziehen zu können).
- *Fehlende Einträge*: Im Altsystem wurden bestimmte Datenfelder nicht gepflegt (z. B. Kundenanrede), die nun aber wichtig werden, um Funktionen der neuen Software nutzen zu können (z. B. Serien-E-Mail-Funktion)

Bei der Datenbereinigung ist daher zunächst zu fragen, welche Datenfelder für die einzelnen Bereiche überhaupt benötigt werden (Standardisierung der Datenerfassung) und wie anschließend die aus den verschiedenen Quellen stammenden Daten den neuen Erfordernissen entsprechend strukturiert und bereinigt werden können. Zu der Strukturierung gehört auch die Normierung, bei der bestimmte Wertebereiche für einzelne Datenfelder vordefiniert werden. Z. B. kann sich das Unternehmen darauf einigen, zukünftig die Anrede für Kundenkontaktpersonen als „Herr"/„Frau"/"kein Anrede" zu erfassen oder aber auch akademische Grade und Titel wie „Dr." und „Prof." usw. zu verwenden.

Simultane Einführung (engl. big bang)

Bei der *simultanen Einführung*, dem so genannten *Big Bang*, wird die Software in allen Unternehmensbereichen gleichzeitig eingeführt. Damit kann das Projektteam auf einen bestimmten Zeitpunkt hinarbeiten, zu dem die Altsysteme komplett abgelöst werden, da die neue Software diese ersetzt. Dadurch ist es nicht notwendig, aufwändige Schnittstellen zwischen alter und neuer Software zu entwickeln und Daten ggf. redundant in alten und neuen Systemen zu pflegen. Allerdings ist das Risiko eines Fehlstarts durch Fehler, die beim vorherigen Testen nicht aufgefallen sind, relativ hoch. Es darf z. B. nicht riskiert werden, dass sämtliche Filialen einer Lebensmittelkette nicht mehr kassieren können, da die neue Kassensoftware nicht funktioniert. Zudem erhöht der Big Bang die Auslastung des Projektteams zu einem bestimmten Zeitpunkt drastisch. Wenn alle Nutzer am Montagmorgen, nachdem der Systemwechsel erfolgt ist, ihren Computer anschalten und die neuen Funktionen des Systems im realen Betrieb einsetzen müssen (Schulungen müssen zuvor erfolgt sein), dann wird das Projektteam durch die vielen Anfragen der Nutzer überrannt. Hinzu kommen unzählige technische und inhaltliche Herausforderungen, die sich erst in einem Live-Betrieb herausstellen. Tab. 6.4 zeigt eine Übersicht über die Merkmale der simultanen Einführung.

Tab. 6.4: Vor- und Nachteile einer simultanen Einführung

Vorteile	Nachteile
Es gibt ein *festes Go-live-Datum* Keine (oder wenige) Schnittstellen zu Altsystemen notwendig Sehr kurze Implementationszeit Im Erfolgsfall kostengünstiger als langandauernde Einführung Schulungen sind abgeschlossen zum Zeitpunkt der Einführung	Hohe Zusatzbelastung im Unternehmen direkt nach dem Go-live Ein beim Testen unentdeckter Fehler kann gravierende Auswirkungen haben Im Fehlerfall: Rückgang zum alten System kann schwieriger sein als antizipiert Im Fehlerfall: Hohe Kosten und Zusatzbelastung der User durch den „Rollback" (Daten seit dem Go-live müssen im Altsystem zunächst noch einmal erfasst werden) Ggf. temporärer Rückgang der Unternehmensperformance durch den notwendigen Lernprozess Schulungen müssen vor dem Go-live ggf. in Eile durchgeführt werden

Sukzessive Einführung (engl. phased rollout)

Aufgrund der gravierenden Folgen, die ein gescheiterter Go-Live hätte, wird große, komplexe, betriebswirtschaftliche Anwendungssoftware häufig sukzessive (schrittweise) eingeführt. Hierbei werden wahlweise einzelne Niederlassungen oder funktionale Bereiche des Unternehmens ausgewählt, die zunächst die neue Software nutzen, bevor sie dann basierend auf den gemachten Erfahrungen im gesamten Unternehmen ausgerollt wird. Oder es werden *eigenständige Teilmodule* kleinteilig unternehmensweit ausgerollt.

Vorteile finden sich vor allem darin, dass das Projektteam in einem begrenzten Bereich Erfahrungen sammeln kann. Zudem beschränken sich Fehler mit der Software nur auf einen begrenzten Unternehmensbereich. Allerdings müssen nach wie vor sämtliche Altsysteme weitergeführt und (von den anderen Abteilungen) genutzt werden, so dass sich die Anzahl an Schnittstellen zwischen den Systemen erhöht. Auch müssen nun für die begrenzte Zeit der Softwareeinführung Daten redundant in den alten und im neuen System geführt werden. Tab. 6.5 zeigt eine Übersicht über die Merkmale der sukzessiven Einführung.

Tab. 6.5: Vor- und Nachteile einer sukzessiven Einführung

Vorteile	Nachteile
Schrittweise Migration verhindert Überlastung des gesamten Unternehmens Schrittweises Lernen beim Ausrollen, Erfahrungen können an andere Abteilungen/Filialen weitergegeben werden Schulungen können ohne Zeitdruck sukzessive erfolgen Verteilung der Kosten über einen längeren Zeitraum	Es sind *zusätzliche Schnittstellen* für den Datenabgleich zwischen Altsystem und Neusystem notwendig Höhere Kosten durch Zusatzaufwand (Schnittstellen) Es gibt kein festes Go-live-Datum. Rollout erfolgt über einen bestimmten Zeitraum.

Exkurs: Pilotprojekt

Im Rahmen der Einführung von BAS können Pilotprojekte genutzt werden, um die neue Software in einem kleinen, abgesteckten Rahmen (z. B. funktional begrenzt auf eine

Abteilung oder regional in einer Filiale) in der Praxis zu testen. Während dieser Testphase können Probleme und Fehler *im realen Betrieb* identifiziert (und korrigiert) werden. Die gewonnen Erkenntnisse erleichtern anschließend einen simultanen oder sukzessiven Rollout.

Parallele Einführung (engl. parallel adoption)

Bei der parallelen Einführung sind das neue und das alte ERP-System für eine bestimmte Zeit parallel im Einsatz. Das neue System geht produktiv (Go-live) und das alte System wird als Backup zur Sicherheit weiterhin vollumfänglich von den Mitarbeitenden mit Daten gefüllt. Die User erlernen die Nutzung des neuen Systems während sie unverändert im alten System weiterarbeiten. Diese Form der Einführung führt zu einem großen Zusatzaufwand für die User, da sie jede Transaktion doppelt in den beiden Systemen erfassen müssen. Es liegt nahe, dass dies eine Strategie ist, die von Einführungspartnern präferiert wird, da diese die Mehrbelastung nicht selbst tragen und dieses Vorgehen Risiken vermeidet, die bei der simultanen Abschaltung des alten Systems entstehen. In der Praxis ist diese Einführungsstrategie bei Anwenderunternehmen unbeliebt, da die zusätzliche (doppelte) Belastung der Mitarbeitenden auch zu Fehlern bei der manuellen Dateneingabe führen kann. Tab. 6.6 zeigt eine Übersicht über die Merkmale der parallelen Einführung.

Tab. 6.6:   Vor- und Nachteile einer parallelen Einführung

Vorteile	Nachteile
Geringeres Risiko, da Fehler zu einem Zeitpunkt erkannt werden, an dem das alte System noch operativ ist	Die User fungieren als „Schnittstelle", indem sie alle Daten im Altsystem und Neusystem doppelt erfassen
Die User erfahren die Schulung hauptsächlich „on the job" durch die tatsächliche Nutzung des neuen Systems	Höhere Kosten durch Zusatzaufwand (*Doppelerfassung von Daten*)
Ggf. höhere Datenqualität als bei einer technischen Datenmigration (fehlerhafte/fehlende Daten werden durch die User im parallelen Betrieb identifiziert)	Es gibt kein festes Go-live-Datum (Rollout zieht sich so lange bis das neue System zuverlässig läuft)
	Risiko von (menschlichen) Erfassungsfehlern bei der doppelten Datenerfassung

6.5.3 Customizing

Die Installation der Software kann je nach eingesetztem System sehr einfach (Aufruf mit Hilfe eines Installationsprogramms) aber auch sehr komplex unter Berücksichtigung vieler Parameter z. B. für die darunter liegende Datenbank sein. Eng verbunden mit der Installation ist zudem das Anpassen der betriebswirtschaftlichen Standardsoftware an die Unternehmensbedarfe (Abb. 6.7). Grundsätzlich ist hierbei zwischen einer Anpassung durch Individualprogrammierung und dem als Customizing bezeichneten Anpassen durch Auswahl vorgegebener Alternativen zu unterscheiden.

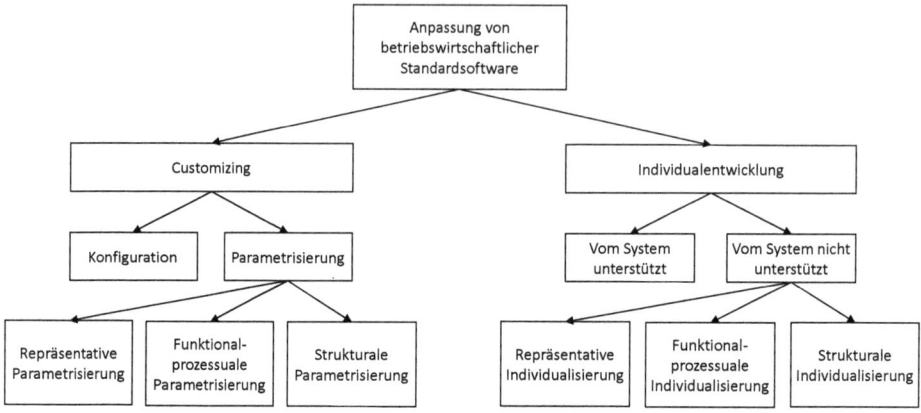

Abb. 6.7:   Aspekte der Anpassung einer betriebswirtschaftlichen Standardsoftware

Das *Customizing* (vgl. Kapitel 1.6) lässt sich unterteilen in die Konfiguration und Parametrisierung der Standardsoftware. Im Rahmen der *Konfiguration* (auch: Modularisierung) werden benötigte Programmbausteine (z. B. Funktionen, Prozessabläufe oder ganze Softwaremodule) ausgewählt. Dieses Vorgehen erfolgt im Regelfall während der Installation. Der Prozess der Konfiguration definiert auf einem sehr groben Niveau die individuelle Ausprägung des Systems. Die Möglichkeiten der Konfiguration variieren sehr stark von Anbieter zu Anbieter. Üblich ist es, Module wie Lagerverwaltung, Disposition, Finanzbuchhaltung usw. zu aktivieren oder zu deaktivieren. Auch Spezialfunktionen einzelner Branchen können während der Konfiguration freigeschaltet werden. Die Definition des individuellen Softwareumfangs bedingt dabei auch die Lizenzkosten, da Module bei modular aufgebauter Software im Regelfall individuell lizenziert werden müssen. Während bei der Konfiguration primär der Umfang der betriebswirtschaftlichen Software definiert wird, definiert die *Parametrisierung* die Abläufe und Ausprägung der Software, also individuelle Details wie die Verwendung von Nummernkreisen, die Abfolge von Benutzermasken oder die Ausprägung bestimmter Prozessabläufe. Die Softwarehersteller haben hierfür meist kleine Softwaretools entwickelt, um mit Hilfe von Programmassistenten verschiedene Ausprägungsvarianten abzufragen. Auch Prozesseditoren finden sich in einigen Systemen. Für erfahrene ERP-Einführungsberater kann es während der Parametrisierung aber auch vorteilhaft (weil schneller) sein, die gewünschte Softwareausprägung einfach nur in Systemtabellen festzuhalten. Die Wahl des Detailverhaltens bezieht sich auf die *strukturalen Parameter* (z. B. Definition von Nummernkreisen oder Organisationseinheiten), die *funktional-prozessualen Parameter* (z. B. Definition der individuellen Prozesse bei der Reklamation von Ware, Auswahl des für das Unternehmen geeigneten Algorithmus für das automatische Bestellwesen) und die *repräsentativen Parameter* (z. B. Festlegung der Systembedienungssprache, Detailaufbau einzelner Benutzermasken, Definition systemweiter Bezeichner für Mengen- und Währungseinheiten, Definition von Drucklayouts, Farben und Logos für den Belegdruck). Damit die individuellen Anforderungen des Anwenderunternehmens in der Standardsoftware im Rahmen des Customizings abgebildet werden können, muss der Softwarehersteller im Rahmen der Softwareerstellung Anforderungen größtmöglich vordenken und mit Softwareparametern versehen.

Die *Individualentwicklung* im Rahmen der Einführung von Standardsoftware ist im Gegensatz zum Customizing tendenziell problematisch. Zwar existieren im System vordefinierte Schnittstellen (sogenannte *User Exits*), die eine Programmierung von individuellen Zusatzfunktionen ermöglichen, doch die Erfahrung zeigt, dass diese nur an vorgedachten Stellen existieren. Die Programmierung an anderen Stellen wird vom Systemhersteller hingegen nicht unterstützt, und es kann sein, dass bei einem nächsten Upgrade des Standardsystems die individuelle Funktionalität an diesen Stellen nicht mehr funktioniert. Somit trägt die nicht unterstützte Individualentwicklung dazu bei, dass die Software *nicht mehr releasefähig* ist, also kein Upgrade der Software mehr möglich ist oder die Kosten und die Komplexität für das Installieren einer neuen Softwareversion sehr stark ansteigen. Diese Komplexität ist abhängig vom individuellen Eingriff in das System (Abb. 6.7).

Bei der *repräsentativen Individualisierung* durch Individualentwicklung werden nur Aspekte der Anzeige von Benutzeroberflächen (z. B. Ausblenden einzelner Eingabefelder) und Auswertungen (z. B. zusätzliche Berücksichtigung einzelner Kennzahlen) modifiziert. *Funktional-prozessuale Individualisierungen* erfolgen mit dem Ziel, funktionale oder prozessuale Verfahren zu verändern. Häufig wird hierbei direkt in den Softwarecode des Standardherstellers eingegriffen. Auch *strukturale* Veränderungen sind denkbar, z. B. in der Form, dass Datenstrukturen des Standardsystems verändert werden, um z. B. Organisationsstrukturen des Unternehmens besser abbilden zu können.

Hersteller warnen vor derartig eigenmächtigen Eingriffen in das Standardsystem, da umfangreiche, nicht unterstützte Individualentwicklungen einen Teil der Vorteile der Standardsoftware zunichtemachen und einen Releasewechsel erschweren oder sogar verhindern können. Daraus ergeben sich zwei wesentliche Konsequenzen: einerseits muss im Softwareauswahlprozess sehr intensiv nach einem individuell geeigneten Standardsystem gesucht werden, um individuelle Zusatzlösungen jenseits des Customizings größtmöglich zu vermeiden, andererseits ist aus Gründen der *Aufrechterhaltung der Releasefähigkeit* bei jeder individuellen Neuerung zwingend zu hinterfragen, ob der Vorteil den für die Zukunft verursachten, zusätzlichen Aufwand und die Komplexität rechtfertigt.

An das Customizing schließt sich in Abhängigkeit von der Einführungsstrategie die bereinigte Datenübernahme aus den Altsystemen an. Bei der sukzessiven Einführung ist sicherzustellen, dass entsprechende Schnittstellen zu den weiterhin in Benutzung stehenden Altsystemen existieren und die Daten sowohl im Alt- als auch um Neu-System verfügbar sind. Anschließend müssen die Abläufe und Funktionen des neuen Softwaresystems getestet werden. Im Regelfall wird hierfür parallel zum Live-System ein weiteres Test-System installiert, auf dem neue Versionen der Standardsoftware und individuelle Modifikationen vorab getestet werden, bevor sie dann auf das Live-System übertragen werden und damit allen Nutzern zur Verfügung stehen. Bei größeren SAP-Installationen wählt man in der Regel eine dreischichtige Installation aus Entwicklungssystem, Konsolidierungssystem (oder Qualitätssicherungssystem) und Produktivsystem. Die Phase der Systemeinführung endet schließlich mit der Schulung der Mitarbeiter und dem *Go-live*, d. h. der Inbetriebnahme des neuen Systems.

6.6 Laufender Betrieb, Wartung und Updates

Die Phase des *operativen Systembetriebs* (Abb. 6.8) startet mit dem Go-live für das neue System.

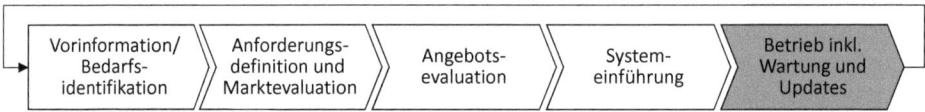

Abb. 6.8: Phase 5 der ERP-Systemauswahl: Betrieb inkl. Wartung und Updates

Auch wenn der Go-live für das Projektteam eigentlich ein sehr freudiges Ereignis ist, gestaltet sich diese initiale Phase meist als sehr stressig. Viele Mitarbeiter des Unternehmens arbeiten nun zum ersten Mal bewusst mit der neuen Software. Dabei sind nicht alle Mitarbeiter unbedingt sehr technikaffin und aufgeschlossen gegenüber Neuem. Dadurch kommt es zwangsläufig zu einer hohen Belastung der Supportmitarbeiter und unweigerlich auch zu Fehlbedienungen des neuen Systems. Gerade die Bedeutung von Integration wird von den Mitarbeitern unterschätzt. Es ist z. B. dem Einkaufsmitarbeiter häufig nicht einsichtig, warum er nun die Artikelstammdatenpflege in einer Detaillierung machen soll, die weit über die von ihm benötigten Daten hinausgeht. Dass z. B. die Verkaufspreise auf Grundlage der von ihm gepflegten Daten automatisch ausgerechnet werden oder die Artikeltexte in der Filiale auf die Etiketten gedruckt werden, ohne, dass ein weiterer Mitarbeitender die Daten vorher bearbeitet, ist ihm evtl. nicht explizit bewusst und führt zu anfänglichen Problemen mit der Software. Natürlich existieren darüber hinaus aber auch noch echte Fehler im System, die in der Produktivphase ausgemerzt werden. Hierzu zählen beispielsweise Aspekte wie ungenügende Berechtigungen für einzelne Mitarbeiter, so dass nicht alle benötigten Funktionalitäten und Daten genutzt werden können. Auch Logikfehler bei der Parametrisierung und die (trotz intensiver Tests vorkommende) Schnittstellenproblematik mit den Alt-Systemen müssen gelöst werden.

Bei einem Standardsystem verpflichtet sich der Hersteller, in regelmäßigen Abständen Neuerungen in Form von Updates oder neuen Programmversionen (Upgrades) zu liefern. Für diese Leistung des Herstellers zahlt das Anwenderunternehmen im Rahmen von (meist) obligatorischen Wartungsverträgen eine Wartungsgebühr, die sich auf ca. 15-20% der Lizenzkosten pro Jahr beläuft. Durch diese Neuerungen kommt das Anwenderunternehmen in den Genuss neuer betriebswirtschaftlicher Abläufe und Funktionen, Überarbeitung der technischen Architektur und der Benutzeroberfläche sowie der Schließung von sicherheitsrelevanten Lücken im System. Um diese Updates operativ nutzen zu können, muss zunächst auf einem Testsystem geprüft werden, dass durch die Neuerungen die individuellen Einstellungen des Anwenderunternehmens erhalten geblieben sind und die Nutzung weiterhin korrekt gewährleistet ist. Zudem müssen die Nutzer bei gravierenden Veränderungen auf die neue Programmversion durch zusätzliche Schulungen vorbereitet werden, um nach einem Update des operativen Systems auch weiterhin eine korrekte Nutzung des Systems sicherzustellen. Im Wartungsvertrag werden neben den Updates und Upgrades auch Service Levels (SLA) definiert.

> *Service Level Agreement (SLA)*
> Ein Service Level Agreement ist eine bindende Vereinbarung zwischen Leistungserbringer und Leistungsnutzer und definiert die zu erbringenden Dienstleistungen (Services) und den Grad der Güte ihrer Erbringung in den Maßeinheiten Menge, Umfang und Zeit. Dadurch erhält der Leistungsnutzer eine vertraglich zugesicherte und einforderbare Leistungsbeschreibung. SLAs definieren im Umfeld des BAS-Betriebs beispielsweise die Reaktionsgeschwindigkeit des Herstellers bei Systemausfällen oder die Erreichbarkeit der Telefonhotline.

Die Betriebsphase endet mit der Ablösung des Systems durch ein neues, flexibleres und leistungsfähigeres Softwaresystem. Die Erfahrung zeigt, dass Unternehmen etwa alle 15-25 Jahre ihre Unternehmens-IT modernisieren, um alte Systemlösungen durch neue, integrierte Systeme abzulösen. Häufig entwerfen Abteilungen über die Jahre eigene Workarounds, um Funktionen, die im alten System nicht oder nicht hinreichend verfügbar sind, dennoch zur Verfügung zu haben. Besonders beliebt sind an dieser Stelle Softwareprodukte für Tabellenkalkulation (z. B. Microsoft Excel), mit denen beliebige Reports gestaltet werden (können). Leider lösen diese Programme zwar kurzfristig Problem für die Abteilung, aber schaffen dadurch auch neue, da sie unkontrolliert genutzt, modifiziert und gelöscht werden können, ohne dass eine Veränderung nachvollziehbar ist. Aus diesem Grund sind Anwenderunternehmen immer geneigt, auch derartige Workarounds in der Funktionalität des neuen Systems abzubilden und einen Wildwuchs derart „selbstgepflegten Informationssilos" zu begrenzen.

6.7 Lernkontrollfragen

1. Beschreiben Sie die Inhalte der typischen Phasen eines strukturierten Auswahlprozesses für ein ERP-System.
2. Welche Hilfsmittel stehen Ihnen bei der Suche nach einem ERP-Anbieter/einem passenden ERP-System zur Verfügung?
3. Was verbirgt sich hinter den beiden Begriffen der Long List und der Short List?
4. Diskutieren Sie: Kann der Einsatz einer Nutzwertanalyse bei der Endauswahl eines ERP-Systems helfen? Was ist dabei zu beachten?
5. Welche verschiedenen Organisationsformen für ERP-Einführungsprojekte kennen Sie? Beschreiben Sie deren Vor- und Nachteile.
6. Welche Fähigkeiten sollte ein(e) Projektmanager(in) für eine ERP-Einführung mitbringen?
7. Warum benötigt er/sie diese Fähigkeiten?
8. Ist ein Projektteam, das nur aus Mitarbeitenden der IT-Abteilung besteht, für den Erfolg eines BAS-Einführungsprojektes sinnvoll?
9. Warum wollen viele Mitarbeiter nicht ausschließlich für ein Projekt arbeiten und damit für einen längeren Zeitpunkt von ihrer inhaltlich-fachlichen Arbeit abgezogen werden?

10. Erläutern Sie den Key-User-Ansatz.
11. Welche Einführungsstrategien für ERP-Systeme kennen Sie? Welche Vor- bzw. Nachteile sind mit diesen Strategien verbunden?
12. Wie kann man ein Standard-ERP-System auf die Bedürfnisse des Anwenderunternehmens anpassen? Welcher Bedeutung kommt in diesem Zusammenhang das Customizing zu?
13. Warum ist die unautorisierte Entwicklung individueller Zusatzfunktionalität gefährlich und hebt die Vorteile von Standardsoftware ggf. wieder auf?
14. Nennen Sie typische Rollout-Strategien und beschreiben Sie deren Vor- und Nachteile.
15. Was ist ein Service Level Agreement (SLA)?

7 Erfahrungswerte zu ERP-Einführungsprojekten

Die Phasen der Auswahl zeigen, dass ein ERP-Einführungsprojekt ein komplexes Unterfangen ist, das hohe Anforderungen an die Planung, Organisation und die Methodenkompetenz der Beteiligten stellt. Das folgende Kapitel beleuchtet die Herausforderungen, Dauer und Kosten und typische Fehler eines solchen Projekts.

7.1 Herausforderungen der Implementierung

Die Komplexität eines ERP-Einführungsprojekts ist außerordentlich hoch und stellt besondere Anforderungen an die Projektmanagementfähigkeiten von Projektleitenden und ihren Teams. Es gilt, aus den Fachabteilungen den *betriebswirtschaftlichen Input* zu erhalten, konzeptionell für die Softwareauswahl zu erfassen und schließlich in dem ausgewählten System auch umzusetzen. Dazu ist das Verständnis der betriebswirtschaftlichen Zusammenhänge wichtig. Häufig ergeben sich aus den Wünschen der Mitarbeitenden für Prozessumgestaltungen auch neue betriebswirtschaftliche Anforderungen, die aufgrund des Bereichsdenkens von den Fachabteilungen nicht überblickt und überdacht werden: Wie beeinflusst eine Umstellung der Lagerhaltung die Bewertungsdetails in der Buchführung? Welche Anforderungen stellt eine IT-Unterstützung im Vertrieb an die Stammdatenpflege im Einkauf? Neben zahlreichen derartigen Fragen, die erhebliche betriebswirtschaftliche Kompetenz voraussetzen, kommt hinzu, dass die Fachabteilungsmitarbeitenden stark im Tagesgeschäft eingebunden sind. Die Einführung eines neuen Systems wird in der Phase der Bedarfserhebung oft mit einer niedrigen Priorisierung versehen, da der Zeitpunkt der tatsächlichen Einführung weit weg erscheint. Häufig werden in die Projektmeetings dann Fachmitarbeitende entsendet, die im Tagesgeschäft entbehrlicher sind, da sie weniger ausgelastet sind. Genau diese Mitarbeitenden sind aber zugleich auch nicht die Leistungs- und Kompetenzträger innerhalb der Abteilung. Als Resultat „wundert" sich die Abteilung nach der Einführung über eine gerade einmal ausreichende oder sogar ungenügende Abdeckung ihrer Anforderungen. Aus diesem Grund ist es wichtig, dass das Projektteam in der Lage ist, betriebswirtschaftliche Hintergründe zu kennen, zu erfassen und ggf. zu hinterfragen.

Parallel zur betriebswirtschaftlichen Kompetenz muss das Projektteam auch eine hohe *technische Kompetenz* einbringen. Natürlich können verschiedene Aufgaben bei der Konzeption und Implementierung eines ERP-Systems auf externe Kräfte (z. B. Berater des ERP-Anbieters) übertragen werden, doch unternehmensspezifische Hintergründe, die sich auch in der technischen Umsetzung manifestieren, sind häufig nur von internen Mitarbeitenden im Rahmen eines Projektes erfass- und umsetzbar. Auch im Rahmen der Datenmigration müssen immer wieder Fragen zu überflüssiger Datenerfassung oder zu fehlenden Daten gestellt werden, die sich nur durch Kenntnis der internen Abläufe beantworten lassen.

Eine dritte Herausforderung an das Projektteam ist die *psychologische Kompetenz*. Viele Mitarbeitende des Unternehmens scheuen Veränderungen, sei es, weil sie ihren Arbeitsplatz zukünftig gefährdet sehen oder weil sie in der Vergangenheit mit viel Aufwand die Bedienung des alten Systems erlernt haben. Zudem zeigt sich auch, dass die Einführung eines neuen Systems nicht zwingend wirklich alle Funktionen *besser* unterstützt. Trotz Gesamtverbesserung kann es vorkommen, dass einzelne Aspekte deutlich *schlechter* gelöst sind. Warum also soll ein betroffener Mitarbeiter die Implementierung des neuen Systems aktiv unterstützen? Es benötigt entsprechend viel Aufklärungs- und Kommunikationsarbeit innerhalb des Unternehmens, um auch die psychologischen Hürden zu nehmen.

Eine vierte Herausforderung ist die *methodische,* respektive *organisatorische Kompetenz*. ERP-Einführungsprojekte sind komplex und betreffen viele Anspruchsgruppen des Unternehmens. Zu bestimmten Zeitpunkten müssen wichtige Entscheidungen getroffen und Aufgaben gelöst werden. Ist dies nicht möglich, stockt die gesamte Softwareeinführung, was zu unnötigen Verzögerungen und damit weiteren Kosten führt. Wie in vielen anderen Projekten unterstützt eine gezielte Beobachtung von (messbaren) Zielen die Zielerreichung. Die Dokumentation der zukünftigen Aufgaben, Zeitpläne und erledigten Arbeiten hilft ebenso wie ein durchgehendes Projektcontrolling bei der präzisen Durchführung des Projekts in der festgelegten Zeit, zum festgelegten Budget und im erwarteten Funktionsumfang.

Neben diesen generellen vier Herausforderungen werden sowohl bei großen als auch bei kleinen Anwenderunternehmen immer wieder kleinere und größere Fallstricke bei der Implementierung sichtbar. Viele Unternehmen siedeln das Projekt, weil vermeintlich technisch, ausschließlich in der IT an, vernachlässigen dabei aber die Abdeckung der psychologischen, methodischen und betriebswirtschaftlichen Anforderungen an eine ERP-Einführung. Auch die Zielstellung und eine darauf bezogene realistische Kosten- und Zeitplanaufstellung sind für ein erfolgreiches Projekt unerlässlich, sind aber nicht selten nur rudimentär oder nur „gefühlt", d. h. nicht messbar, vorhanden. Kommt dann noch hinzu, dass die Unternehmensführung IT zwar als notwendiges Übel erkannt hat, aber eigentlich nichts damit zu tun haben will, dann ist das Chaos spätestens bei Fragen der Soll-Prozessgestaltung und der Inanspruchnahme des Wissens aus den Fachabteilungen perfekt. Wie kann die IT-Abteilung ohne Rückendeckung des Managements Ressourcen der Fachabteilungen zur Wissenserarbeitung erfolgreich erbitten und zugleich notwendige, aber natürlich in den Abteilungen unpopuläre Reorganisationsmaßnahmen in Bezug auf Abteilungsaufgaben und Prozessabläufe durchsetzen? Ist das Projektteam durch fehlende Managementunterstützung nicht durchsetzungsstark, bleibt dem Team statt Anpassung *an das* Standardsystem nur die Anpassung *des* Standardsystems. Dadurch wird die Releasefähigkeit des Systems für die zukünftige Wartung massiv gefährdet und die Chancen der Steigerung der Effizienz und Transparenz im Unternehmen werden nicht realisiert.

Neben den nicht ausreichend verfügbaren Fachmitarbeitenden kann auch die Verfügbarkeit externer Berater ein Problem sein. Viele Unternehmen unterliegen bei Investitionen in die IT dem sogenannten *Schweinezyklus*. In wirtschaftlich schwierigen Zeiten wird die Zahl neuer Innovations- und Investitionsprojekte zurückgefahren. Dadurch werden weniger Aufträge an Beratungsunternehmen vergeben, wodurch deren Personalbestand stagniert oder sogar reduziert wird. Dies führt in Phasen des Aufschwungs dazu, dass die Softwareunternehmen nicht genügend erfahrene Berater für die steigende Nachfrage nach BAS-Einführungen verfügbar haben. Natürlich lassen sich zahlreiche Aufgaben bei der Implementierung auch durch junge, ggf. gerade erst eingestellte Berater übernehmen, aber tiefgreifende Erfahrungen in Bezug auf die System- und Branchenkompetenz bei der Einführung des Systems lassen sich nur über mehrere Jahre und durch eine Vielzahl an Projekten erwerben. Kommen dann noch eine fehlende Projektmethodik und ein mangelhafter Kooperationswille sowohl auf Seiten der internen Abteilungen als auch beim Einführungspartner hinzu, dann ist das Projektziel nicht selten gefährdet.

7.2 Dauer und Kosten einer ERP-Einführung

Die *Dauer* der Einführung eines BAS lässt sich nicht pauschal vorhersagen und hängt von vielen Faktoren ab. Zu ihnen gehört beispielsweise die Größe des Unternehmens sowie der Umfang und der Integrationsgrad des zu installierenden Systems. Auch die Erfahrenheit der Mitarbeitenden eines Unternehmens spielt eine wichtige Rolle. Ein vor wenigen Jahren gegründetes Internetunternehmen mit entsprechend IT-affinen, gut ausgebildeten Mitarbeitenden wird sich vermutlich bei der Einführung und Nutzung eines neuen Systems sehr viel leichter tun als ein bereits am Markt etabliertes mittelständisches Produktionsunternehmen mit durchmischter Mitarbeiteraltersstruktur und wenig Vorerfahrung mit integrierter betriebswirtschaftlicher Software. Ein Beispiel: Das IT-Modernisierungsprojekt „Herkules" der Bundeswehr beinhaltete unter anderem die Einführung einer für die Bundeswehr weiterentwickelten ERP-Lösung der SAP AG, auf die rund 45.000 Nutzer geschult werden mussten. Das Gesamtprojekt inklusive der Modernisierung der Informations- und Kommunikationsinfrastruktur dauerte etwa zehn Jahre und soll rund 7,8 Milliarden Euro gekostet haben.

Derartige IT-Großprojekte sind allerdings in der Welt der betriebswirtschaftlichen Softwaresysteme relativ selten. Typischerweise dauern derartige Projekte bei kleineren Unternehmen bis etwa 50 Mitarbeitern nur durchschnittlich ein halbes bis dreiviertel Jahr. Nicht selten kommen in diesen Unternehmen nur sehr wenige Mitarbeitende direkt mit der Softwareeinführung in Berührung, da viele in Abteilungen beschäftigt sind, die nicht direkt mit dem neuen System arbeiten. Bei mittelständischen Unternehmen bis rund 1.000 Mitarbeitenden liegt die Projektdauer typischerweise bei einem bis anderthalb Jahre. Zu beachten ist allerdings, dass zwar die Einführung und damit das initiale Projekt beendet sein mag, die Realisierung der Verbesserungspotenziale aber noch über viele weitere Monate oder sogar Jahre andauert. Darüber hinausgehende Unternehmensgrößen sind vielfach jahrelang mit der Einführung eines neuen ERP-Systems und der Reorganisation des Unternehmens beschäftigt. Wie oben geschildert, hängt die Projektdauer sehr stark von verschiedenen Faktoren ab. Zudem ist auch nicht immer ganz klar, ab wann ein Projekt ein Projekt ist. Gerade in der Phase der Bedarfsidentifikation und Marktsichtung (Kapitel 6) ist nicht immer sauber geklärt, wann das Projekt tatsächlich beginnt. Viele Unternehmen sind aufgrund einer ungewissen Zielsetzung längere Zeit zunächst mit der Bedarfsidentifikation beschäftigt. Hierbei wird dann durch einen oder durch wenige Mitarbeitende lange Zeit unstrukturiert und sporadisch eine Marktrecherche betrieben. Viele ERP-Hersteller klagen darüber, dass in diesem Zusammenhang die Entscheidungsdauern in den potenziellen Anwenderunternehmen von der Kontaktaufnahme und Softwarepräsentation bis hin zum Vertragsabschluss, d. h. bis zum aus Sicht des Herstellers eigentlichen Projekt, sehr lang sind, was dazu führt, dass kommende Projekte für den ERP-Hersteller und seine ERP-Berater nur sehr schlecht zeitlich vorhersagbar und damit planbar sind.

Der für derartige Softwareprojekte anzusetzende *Personalbedarf* ist je nach Projektphase, Umfang und Anforderungen des Projekts und Unternehmensgröße sehr unterschiedlich. Typischerweise sind bei Unternehmen bis 50 Mitarbeitenden nur etwa zwei bis vier Personen im Kernprojekt beschäftigt. Hinzu kommen meist ein bis zwei externe Fachkräfte, die dieses Kernteam unterstützen. In der Größenklasse bis 500 Mitarbeitern kann mit fünf bis sieben Personen und zwei bis vier externen Kräften für das Kernteam einer ERP-Einführung gerechnet werden. Bei größeren Unternehmen mit bis zu 5.000 Mitarbeitern müssen für das Kernprojektteam durchaus auch zehn bis fünfzehn Mitarbeitende zzgl. drei bis fünf externen Fachkräften bereitgestellt werden. Für darüber hinausgehende BAS-Einführungsprojekte sind derartige Zahlen im Durchschnitt wenig aussagekräftig, da die Anforderungen an derartige Projekte sehr viel höher sind und viele Unternehmen eine eigene IT-Tochterfirma oder große IT-Abteilungen haben, bei denen viele Mitarbeitende parallel an unterschiedlichen Projekten arbeiten. So mussten beispielsweise bei der EDEKA-Gruppe (über die IT-Tochter Lunar) fast zwei Millionen Artikelsätze vereinheitlicht und aktualisiert sowie mehr als sieben Millionen Konditionssätze im ERP-System abgebildet werden.

Häufig wird bei der Berechnung der *Kosten* für ein ERP-Projekt zunächst primär an die Lizenzkosten für die Software gedacht. Allerdings sind die tatsächlich entstehenden Kosten vielschichtiger und je nach Unternehmen unterschiedlich. Während das eine Unternehmen zusätzlich in Infrastruktur wie LAN-Verkabelung investieren muss, ist ein anderes Unternehmen in der Lage, auf Basis der bereits vorhandenen, exzellenten IT-Infrastruktur, ein BAS (fast) ohne zusätzliche IT-Investitionen einzuführen. Für eine erste Grobkalkulation kann man für Software und externe Beratung mit rund 5.000 Euro pro Arbeitsplatz zzgl. der Hardware (ggf. Server- und Desktopmodernisierung) rechnen. Diese Kosten kann man ungefähr im Verhältnis 3:2 für Lizenzen und externe Beratungskosten ansetzen. Eine ERP-Software, die speziell Kleinstunternehmen adressiert, verursacht deutlich geringere Lizenzkosten. Zudem ist unter Umständen keine oder kaum externe Hilfe nötig. Software für sehr große Unternehmen, die zudem ihre Prozesse und Strukturen neugestalten wollen, kann schnell fünfstellige Beträge kosten. Die oben erwähnte IKT-Modernisierung der Bundeswehr (mit einer Organisationsgröße von 250.000 Soldaten und 75.000 zivilen Mitarbeitenden) kostete rund 24.000 Euro pro Person, wobei davon ausgegangen werden kann, dass nicht jeder Soldat/jede Soldatin die IT nutzt. Auch die Kosten für externe Beratung hängen von zahlreichen Faktoren ab. Im öffentlichen Sektor werden i. d. R. niedrigere Tagespauschalen für einen IT-Berater bezahlt als im privatwirtschaftlichen Sektor. Der generelle Hintergrund für Preisunterschiede ist zum einen in den Anforderungen an das Können der externen Fachkräfte zu suchen, zum anderen aber auch im Mengengerüst. Durch große eigene IT-Abteilungen benötigen privatwirtschaftliche Unternehmen vor allem *Spezialwissen* weniger externer Fachkräfte, während öffentliche Dienstleister auch Aufträge für *einfachere IT-Projekte* vergeben. Zudem sind die Arbeitszeiten für Berater im öffentlichen Dienst im Vergleich zu Projekten in der freien Wirtschaft „entspannter", da die internen Mitarbeiter aufgrund der gesetzlichen Regelungen tendenziell eher auf einen pünktlichen Feierabend bestehen, der auch die Berater in den Feierabend zwingt. Die genannten Preise können bei strategischen Fragestellungen und Senior-Beratern ebenso wie internationalen Spezialisten, z. B. für die Performance-Optimierung in SAP-Systemen, extrem nach oben abweichen. Es ist sinnvoll, darüber hinaus für ausreichende Mitarbeiterschulungen durch externe Fachkräfte noch einmal ca. 15-20% der Lizenzkosten zusätzlich einzuplanen, wobei Erfahrungen zeigen, dass die Unternehmen hier in der initialen Planung stark sparen und (fälschlicherweise) nur etwa 5-10% zu Grunde legen.

Über die recht offensichtlichen (weil meist *externen* Kosten) für Lizenzen, Customizing, Implementierung, Hardware und Berater hinaus, finden sich zahlreiche *interne* Kosten, die ebenfalls bei einer Kalkulation berücksichtigt werden sollten.

Abb. 7.1 zeigt die wesentlichen internen und externen Kostenblöcke und soll damit Hilfestellung bei der Ermittlung eigener Kostenpositionen im Unternehmen geben. Neben den einmalig anfallenden Kosten während der ERP-Einführung ergeben sich auch dauerhafte Kosten für Support und Systemwartung. Auch hier schwanken die Kosten der Hersteller erheblich. Die unter dem Oberbegriff Maintenance laufenden Komponenten bestehen aus Kundensupport, Produktsupport und Produktweiterentwicklung, die von den Anbietern auf unterschiedliche Art und Weise gebündelt angeboten werden. Der Kundensupport bei Fragen und Problemen mit dem System kann von E-Mail-Anfragen mit fest definierten Antwortzeiten zu normalen Arbeitszeiten bis hin zum internationalen 24/7-Telefonsupport mit virtueller Zuschaltung zum Kundensystem reichen. Auch bei der Produktwartung bieten die Hersteller Abstufungen, z. B. bei der Reaktion auf kritische Ereignisse wie etwa identifizierte Sicherheitslücken im ERP-System. Hier können auch die Intervalle für Hotfixes und Patches zur Behebung von Problemen und Sicherheitslücken definiert sein. Die Produktwartung schließlich bezieht sich vor allem auf Produktupdates und -upgrades, so dass die Anwenderunternehmen stets die neueste Version und technische Architektur erhalten. Für diese unterschiedlichen Maintenance-Modelle wird im Regelfall auf Basis des einmaligen Lizenzpreises eine jährliche *Wartungsgebühr* berechnet. Diese liegt bei etwa 15-22% des Lizenzkaufpreises, so dass das Anwenderunternehmen summiert etwa alle 5 bis 6 Jahre den ursprünglichen Kaufpreis noch einmal zahlt.

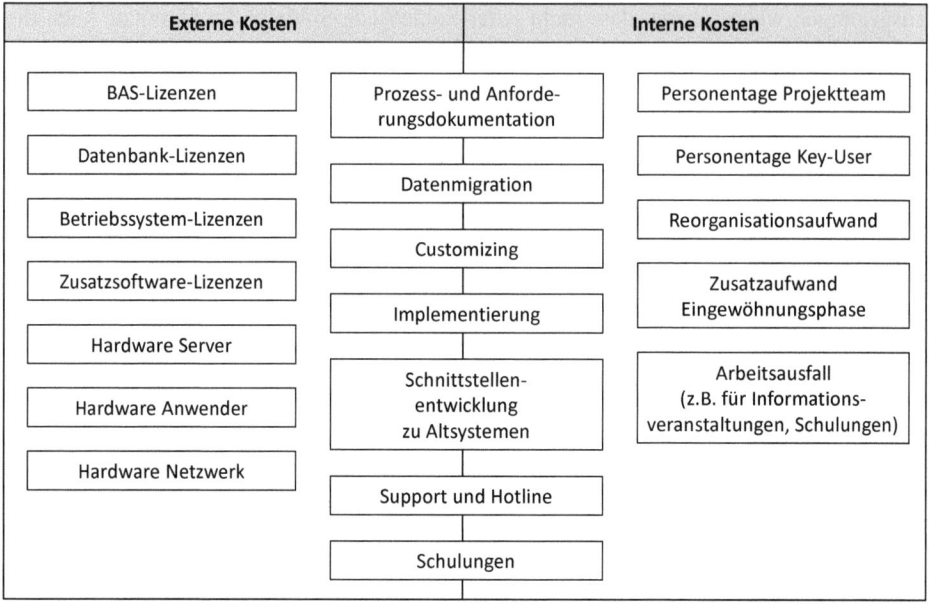

Abb. 7.1: Externe und interne Kosten einer ERP-Einführung

7.3 Typische Fehler bei ERP-Einführungsprojekten

Aus Sicht vieler Mitarbeitenden des Anwenderunternehmens, nicht selten auch des Managements, ist die Einführung eines neuen ERP-Systems ein notwendiges Übel. Zahlreiche Mitarbeitende müssen vollständig aus der operativen Arbeit abgezogen werden und auch Personen aus den Fachabteilungen sind in entsprechenden ERP-Arbeitskreisen zusätzlich zum Tagesgeschäft belastet. Hinzu kommt die hohe finanzielle Belastung durch das neue System und alle Folgekosten. Auch die Ablösung von Gewohntem und die Tatsache, dass IT-Funktionalitäten für Unternehmen überlebenswichtig sind, führen dazu, dass ERP-Projekte mit gewissem Argwohn angegangen werden. Derartige Projekte werden daher auch gern als „Operation am offenen Herzen" bezeichnet.

Mit Blick auf die großen Risiken im Hinblick auf Ergebnis, Dauer, Kosten und Personalaufwand lassen sich in den Projekten immer wieder typische Fehler feststellen, die bei konsequentem Projektmanagement und der intensiven Begleitung durch die Unternehmensführung vermeidbar gewesen wären. Sehr häufig wird ein systematischer Marktüberblick zu Gunsten eines einzelnen ERP-Anbieters vernachlässigt. Aus Sicht des Managements darf das neue System möglichst nichts kosten, die IT-Abteilung fordert ein angemessenes Budget für das aus ihrer Sicht beste Produkt und die Fachabteilungen bestehen auf den Bestand der bewährten Praxis. Kein Wunder also, dass der Verzicht auf eine Auswahl zu Gunsten eines bestimmten Herstellers ebenso wie ein immerwährender Auswahlprozess, weil sich die Unternehmensbereiche nicht einigen können, relativ häufig vorzufinden sind.

Ein zweiter schwerer Fehler unterläuft Unternehmen bei der Validierung von Anbieterangaben. Die Hersteller werden im Laufe des Auswahlprozesses aufgefordert, ihr Leistungsangebot darzustellen und anzugeben, ob bestimmte Anforderungen umsetzbar sind. Dabei kommt es häufig zu positiven Angaben, die sich im Nachhinein als falsch herausstellen. Dabei muss noch nicht einmal Böswilligkeit unterstellt werden, denn die in ERP-Systemen manifestierte und in Unternehmen gelebte BWL-Praxis ist so komplex, dass Anbieter nicht unbedingt sofort verstehen, was genau der potenzielle Kunde mit bestimmten Funktionsanforderungen meint. Nicht selten reden ERP-Hersteller bzw. ERP-Implementationspartner und Anwender über den gleichen Begriff und stellen hinterher fest, dass über zwei unterschiedliche Dinge geredet wurde. Angaben zum Leistungsumfang sollten daher unbedingt vorher hinterfragt und am System ausprobiert werden.

Ein drittes Problem ergibt sich dann, wenn Hardwarespezifikationen bzw. Betriebsmodell vor der Softwareauswahl die Anzahl an Alternativen drastisch einschränken. Gleiches gilt, wenn einheitlich nur Technologie eines bestimmten Softwareherstellers genutzt werden soll, beispielsweise nur Produkte von Microsoft-Systemhäusern oder nur Open-Source-Produkte oder nur Software in .NET-Programmiersprache. Die Vorabfestlegung – egal aus welchem Grund – führt unter Umständen dazu, dass nur ungeeignete Alternativen für die Auswahl übrigbleiben.

Fehlendes Know-how, eine zu knappe Zeit- und Ressourcenallokation und ein unzureichendes Engagement der Unternehmensleitung sind weitere Probleme. Während für den ERP-Hersteller Einführungsprojekte zum Tagesgeschäft gehören, durchlaufen Anwenderunternehmen diesen Prozess nur etwa alle 15 bis 20 Jahre. Zudem ist es gerade in mittelständischen Unternehmen schwierig, Projektmitarbeitende zu finden, die sowohl betriebswirtschaftliches als auch technisches Verständnis mitbringen und darüber hinaus psychologisches Geschick aufweisen.

Unzureichende Tests oder eine unprofessionelle Qualitätssicherung können im weiteren Projektverlauf zu einem ernsthaften Problem beim Go-live führen. Wer einmal in einem stark frequentierten Supermarkt den Kassierer aufgrund einer Fehlbedienung der Kasse schwitzend auf die Filialchefin warten sieht, während sich eine verärgerte Kundenschlange bildet, kann sich vorstellen, welche Problematik sich ergibt, wenn die über das Wochenende eingeführte neue Software aufgrund unterlassener Tests nicht so funktioniert wie eigentlich geplant. Auch größere Software-Upgrades, also Releasewechsel, können in ihrer Wirkung einer Softwareeinführung ähneln, da sich häufig die technische Architektur verändert und die Benutzeroberfläche umgestaltet wird. Intensives Testen ist daher bei einer solchen Umstellung notwendig, denn Releasewechsel bergen das Risiko der mangelnden Obacht aller Beteiligten.

7.4 Lernkontrollfragen

1. Welchen vier Herausforderungen muss das ERP-Einführungsteam begegnen?
2. Wie lange dauert eine typische ERP-Einführung?
3. Welche verschiedenen Kostenarten bringen ERP-Einführungsprojekte mit sich?
4. In welchem Bereich liegen die typischen Investitionsbeträge für ERP-Systeme? Von welchen Kriterien sind die Kosten abhängig?
5. Welche weiteren Kosten bauen jährlich auf den einmalig angefallenen Lizenzkosten auf?
6. Warum sind die Gesamtkosten für die Einführung eines ERP-Systems zwischen Unternehmen nur begrenzt vergleichbar?
7. Nennen Sie typische Fehler, die bei der ERP-Systemauswahl und Einführung passieren können.

Erratum zu: Betriebswirtschaftliche Anwendungssysteme

Erratum zu:
P. Schubert, A. Winkelmann, *Betriebswirtschaftliche Anwendungssysteme*, **https://doi.org/10.1007/978-3-658-40945-6**

In der ursprünglich veröffentlichten Version dieses Buches waren die Daten zur institutionellen Zugehörigkeit für die Autorin Petra Schubert falsch angegeben. „Universität Koblenz-Landau" wurde nachträglich zu „Universität Koblenz" korrigiert.

Die aktualisierte Version dieses Buchs finden Sie unter
https://doi.org/10.1007/978-3-658-40945-6

If you have any concerns about our products,
you can contact us on
ProductSafety@springernature.com

In case Publisher is established outside the EU,
the EU authorized representative is:
**Springer Nature Customer Service Center GmbH
Europaplatz 3, 69115 Heidelberg, Germany**

Printed by Libri Plureos GmbH
in Hamburg, Germany